Informatik – Fachberichte

Band 1: Programmiersprachen. GI-Fachtagung 1976. Herausgegeben von H.-J. Schneider und M. Nagl. (vergriffen)

Band 2: Betrieb von Rechenzentren. Workshop der Gesellschaft für Informatik 1975. Herausgegeben von A. Schreiner. (vergriffen)

Band 3: Rechnernetze und Datenfernverarbeitung. Fachtagung der GI und NTG 1976. Herausgegeben von D. Haupt und H. Petersen. VI, 309 Seiten. 1976.

Band 4: Computer Architecture. Workshop of the Gesellschaft für Informatik 1975. Edited by W. Händler. VIII, 382 pages. 1976.

Band 5: GI – 6. Jahrestagung. Proceedings 1976. Herausgegeben von E. J. Neuhold. (vergriffen)

Band 6: B. Schmidt, GPSS-FORTRAN, Version II. Einführung in die Simulation diskreter Systeme mit Hilfe eines FORTRAN-Programmpaketes, 2. Auflage. XIII, 535 Seiten. 1978.

Band 7: GMR – GI – GfK. Fachtagung Prozessrechner 1977. Herausgegeben von G. Schmidt. (vergriffen)

Band 8: Digitale Bildverarbeitung/Digital Image Processing. GI/NTG Fachtagung, München, März 1977. Herausgegeben von H.-H. Nagel. (vergriffen)

Band 9: Modelle für Rechensysteme. Workshop 1977. Herausgegeben von P. P. Spies. VI, 297 Seiten. 1977.

Band 10: GI – 7. Jahrestagung. Proceedings 1977. Herausgegeben von H. J. Schneider. IX, 214 Seiten. 1977.

Band 11: Methoden der Informatik für Rechnerunterstütztes Entwerfen und Konstruieren, GI-Fachtagung, München, 1977. Herausgegeben von R. Gnatz und K. Samelson. VIII, 327 Seiten. 1977.

Band 12: Programmiersprachen. 5. Fachtagung der GI, Braunschweig, 1978. Herausgegeben von K. Alber. VI, 179 Seiten. 1978.

Band 13: W. Steinmüller, L. Ermer, W. Schimmel: Datenschutz bei riskanten Systemen. Eine Konzeption entwickelt am Beispiel eines medizinischen Informationssystems. X, 244 Seiten. 1978.

Band 14: Datenbanken in Rechnernetzen mit Kleinrechnern. Fachtagung der GI, Karlsruhe, 1978. Herausgegeben von W. Stucky und E. Holler. (vergriffen)

Band 15: Organisation von Rechenzentren. Workshop der Gesellschaft für Informatik, Göttingen, 1977. Herausgegeben von D. Wall. X, 310 Seiten. 1978.

Band 16: GI – 8. Jahrestagung, Proceedings 1978. Herausgegeben von S. Schindler und W. K. Giloi. VI, 394 Seiten. 1978.

Band 17: Bildverarbeitung und Mustererkennung. DAGM Symposium, Oberpfaffenhofen, 1978. Herausgegeben von E. Triendl. XIII, 385 Seiten. 1978.

Band 18: Virtuelle Maschinen. Nachbildung und Vervielfachung maschinenorientierter Schnittstellen. GI-Arbeitsseminar. München 1979. Herausgegeben von H. J. Siegert. X, 230 Seiten. 1979.

Band 19: GI – 9. Jahrestagung. Herausgegeben von K. H. Böhling und P. P. Spies. (vergriffen)

Band 20: Angewandte Szenenanalyse. DAGM Symposium, Karlsruhe 1979. Herausgegeben von J. P. Foith. XIII, 362 Seiten. 1979.

Band 21: Formale Modelle für Informationssysteme. Fachtagung der GI, Tutzing 1979. Herausgegeben von H. C. Mayr und B. E. Meyer. VI, 265 Seiten. 1979.

Band 22: Kommunikation in verteilten Systemen. Workshop der Gesellschaft für Informatik e.V.. Herausgegeben von S. Schindler und J. C. W. Schröder. VIII, 338 Seiten. 1979.

Band 23: K.-H. Hauer, Portable Methodenmonitoren. Dialogsysteme zur Steuerung von Methodenbanken: Softwaretechnischer Aufbau und Effizienzanalyse. XI, 209 Seiten. 1980.

Band 24: N. Ryska, S. Herda, Kryptographische Verfahren in der Datenverarbeitung. V, 401 Seiten. 1980.

Band 25: Programmiersprachen und Programmentwicklung. 6. Fachtagung, Darmstadt, 1980. Herausgegeben von H.-J. Hoffmann. VI. 236 Seiten. 1980

Band 26: F. Gaffal, Datenverarbeitung im Hochschulbereich der USA. Stand und Entwicklungstendenzen. IX, 199 Seiten. 1980.

Band 27: GI-NTG Fachtagung, Struktur und Betrieb von Rechensystemen. Kiel, März 1980. Herausgegeben von G. Zimmermann. IX, 286 Seiten. 1980.

Band 28: Online-Systeme im Finanz- und Rechnungswesen. Anwendergespräch, Berlin, April 1980. Herausgegeben von P. Stahlknecht. X, 547 Seiten, 1980.

Band 29: Erzeugung und Analyse von Bildern und Strukturen. DGaO – DAGM Tagung, Essen, Mai 1980. Herausgegeben von S. J. Pöppl und H. Platzer. VII, 215 Seiten. 1980.

Band 30: Textverarbeitung und Informatik. Fachtagung der GI, Bayreuth, Mai 1980. Herausgegeben von P. R. Wossidlo. VIII, 362 Seiten. 1980.

Band 31: Firmware Engineering. Seminar veranstaltet von der gemeinsamen Fachgruppe „Mikroprogrammierung" des GI Fachausschusses 3/4 und des NTG-Fachausschusses 6 vom 12. – 14. März 1980 in Berlin. Herausgegeben von W. K. Giloi. VII, 289 Seiten. 1980.

Band 32: M. Kühn, CAD Arbeitssituation. Untersuchungen zu den Auswirkungen von CAD sowie zur menschengerechten Gestaltung von CAD-Systemen. VII, 215 Seiten. 1980.

Band 33: GI – 10. Jahrestagung. Herausgegeben von R. Wilhelm. XV, 563 Seiten. 1980.

Band 34: CAD-Fachgespräch. GI - 10. Jahrestagung. Herausgegeben von R. Wilhelm. VI, 184 Seiten. 1980.

Band 35: B. Buchberger, F. Lichtenberger: Mathematik für Informatiker I. Die Methode der Mathematik. XI, 315 Seiten. 1980.

Band 36: The Use of Formal Specification of Software. Berlin, Juni 1979. Edited by H. K. Berg and W. K. Giloi. V, 388 pages. 1980.

Band 37: Entwicklungstendenzen wissenschaftlicher Rechenzentren. Kolloquium, Göttingen, Juni 1980. Herausgegeben von D. Wall. VII, 163 Seiten. 1980.

Band 38: Datenverarbeitung im Marketing. Herausgegeben von R. Thome. VIII, 377 pages. 1981.

Band 39: Fachtagung Prozeßrechner 1981. München, März 1981. Herausgegeben von R. Baumann. XVI, 476 Seiten. 1981.

Band 40: Kommunikation in verteilten Systemen. Herausgegeben von S. Schindler und J.C.W. Schröder. IX, 459 Seiten. 1981.

Band 41: Messung, Modellierung und Bewertung von Rechensystemen. GI-NTG Fachtagung. Jülich, Februar 1981. Herausgegeben von B. Mertens. VIII, 368 Seiten. 1981.

Band 42: W. Kilian, Personalinformationssysteme in deutschen Großunternehmen. XV, 352 Seiten. 1981.

Band 43: G. Goos, Werkzeuge der Programmiertechnik. GI-Arbeitstagung. Proceedings, Karlsruhe, März 1981. VI, 262 Seiten. 1981.

Informatik-Fachberichte

Herausgegeben von W. Brauer
im Auftrag der Gesellschaft für Informatik (GI)

75

Klaus R. Dittrich

Ein universelles Konzept zum flexiblen Informationsschutz in und mit Rechensystemen

Springer-Verlag
Berlin Heidelberg New York Tokyo 1983

Autor

Klaus R. Dittrich
Institut für Informatik II, Universität Karlsruhe
Postfach 63 80, D-7500 Karlsruhe

ISBN-13: 978-3-540-12697-3   e-ISBN-13: 978-3-642-69294-9
DOI: 10.1007/978-3-642-69294-9

CIP-Kurztitelaufnahme der Deutschen Bibliothek.
Dittrich, Klaus: Ein universelles Konzept zum flexiblen Informationsschutz in und mit
Rechensystemen / Klaus R. Dittrich. - Berlin; Heidelberg; New York; Tokyo: Springer, 1983.
(Informatik-Fachberichte; 75)

NE: GT

2145/3140 – 5 4 3 2 1 0

Vorwort

Zur Verhinderung mißbräuchlicher oder fahrlässig falscher Verwendung der durch sie verwalteten Informationen (Schutz mit Rechensystemen) müssen Rechensysteme Schutzmechanismen enthalten. Diese können systemintern auch zur Verbesserung der Zuverlässigkeit eingesetzt werden (Schutz in Rechensystemen).

Solche Schutzmaßnahmen wurden seit einiger Zeit vorwiegend für Betriebssysteme vorgeschlagen, wobei der Zuverlässigkeitsaspekt im Vordergrund stand. In den letzten Jahren kamen Konzepte und Realisierungen für Datenbanksysteme hinzu, die naturgemäß auf den Mißbrauchsschutz für die gespeicherten Daten zugeschnitten sind. Gemeinsames Manko nahezu aller existierenden Schutzmechanismen ist es jedoch, daß die einzuhaltenden Schutzvorschriften nur recht grob angegeben werden können und vor allem meist keine Möglichkeit besteht, die Art der Benutzung gespeicherter Daten (in Form der auf ihnen operierenden Programme) in die Schutzvorschriften einzubeziehen. Erst damit aber kann man vom bloßen Schutz gespeicherter Daten zum Schutz der durch sie repräsentierten Informationen kommen.

Vorliegende Arbeit schlägt ein Schutzkonzept vor, das diesem Manko abzuhelfen versucht. Hierzu werden Daten und alle darauf definierten Operatoren zu einer Einheit zusammengefaßt (funktionale Moduln, Datenabstraktionen). Ein "zu schützendes" Rechensystem ist dann ausschließlich aus solchen Moduln aufzubauen. Der Aufruf jeder einzelnen Operation (Operator samt Parameter) wird auf Zulässigkeit überprüft, wodurch sehr differenzierte, flexible Schutzvorschriften möglich sind. Der Einsatz des Konzepts ist für alle Ebenen der Software eines Rechensystems (Betriebssystem, Datenbanksystem, Anwendungssysteme) wie auch für unterschiedliche Systemarchitekturen (zentral, verteilt) möglich. Er kann sowohl dem Informationsschutz als auch der Zuverlässigkeit dienen.

Im einzelnen wird zunächst versucht, die heute weitgehend uneinheitlich verwendeten Grundbegriffe im Zusammenhang mit Schutz wenigstens für den Gebrauch in dieser Arbeit zu klären. Im zweiten Kapitel wird die Grobstruktur von Schutzsystemen erläutert. Ein dort entwickeltes Beurteilungs- und Klassifikationsschema wird anschließend benutzt, um heute existierende Schutzkonzepte zu besprechen. Dies führt zu einem detaillierten Anforderungskatalog für ein im obigen Sinne leistungsfähigeres Konzept. Im dritten Kapitel werden die einzelnen Bestandteile des Neuvorschlags systematisch erarbeitet; es stellt den Hauptteil der Arbeit dar. Die restlichen Kapitel befassen sich mit dem Zusammenhang zwischen Schutzsystem und zu schützendem System, besprechen Anwendungsmöglichkeiten für das entwickelte Schutzkonzept und beurteilen es nach verschiedenen Kriterien. Außerdem wird kurz auf einige Gesichtspunkte einer durchgeführten Implementierung eingegangen.

Diese Arbeit stellt meine von der Fakultät für Informatik der Universität Karlsruhe (Technische Hochschule) genehmigte Dissertation dar (Gutachter Prof. Dr. P.C. Lockemann, Prof. Dr. G. Goos; mündliche Prüfung am 8. 12. 1982).

Die Entstehung einer solchen Abhandlung und die Durchführung der ihr zugrunde liegenden Untersuchungen ist nur durch die Unterstützung vieler möglich. Bei ihnen allen möchte ich mich - nicht nur, weil es gute Übung ist - an dieser Stelle sehr herzlich bedanken, insbesondere bei

- Herrn Prof. Dr. P.C. Lockemann, von dem vielerlei Anregungen und Verbesserungsvorschläge kamen und der mir als Mitglied seiner Forschungsgruppe von Anfang an ein Höchstmaß an Vertrauen entgegenbrachte und mir jede erdenkliche Freiheit in meinem Wirken gewährte,
- Herrn Prof. Dr. G. Goos als Triebfeder des OSKAR-Projekts, der in der ihm eigenen Art stets für knappe, unkonventionelle, aber fundierte Wegweisung gut war,
- den Projektkollegen K. Hug, P. Kammerer, D. Lienert, H. Mau und K. Wachsmuth (sowie vormals Frau C. Görg und J.L. Keedy), ohne deren tatkräftige Entwurfs- und Implementierungsarbeit (hierbei dürfen auch T. Fischer und eine Reihe studentischer Hilfskräfte nicht unerwähnt bleiben) die Basis für diese Arbeit gefehlt hätte, die aber auch - ohne daß sie dies wohl immer bemerken konnten - durch oft hartnäckige Debatten zur Klärung von hier dargestellten Sachverhalten beigetragen haben,
- meinen Kollegen C. Eick, M. Klopprogge und H.C. Mayr für vielerlei Detaildiskussionen, bei denen Sie mich an ihrem Spezialwissen teilhaben ließen,
- allen genannten und den weiteren Institutsmitgliedern der vergangenen Jahre für ihren Beitrag zu einer für mich allzeit ausgezeichneten Arbeitsatmosphäre, nicht zuletzt für ihren Beitrag zu den Unmengen ausgezeichneten Backwerks und sonstiger Leckereien, die zusammen verzehrt wurden und für die unabdingbare physiologische Grundlage intensiver wissenschaftlicher Arbeit sorgten,
- den zahlreichen Studenten, die durch ihre eifrige Mitarbeit in Vorlesungen, Seminaren und Arbeitsgemeinschaften das Umfeld dieser Arbeit zu erhellen halfen, namentlich bei den Diplomanden Frau A. Schilling und W. Gotthard.

Auch einer anderen Gruppe von Personen, deren Beitrag oft nur allzu leicht viel zu gering eingeschätzt wird, fühle ich mich zu besonderem Dank verpflichtet. Frau M. Just hat nicht einfach "nur" das (handschriftliche!) Manuskript "in die Maschine gebracht", sondern auch in der entscheidenden Phase aus eigenem Antrieb jede nur denkbare Hilfe geleistet. Meiner Lebensgefährtin Tina schließlich bin ich für weit mehr als ihre wertvolle Unterstützung bei Zeichnungen und Korrekturlesen dankbar. Sie zeigte sich verständnisvoll, wenn meine Arbeitswoche die 40 Stunden oft beträchtlich überschritt, übernahm unaufgefordert viele der mir "zustehenden" Pflichten im Haushalt und freute sich mit mir über jeden Fortschritt der Arbeit.

K. R. D.

Inhalt

1 Schutz_und_Rechensysteme

Bei jeder Art von Datenverarbeitung sind Regelungen einzuhalten, die bestimmte Verarbeitungsaktivitäten verbieten oder erlauben. Überträgt man die Datenverarbeitung automatisierten Rechensystemen, so sollten diese zweckmäßigerweise auch den Schutz vor absichtlicher oder versehentlicher Mißachtung der bestehenden Regelungen erledigen. Hierzu müssen die jeweils geltenden Vorschriften dem Rechensystem bekannt gemacht werden.

Ziel vorliegender Arbeit ist, ein Konzept zur Verhinderung mißbräuchlicher oder falscher Aktivitäten von Rechensystemen, das gegenüber bisherigen Ansätzen weitaus detailliertere Festlegungen hinsichtlich der Zulässigkeit von Aktivitäten gestattet und zudem einheitlicher aufgebaut ist.

Vor einer Präzisierung dieses noch sehr groben Themenumrisses folgen im nächsten Abschnitt einige Bemerkungen zu den auftretenden Grundbegriffen und anschließend anhand eines Überblicks über Schutzaufgaben in Rechensystemen eine Einordnung der hier zu behandelnden Teilaufgaben.

1.1 Klärung_von_Grundbegriffen

Begriffe wie Schutz, Sicherung, Sicherheit usw. werden im Zusammenhang mit unserer Thematik höchst uneinheitlich verwendet. Wir bauen auf den in [DIT 81] entwickelten Erklärungen auf:

(1) **Schutz** ist die Verhinderung von Beeinträchtigungen mit Hilfe von Rechensystemen. Beeinträchtigungen sind dabei sowohl solche, die

   (a) das Rechensystem durch seine technische Beschaffenheit, Konstruktion etc. verursachen kann,

   als auch solche, die

(b) durch die Verwendung des Rechensystems entgegen
(i) implizit (durch die Konstruktion) oder
(ii) explizit (durch Systembenutzer)
festgelegten Regeln entstehen.

(2) Schutz gemäß (a) und (b)(i) aus (1) bezeichnen wir als
Betriebsschutz, Schutz gemäß (b)(ii) als Informationsschutz. Dies spiegelt wider, daß Beeinträchtigungen der
ersten Arten den Betrieb des Rechensystems überhaupt
bedrohen, während die von den Benutzern eines Rechensystems vorgegebenen Regeln dem Schutz dort abgelegter
Informationen vor fehlerhafter oder mißbräuchlicher
Benutzung dienen.

(3) Sicherung wird gleichbedeutend mit Schutz verwendet.

(4) Datenschutz ("Schutz **vor** Daten") wie im juristischen,
gesellschaftspolitischen Sprachgebrauch üblich meint die
Verhinderung von Beeinträchtigungen für die Betroffenen
des Einsatzes von Rechensystemen und liegt damit im
Vorfeld des hier interessierenden Schutzes. Ein Teil der
Anforderungen dafür resultiert jedoch aus dem Datenschutz.

(5) Datensicherung wird manchmal als Informationsschutz
(eingeschränkt auf Bestimmungen aus dem Datenschutz),
manchmal als Sicherung gespeicherter Daten vor Verlust
oder Beschädigung, manchmal in noch anderem Sinn verstanden. Wir werden diesen Begriff nicht verwenden.

(6) Sicherheit ist der Zustand des Nichtvorhandenseins von
Beeinträchtigungen und Risiken. Er besteht, wenn Schutz
gewährleistet ist oder Risiken a priori nicht vorliegen.
Sicherheit ist das Ziel oder Ergebnis der Aktivität
Schutz. Analog kann man von Betriebssicherheit und von
Informationssicherheit sprechen.

Unter ingenieurmäßigen Gesichtspunkten wird man Sicherheit
als eine graduelle Eigenschaft betrachten. Totale Sicherheit kann es nicht geben, wenn das betrachtete System
noch irgendeinen sinnvollen Zweck erfüllen soll.

(7) Vorkehrungen aller Art zur Durchführung von Schutz heißen Schutzmaßnahmen. Operationale Schutzmaßnahmen (Schutzmechanismen) sind explizit an einer Schnittstelle angebotene Funktionen (Schutzfunktionen), die Festlegung von Schutzregeln und Überwachung ihrer Einhaltung erlauben. Methodische Schutzmaßnahmen sind alle Verfahren, Methoden und Hilfsmittel, die eine betriebssichere Realisierung der Schnittstelle eines Systems unterstützen (beispielsweise die Verwendung höherer Programmiersprachen, der Einsatz von Verifikations- und Testwerkzeugen usw.).

(8) Ein Schutzsystem ist die Gesamtheit aller in einem bestimmten Zusammenhang betrachteten operationalen Schutzmaßnahmen.

(9) Unter dem Zielsystem verstehen wir dasjenige Rechensystem, für das Sicherheit gewährleistet werden soll.

(10) Ein sicheres System ist betriebssicher ("sicher realisiert") und informationssicher in dem Sinne, daß alle spezifizierten Schutzregeln tatsächlich eingehalten werden. Verschiedene Systeme sehen mehr oder weniger Möglichkeiten zur Formulierung von Schutzregeln vor. Man kann daher verschiedene Klassen sicherer Systeme definieren, indem man genauere Forderungen für operationale und methodische Schutzmaßnahmen aufstellt. In [ELF 81] wird über eine sechs Klassen umfassende Einteilung berichtet.

Für die Einordnung weiterer Termini wie Konsistenz und Integrität, die hier keine herausragende Rolle spielen, verweisen wir auf [DIT 81].

1.2   Schutzaufgaben in Rechensystemen

Die Durchführung von Schutz in Rechensystemen ist keine einheitliche, atomar zu betrachtende Aufgabe, sondern kann in verschiedene Teile aufgegliedert werden, deren sinnvolles Zusammenwirken erst zu dem angestrebten Ziel führt. Bei der Betrachtung der Einzelaufgaben gehen wir davon aus, daß das Zielsystem ein Mehrbenutzersystem ist. Erwünschte Zusammenarbeit verschiedener Benutzer und die gemeinsame Nutzung vorhandener Informationen muß also trotz Beachtung der Schutzaspekte möglich sein.

In Anlehnung an [BRÜ 80] lassen sich die folgenden hauptsächlichen Schutzteilaufgaben unterscheiden:

1. Identifikation und Authentisierung: Die Urheber von Aktionen (insbesondere sind dies die mit dem Rechensystem kommunizierenden Benutzer) müssen vom System eindeutig feststellbar sein. Hierzu hat jeder im Zuge der Identifikation anzugeben, wer er ist. Die Authentisierung soll vor Mißbrauch bei der Identifikation schützen; es ist möglichst zweifelsfrei festzustellen, ob ein identifizierter Urheber derjenige ist, der zu sein er vorgibt. Zur Authentisierung für (menschliche) Systembenutzer können herangezogen werden ([MAR 73], [HOF 77]):

(a) Wissen (heute übliches Verfahren; den Benutzern werden z.B. außer ihren Kennungen geheimzuhaltende Paßwörter mitgegeben, deren Kenntnis als Beweis der korrekten Identifikation gilt),

(b) Besitz (Code-Karten etc.),

(c) Eigenschaften (z.B. Stimme, Fingerabdrücke, Unterschrift; technisch noch wenig ausgereift).

Identifikation und Authentisierung erfüllen zusammen zweierlei Aufgaben in einem Mehrbenutzersystem:

(i) gänzlich zur Systembenutzung unberechtigte Benutzer werden abgewiesen,

(ii) unter den zugelassenen Benutzern wird zwischen den Urhebern einzelner Aktionen unterschieden.

2. Berechtigungsvergabe (Autorisierung): Festlegung der einzuhaltenden Schutzregeln gegenüber dem System (wer ist wann unter welchen Randbedingungen zu welchen Systemaktivitäten berechtigt?).

3　<u>Berechtigungsüberprüfung</u>: Überwachung aller Aktivitäten darauf, daß festgelegte Schutzregeln eingehalten werden.

4　<u>Protokollierung</u>: Buchführung über alle stattfindenden Aktivitäten hat wiederum zweierlei Nutzen:

(i) Mißbrauch von Berechtigungen, Umgehen von Überprüfungen, Schwachstellen des Schutzsystems können im nachhinein erkannt werden (notwendig, da keine totale Sicherheit erzielt werden kann),

(ii) die notwendigen Informationen zur Stornierung fehlerhafter Änderungen oder zur Restauration zerstörter Datenbestände stehen zur Verfügung.

Unter dem Begriff "Recovery" wurden insbesondere für den zweiten Fall vielerlei Techniken vorgeschlagen (siehe etwa [REU 81] für den Datenbankbereich).

5　<u>Kommunikationssicherung</u>: Innerhalb eines einzigen Rechensystems sowie bei der Zusammenarbeit verschiedener Rechensysteme ist zu gewährleisten, daß Daten weder unberechtigten Empfängern zugestellt noch auf dem Übertragungsweg unbefugt und/oder sogar unbemerkt gelesen oder verändert werden. Dies ist innerhalb eines lokalen Systems durch entsprechende Konstruktion zu erreichen. Zwischen Systemen verwendet man hierzu kryptographische Verfahren, bei denen gerade in den letzten Jahren enorme Fortschritte erzielt wurden ([DH 76], [BET 82]).

Bei der Realisierung dieser Aufgaben sind, erneut nach [BRU 80], die folgenden Forderungen zu erfüllen.

a　Alle Schutzfunktionen müssen korrekt arbeiten. Ihr Entwurf muß einerseits die gewünschte Sicherheit bieten, andererseits muß ihre Implementierung korrekt gegenüber dem Entwurf sein.

[b] Schutzfunktionen und ihnen zugrundeliegende Daten dürfen nicht unbefugt beeinflußbar sein. Das Schutzsystem ist also selbst vor mißbräuchlicher Verwendung zu schützen.

[c] Die Schutzfunktionen müssen vollständig sein, dürfen also keine Teilbereiche unberücksichtigt lassen. Beispielsweise darf nicht durch einen Umweg über Protokollinformation die Kenntnisnahme ursprünglich verbotener Daten ermöglicht werden.

[d] Schutzmaßnahmen müssen unumgehbar sein. Niemand darf sich der Identifikation, der Überprüfung von ihm veranlaßter Aktivitäten usw. entziehen können.

Für die Gewährleistung der nach [a] geforderten korrekten Arbeitsweise der Schutzfunktionen spielt der Zusammenhang zwischen operationalen und methodischen Schutzmaßnahmen eine Rolle ([DIT 81]). Neben den in der Erklärung ⑦ in 1.1 genannten Beispielen gehört es auch zu den methodischen Maßnahmen, bei der betriebssicheren Realisierung einer Schnittstelle schrittweise vorzugehen, also insbesondere Unterschnittstellen (im Sinne einer Schnittstellenhierarchie) einzuziehen. Dabei kann es sich durchaus wieder um operationale Schutzmaßnahmen handeln, die dann sachgerecht einzusetzen sind (d.h. die von ihnen zu überwachenden Schutzregelungen müssen korrekt formuliert werden). Die Verwendung methodischer Schutzmaßnahmen selbst verursacht in erster Linie während der Systementwicklung Aufwand, weniger aber während des Systembetriebs.

Operationale Schutzmaßnahmen – obwohl zusätzlichen Aufwand während des Systembetriebs verursachend – sind schon aus folgenden Gründen unbedingt erforderlich:

(i) Die für Informationsschutz einzuhaltenden Regeln sind meist weder vorab vollständig bekannt noch über die Lebensdauer des Rechensystems hinweg konstant, können also nicht fest eingebaut werden. Man benötigt Schutzfunktionen an der Systemschnittstelle, um sie festlegen zu können.

(ii) Mit methodischen Schutzmaßnahmen allein ist nach heutigem
     Kenntnisstand meist nur für stark eingeschränkte Schnitt-
     stellen das gewünschte Maß an Sicherheit zu erzielen (man
     denke etwa an Verifikationstechniken). Dem begegnet man
     durch das angesprochene Einziehen von Unterschnittstellen,
     insbesondere in Form operationaler Schutzmaßnahmen. Damit
     können rein methodische Maßnahmen auf einen Umfang redu-
     ziert werden, dem mit heutigen Mitteln einigermaßen
     beizukommen ist.

Somit ergeben sich folgende Zusammenhänge: Einerseits erfordert
die sichere Realisierung operationaler Schutzmaßnahmen (wie die
sichere Realisierung anderer Schnittstellen auch) den Einsatz
methodischer Schutzmaßnahmen. Auf der anderen Seite ist es ein
wichtiger Aspekt methodischer Schutzmaßnahmen, geeignete
operationale Schutzmaßnahmen (und andere Schnittstellen) zur
sicheren Realisierung der vorgegebenen ("höheren") Schnittstelle
aufzufinden und heranzuziehen. Dies führt zusammengenommen zu
einer Maßnahmenhierarchie, bei der operationale und methodische
Maßnahmen einander abwechseln.

Eine weitere Bemerkung ist im Hinblick auf Schutz und Systemar-
chitektur zu machen. Rechensysteme sind aus einer Reihe von
Teilsystemen zusammengesetzt. Eine solche Unterteilung kann
verschieden fein durchgeführt werden. Bei grober Betrachtung
erhält man die übliche Schichtenarchitektur dreier Teilsysteme
(Abb. 1-1), wobei die Anwendungssoftware die Funktionen der
Betriebssoftware benutzt und beide die Funktionen der Hardware
verwenden.

Wo sind hier Schutzmaßnahmen anzusiedeln? Wegen der geforderten
Unumgehbarkeit ($\boxed{d}$) sollten sie in einer Hierarchie von Teilsystemen so tief wie möglich untergebracht werden ([DIT 81]). Aus
Wirtschaftlichkeitsgründen wird man jedoch die jeweils tiefere
von zwei betrachteten Schichten so realisieren, daß sie für
unterschiedlich gestaltete darüber liegende Schichten verwendet
werden kann (z.B. ein Betriebssystem für mehrere verschiedene
Datenbanksysteme). Damit kann man aber von einer tieferen
Schicht nicht verlangen, daß sie alle von jemals vorkommenden
höheren Schichten benötigten Schutzfunktionen anbietet.

Das Schutzsystem eines Rechensystems wird also im allgemeinen aus mehreren Teilschutzsystemen zusammengesetzt sein, Rechensystemteile wie Betriebs-, Datenbanksystem usw. verfügen jeweils über eigene Schutzsysteme. Damit aber ihre Unumgehbarkeit gewahrt bleibt, müssen Schutzsysteme ähnlich zusammenarbeiten wie die jeweiligen Zielsysteme. So müssen etwa Schutzmaßnahmen von Datenbanksystemen auf jenen von Betriebssystemen aufbauen. Andernfalls könnte ein Benutzer des Datenbanksystems ihm dort vorenthaltene Daten durch Lesen der zu ihrer Abspeicherung benutzten Dateien des Betriebssystems kennenlernen.

Schließlich ist es klar, daß Schutzmaßnahmen in Rechensystemen nicht für Aktivitäten außerhalb des Systems selbst wirksam werden können. Für einem bestimmten Benutzer einmal zugänglich gemachte Informationen kann nicht ausgeschlossen werden, daß er sie mündlich oder schriftlich anderen Personen zukommen läßt, denen sie vom Rechensystem wegen der festgelegten Schutzregelungen vorenthalten worden wären. Hier helfen nur organisatorische Maßnahmen weiter. Gefahren, die sich durch Herausnehmen von Datenträgern aus einem sicheren System und Kenntnisnahme der enthaltenen Informationen durch Lesen in einem anderen Rechensystem ergeben, kann man immerhin durch die Verwendung von Verschlüsselungstechniken (zusätzlich zu organisatorischen und baulichen Maßnahmen) begegnen.

<table>
<tr><td>Anwendungssoftware

(Datenbanksysteme etc.)</td></tr>
<tr><td>Betriebssoftware
(Betriebssystem etc.)</td></tr>
<tr><td>
Hardware

</td></tr>
</table>

Abb. 1-1: Grobschichtung Rechensysteme

1.3 Zielsetzung

Mit den bisher vermittelten Kenntnissen können wir eine erste Präzisierung dessen liefern, was mit dieser Arbeit geleistet werden soll:

● Es wird ein Konzept vorgeschlagen, das **operationale** Maßnahmen zum Informationsschutz bietet.

● Obwohl für ein sicheres System alle Teilaufgaben aus 1.2 befriedigend gelöst werden müssen, beschränkt sich unsere Untersuchung auf die zentralen Aspekte $\boxed{2}$ und $\boxed{3}$ (**Berechtigungsvergabe und -überprüfung**). Gründe dafür sind

   (a) adäquate Lösungen für die in der Einleitung dieses Kapitels genannten Aufgabenbereiche hängen vor allem von der Leistungsfähigkeit von Berechtigungsvergabe und -überprüfung eines Schutzsystems ab,

   (b) für die Teilaufgaben $\boxed{1}$, $\boxed{4}$ und $\boxed{5}$ liegen vergleichsweise gute Lösungsvorschläge vor (siehe die Bemerkungen in 1.2),

   (c) für die hier verfolgten Teilaufgaben existieren im Gegensatz dazu wenige Ansätze zu leistungsfähigen Konzepten.

● Das Konzept zielt in erster Linie auf **Schutz vor mißbräuchlichen oder falschen Aktivitäten** in Rechensystemen. Andere, ebenfalls unter die Schutzdefinition ① in 1.1 fallende Beeinträchtigungen wie etwa unberechtigtes Vorenthalten von Systemleistungen, unerlaubte Überbeanspruchung von Systemleistungen durch einzelne Benutzer, mangelnde Konsistenz und Integrität werden nicht berücksichtigt. Ist das Konzept trotzdem auch zur teilweisen Lösung solcher Probleme geeignet, wird dies im Sinne einheitlicher Systemgestaltung begrüßt.

● Wir setzen die Hardware von Rechensystemen (einschließlich der heute dort üblichen Schutzmaßnahmen) als gegeben voraus und sehen unser Konzept in erster Linie **für Betriebs- und Anwendungssoftware** vor.

Soweit nicht explizit anders erwähnt, verstehen wir künftig die Begriffe Schutz, Sicherheit usw. eingeschränkt auf die genannten, hier interessierenden Teilaspekte. Ebenso meinen wir mit Schutzsystem nur noch die Aufgabenbereiche Berechtigungsvergabe und -überwachung.

Der Aufbau der weiteren Abhandlung ist wie folgt. Im 2. Kapitel wird ein kurzer Überblick über den Stand der Kunst auf dem Gebiet operationaler Schutzkonzepte gegeben. Anhand der sich daraus ergebenden Mängel existierender Konzepte kann die Zielsetzung für das hier vorzuschlagende Konzept in Form eines Anforderungskatalogs endgültig festgelegt werden. Kapitel 3, der Hauptteil der Arbeit, stellt unser Konzept im Detail vor. Anschließend werden seine Zusammenhänge mit dem jeweiligen Zielsystem und seine Anwendung in verschiedenen Arten und Teilen von Rechensystemen diskutiert (Kapitel 4 und 5). Für eine tatsächlich durchgeführte Systementwicklung nennt Kapitel 6 die wichtigsten Gesichtspunkte der Implementierung, während Kapitel 7 der Beurteilung des Konzepts vorbehalten ist.

2 Operationale Schutzkonzepte in Betriebs- und Datenbanksystemen

Dieses Kapitel gibt einen Überblick über die wichtigsten bisher existierenden Schutzkonzepte in Rechensystemen und, soweit notwendig, die ihnen zugrundeliegenden Hardwaregegebenheiten. Wir beschränken uns dabei auf den Bereich der Betriebs- und Datenbanksysteme, zumal in weiteren Bereichen wie Methodenbanksysteme ([HL 78]), Projektverwaltungssysteme ([MER 82]) usw. keine Arbeiten vorliegen, die den Gesichtskreis nennenswert erweitern können. Als wesentlichste Schwachpunkte existierender Konzepte werden sich herausstellen:

● Mangelnde__Differenzierbarkeit: Schutzregelungen können nicht differenziert genug festgelegt und durchgesetzt werden, um den Aufgaben des Informationsschutzes gerecht zu werden.

● Mangelnde__Einheitlichkeit: Innerhalb desselben (Teil-) Rechensystems werden häufig mehrere verschiedene Konzepte eingesetzt, um nach außen hin ähnlich gelagerte Probleme zu lösen. Damit ergeben sich u.a. Schwierigkeiten bei der Zusammenarbeit der Konzepte.

Dies wird in Abschnitt 2.4 näher begründet, woraus sich ein Anforderungskatalog für das im Hauptteil dieser Arbeit vorzuschlagende neue Konzept ergibt.

2.1 Grundlagen

Wir geben zunächst die generelle Grobstruktur von Schutzsystemen an und stellen ein Klassifizierungs- und Beurteilungsschema vor. Schließlich werden gängige Vorschläge dort eingeordnet.

2.1.1 Grobstruktur von Schutzsystemen

Schutzsysteme weisen bei Beschränkung der Betrachtung auf
Berechtigungsvergabe und -überprüfung eine aus folgenden
Hauptbestandteilen aufgebaute Grobstruktur auf (Abb. 2-1):

- **Autorisierungssystem** (Komponente zur Festlegung der Regelungen, die das Schutzsystem überwachen soll),

- **Überwachungssystem** (Komponente zur Überwachung des Zielsystem-
  betriebs auf Konformität mit den festgelegten Regelungen),

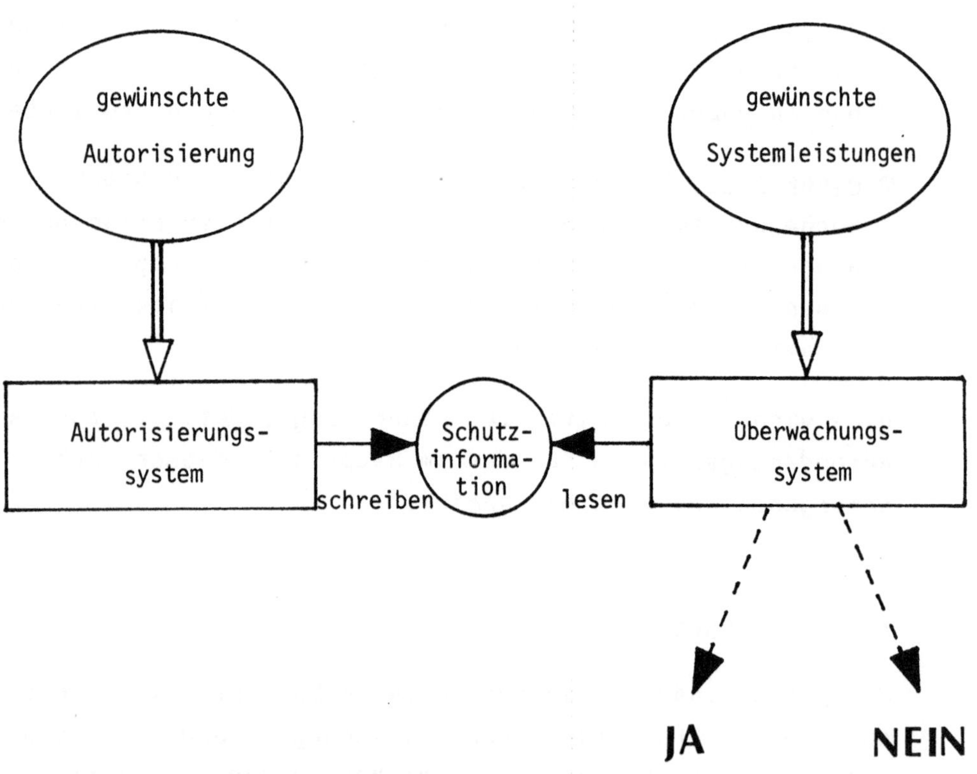

Abb. 2-1: Grobstruktur von Schutzsystemen

- <u>Schutzinformation</u> (Gesamtheit der jeweils dem System bekannten Regelungen; wird durch das Autorisierungssystem angelegt sowie fortgeschrieben und durch das Überwachungssystem ausgewertet; legt den jeweiligen <u>Schutzzustand</u> des Systems fest).

Das Überwachungssystem kommt seiner Tätigkeit anhand der vorhandenen Schutzinformation (und evtl. unter Einbeziehung von Parametern aus dem zu schützenden System wie Uhrzeit, anforderndes Terminal etc.) nach einem festen Algorithmus nach, der durch andere Systemkomponenten oder Benutzer in keiner Weise beeinflußt werden kann. Die Einschaltung des Überwachungssystems muß bei allen auf Zulässigkeit zu prüfenden Systemaktivitäten erzwungen werden.

Das Autorisierungssystem stellt eine Reihe von Funktionen zur Verfügung, mit denen der Schutzzustand festgelegt und geändert werden kann. Die Entscheidung darüber, **welche** Autorisierungen mit diesen Funktionen vorgenommen werden, liegt vollständig bei den Benutzern oder Systemkomponenten, die sie verwenden. Aus diesem Grund hat sich die Sprechweise eingebürgert, daß mittels der <u>Mechanismen</u> des Schutzsystems (festgelegt duch die angebotenen Funktionen) verschiedene Autorisierungs<u>strategien</u> (Schutzstrategien, Sicherheitsstrategien) durchgesetzt werden können. Eine Strategie ist die Anwendung der vorhandenen Funktionen **in bestimmter, reglementierter Weise,** um insgesamt ein vorgegebenes Ziel (hier eine bestimmte Art von Schutz) zu erreichen. Beispiele solcher Ziele sind "jeder Benutzer darf nur die von ihm selbst eingebrachten Informationen benutzen" oder "jeder Benutzer darf alle Informationen benutzen".

Aufgrund der vom Überwachungssystem überhaupt verarbeitbaren Schutzinformation steht für ein gegebenes Schutzsystem a priori fest, für welche Klasse von Strategien es geeignet ist. Im Hinblick auf möglichst universelle Anwendbarkeit muß diese Klasse möglichst umfangreich ausfallen. Die angebotenen Funktionen dürfen hierzu nur so wenig wie möglich Annahmen über die spätere Verwendungsweise machen. Im Betriebssystembereich allgemein spricht man hierbei vom Prinzip der Trennung von Strategien und Mechanismen ([LEV 75]).

2.1.2 Klassifizierungs-_und_Beurteilungsschema_für_operationa-_le_Schutzkonzepte

Bevor wir ein Klassifizierungsschema für Schutzsysteme angeben, müssen einige weitere Begriffe erläutert werden. Wir setzen dabei vorerst auf ein intuitives Verständnis des Lesers, da eine genauere Festlegung erst später im Zusammenhang mit dem in dieser Arbeit zu entwickelnden Konzept erfolgen kann.

Subjekt: "Aktiver" Systembestandteil, d.h. Repräsentant von Abläufen bzw. Veranlasser von Abläufen (Bsp.: Prozeß, Benutzer).

Objekt: Bestandteil eines Systems, der geschützt werden soll bzw. kann ("Schutzobjekt").

Operator: Bezeichner für eine (parametrisierbare) Rechenvorschrift; gemeint ist damit aber oft auch die Rechenvorschrift selbst.

Operation: Ausführung eines Operators mit bestimmten Parametern in einem bestimmten Systemzustand; veranlaßt durch den Aufruf des Operators (Operator: Operationstyp).

Schutzumgebung: Menge der einem Subjekt zu einem Zeitpunkt gewährten Privilegien, d.h. systeminterne Repräsentation des Tatbestandes, daß ein Subjekt eine Reihe von Aktivitäten durchführen darf und andere nicht; die Schutzumgebungen aller Subjekte zusammen ergeben den Schutzzustand des Systems.

Mit diesen Begriffen geben wir ein Schema an, mit dem Schutzsysteme klassifiziert und beurteilt werden können. Es baut auf einem Vorschlag von HABERMANN ([HAB 76]) auf.

2.1.2.1 Charakteristische_Merkmale

Verschiedene Schutzkonzepte unterscheiden sich darin, welche Eigenschaften sie für eine Reihe von charakteristischen__Merkmalen aufweisen. Jedes Schutzkonzept hat für jedes solche Merkmal eine bestimmte Ausprägung. Diese zusammen ergeben die charakteristischen_Eigenschaften des betrachteten Konzepts.

Wir belegen jedes charakteristische Merkmal mit einer Kurzbezeichnung und erläutern, was durch seine Ausprägung festgelegt werden muß:

a) **Subjekte**

Welche Möglichkeiten der Subjektfestlegung sind vorgesehen, wie können aktive Systemteile voneinander abgegrenzt werden?

b) **Objekte**

Welche Objekte/Objektklassen gibt es? Können neue Objekte/ Objektklassen dynamisch (d.h. während der Lebensdauer des Systems) erzeugt, existierende vernichtet werden? Wie und durch welche Subjekte ist dies möglich? Kann es dem System bekannte Zusammenhänge zwischen Objekten geben?

c) **Operationen**

Welche Operationen können aus Sicht des Schutzsystems unterschieden werden? Kann insbesondere zwischen Operatoren und damit möglichen Operationen unterschieden werden? Wie hängen Objekte/Objektklassen mit Operationen/Operatoren zusammen? Können Operatoren dynamisch hinzugefügt/vernichtet werden?

d) Privilegierungseinheiten

In welchen Einheiten können Privilegien zuerkannt, vergeben, zurückgenommen werden? Welche Detaillierungs- und Aggregierungsstufen für diese Einheiten sind möglich?

e) Verhinderung unerlaubter Aktivitäten

Wie arbeitet das Überwachungssystem? Zu welchen Zeitpunkten erfolgt Überwachung? Reaktion bei Versuch unerlaubter Aktivitäten?

f) Umgebungswechsel

Wie wird sicherer, d.h. mit den Schutzregelungen konformer, Wechsel der Aktivitäten von einem Subjekt zum anderen gewährleistet?

g) Manipulation von Schutzumgebungen

Wie arbeitet das Autorisierungssystem? Wann können Autorisierungen erfolgen? Können sie geändert werden? Wer kann autorisieren?

Für den Umgang mit einem Schutzsystem sind die verwendeten Einheiten (a) bis d)) sowie das Leistungsspektrum des Autorisierungssystems (g)) von Interesse. Sie legen zusammen die mögliche Strategieklasse fest. Die in e) und f) genannten Kriterien betreffen die interne Arbeitsweise. Zwischen den genannten Einheiten des Schutzsystems und denen des zu schützenden Systems bestehen natürlich außerordentlich enge Zusammenhänge. Genauer wird hierauf später noch einzugehen sein (Kap. 3 und 4).

2.1.2.2 Ausprägungsspektrum charakteristischer Merkmale

Zu einer Beurteilung von Schutzsystemen **aus der Sicht ihrer Benutzung heraus** interessiert uns die detaillierte Arbeitsweise des Überwachungssystems nicht. Wir setzen "lediglich" voraus, daß es korrekt realisiert ist und alle nach g) möglichen Schutzregelungen durchsetzt. Für die verbleibenden charakteristischen Merkmale zählen wir das Spektrum heute anzutreffender oder wünschenswerter Ausprägungen auf, wobei wir nicht nach Vollständigkeit hinsichtlich aller Nuancen trachten.

<u>Subjekte:</u>

Als aktive Systembestandteile kommen vorrangig Benutzer (<u>interne</u>, d.h. im System unterscheidbare), Programme/Programmteile (als Vorschriften für Abläufe) und Prozesse (als Einheit von Abläufen) in Frage. Darüber hinaus können zur stärkeren Differenzierung auch Kombinationen

    (Benutzer, Programm)
    (Benutzer, Prozeß)
    (Programm, Prozeß)
    (Benutzer, Programm, Prozeß)

Verwendung finden (Bedeutung: ein Benutzer, solange ein bestimmtes Programm für ihn ausgeführt wird usw.). Während "atomare" Subjekte heute üblich sind, gibt es bei "zusammengesetzten" erst vereinzelt Ansätze, vorwiegend in Richtung (Programm, Prozeß). Manchmal wird ein solcher Effekt auch durch atomare Subjekte "Programm" und "Prozeß" sowie geschickte Schutzumgebungsmanipulationsmöglichkeiten erzielt ([CJ 75]).

<u>Objekte:</u>

Die anzutreffenden Möglichkeiten lassen sich in fünf aufeinander aufbauenden Stufen angeben:

- Das gesamte Zielsystem (sofern eindeutig künftig "System" genannt) wird als ein einziges Objekt aufgefaßt.

- Das System besteht aus genau zwei Objekten: ein vorgefertigter, steuernder Systemteil (etwa das Betriebssystem) soll vor dem veränderbaren, gesteuerten Teil (etwa Menge der Benutzerprogramme) geschützt werden.

- Das System weist für jedes Subjekt genau ein Objekt auf. Alle Systemteile, die einem Subjekt "gehören" (Bsp.: Dateien in Betriebssystemen) werden zusammen als **ein** Schutzobjekt ("subjektbezogenes Objekt") betrachtet.

- Das System kann beliebig viele Objekte umfassen, die aus vordefinierten Objektklassen erzeugt werden (Bsp.: die Objektklasse "sequentielle Datei" in einem Betriebssystem erlaubt die Erzeugung vieler sequentieller Dateien).

- Wie oben, jedoch können zusätzlich neue Objektklassen dynamisch definiert werden.

Operationen:

Es läßt sich wiederum eine mehrfache Abstufung erkennen:

- Operationen aus Schutzsystemsicht sind alle Maschinenoperationen, jedoch wird nicht zwischen ihnen unterschieden.

- Wie oben, jedoch wird anhand der Maschinenbefehle zwischen mehreren Klassen von Operationen unterschieden (privilegierte/ nichtprivilegierte, lesende/schreibende Befehle).

- Für jede Objektklasse wird durch das Schutzsystem statisch eine Reihe von Operatoren festgelegt.

- Wie oben, jedoch können entsprechende Operatoren dynamisch während des Systembetriebs definiert werden (insbesondere im Zusammenhang mit dynamisch definierbaren Objektklassen).

<u>Privilegierungseinheiten</u>:

Die "Portionen", in denen Privilegien ausgedrückt werden, hängen eng mit den übrigen Gegebenheiten wie Objekten und Operationen zusammen. Demzufolge sind anzutreffen:

- Privilegierung in Abhängigkeit von Objekten/Objektklassen (d.h. alle jeweils möglichen Operationen sind zugelassen).

- Privilegierung in Abhängigkeit von Operatoren/Operatorklassen (d.h. jeweils unabhängig von den Objekten).

- Privilegierung in Abhängigkeit von **sowohl** Objekten/Objektklas- sen **als auch** Operatoren/Operatorklassen (d.h. Erlaubnis, bestimmte Operatoren auf bestimmten Objekten auszuführen).

Am häufigsten ist heute Privilegierung auf Objektbasis reali- siert; der differenzierende dritte Fall findet sich erst in Ansätzen bzw. in wenigen experimentellen Entwicklungen.

Darüber hinaus kommt in Frage

- Privilegierung in Abhängigkeit vom Zustand des Zielsystems (z.B. vom Terminal, an dem ein Benutzer arbeitet; von der Uhrzeit etc.).

Diese Möglichkeit ist nur als Erweiterung eines der oben genannten Konzepte sinnvoll und bislang nur für Spezialanwendun- gen vorgeschlagen.

<u>Manipulation von Schutzumgebungen</u>:

Wiederum läßt sich eine mehr oder minder aufeinander aufbauende Folge von Ausprägungen angeben:

- Alle Subjekte erhalten vom Schutzsystem alle existierenden Privilegien zugeteilt; bestenfalls werden Privilegien für Betriebssystemteile davon ausgenommen und ausschließlich einem fiktiven Subjekt "SYSTEM" gewährt.

- Das Schutzsystem nimmt eine Zuordnung von Objekten zu Subjekten vor (am häufigsten danach, wer die Erzeugung eines Objekts veranlaßt hat). Bis auf einige Grundprivilegien, die allen Subjekten zukommen, werden jedem Subjekt genau die Privilegien zuerkannt, die zum Umgang mit ihm zugeordneten Objekten erforderlich sind ("subjektbeschränkte Autorisierung").

- Zusätzlich kann ein Subjekt seine Privilegien weitergeben, jedoch nur in undifferenzierter Weise (d.h. nach Weitergabe genießen **alle** existierenden Subjekte diese Privilegien).

- Wie oben, jedoch kann selektiv festgelegt werden, welche anderen Subjekte Privilegien erhalten sollen.

- Zusätzlich können einmal gewährte Privilegien wieder zurückgezogen werden.

Aufbauend auf diesen einfachen Konzepten zur Autorisierung bezüglich Zugriffsüberwachung ([DD 79] u.v.a.) lassen sich komplexere Vorschriften für die Manipulation von Schutzumgebungen (und damit komplexere Schutzregelungen) angeben. Häufigere Beispiele sind hierfür:

- Autorisierung bezüglich Informationsflußüberwachung (in dem Maße, in dem eine solche Überwachung überhaupt durchführbar ist; [DD 79], [DEN 76]). Hierunter versteht man grob Anforderungen an den Schutzzustand derart, daß Situationen wie die folgende ausgeschlossen sind: Ein Subjekt s kann Kenntnis vom Inhalt einer ihm verbotenen Datei d erhalten, wenn ein anderes Subjekt s' mit zumindest Leseprivileg für d diesen Inhalt in eine Datei d' schreibt, die s zugänglich ist. Wenn s' Leseprivileg für d hat, darf s' zur Verhinderung dieser Möglichkeit kein Schreibprivileg für d' haben.

- Bereichsbegrenzte Autorisierung (nondiscretionary control, [WFS 80]). Subjekte und Objekte werden Bereichen ("Klassen" und/oder "Ebenen") zugeordnet; Autorisierungen für ein Subjekt sind nur bezüglich Objekten möglich, deren Einstufung mit der des Subjekts "verträglich" ist. Diese Spielart findet sich häufig bei militärischen Anwendungen ("vertraulich", "geheim", "streng geheim" als vorgegebene Klassen, [BEL 73]).

Für die beiden letztgenannten "höheren" Konzepte existieren noch kaum Vorschläge von mehr als akademischem oder auf Spezialfälle beschränktem Interesse. Hingegen sind mehrere theoretische Untersuchungen dazu durchgeführt worden, die vor allem durch [DEN 76] und [BEL 73] initiiert wurden. Kürzlich wurde in [LIP 82] versucht, gangbare Wege für bereichsbegrenzte Autorisierung bei kommerziellen Anwendungen aufzuzeigen.

Ein letzter Gesichtspunkt betrifft die Bedeutung und Durchführung des Autorisierungsvorganges:

- Man unterscheidet zwischen _positiven_ und _negativen_ (auch: geschlossenen und offenen) _Schutzsystemen_. Während im ersten Fall alles verboten ist, wofür nicht explizit Privilegien vergeben wurden, ist im zweiten Fall alles erlaubt, solange nicht ein explizites Verbot vorliegt. Für die Manipulation von Schutzumgebungen bedeutet dies keine prinzipiellen Unterschiede, lediglich die Ausgangssituationen differieren: sind im ersten Fall eingangs keinerlei Privilegien vorhanden, sind es im zweiten Fall gerade alle möglichen.

- Autorisierungen können _zentral_ oder _dezentral_ stattfinden. Dezentrale Autorisierung bedeutet, daß jedes Subjekt "eigene" Privilegien potentiell an andere Subjekte weitergeben darf. Bei zentraler Autorisierung ist dies auf einige wenige ausgezeichnete Subjekte beschränkt.

Zusammenfassend lassen sich die Aspekte der Manipulation von Schutzumgebungen wie in Abb. 2-2 darstellen. Auf den verschiedenen Möglichkeiten zur Autorisierung bezüglich Zugriffsüberwachung können Konzepte zur bereichsbegrenzten Autorisierung und bezüglich Informationsflußüberwachung aufbauen. Derart reglementierte Autorisierung kann zentral oder dezentral erfolgen und im Rahmen eines positiven oder eines negativen Schutzsystems vonstatten gehen. Ein entsprechender Aufbau des Autorisierungssystems aus Bausteinen ist damit jedoch keineswegs festgelegt; Abb. 2-2 darf nicht in diese Richtung interpretiert werden.

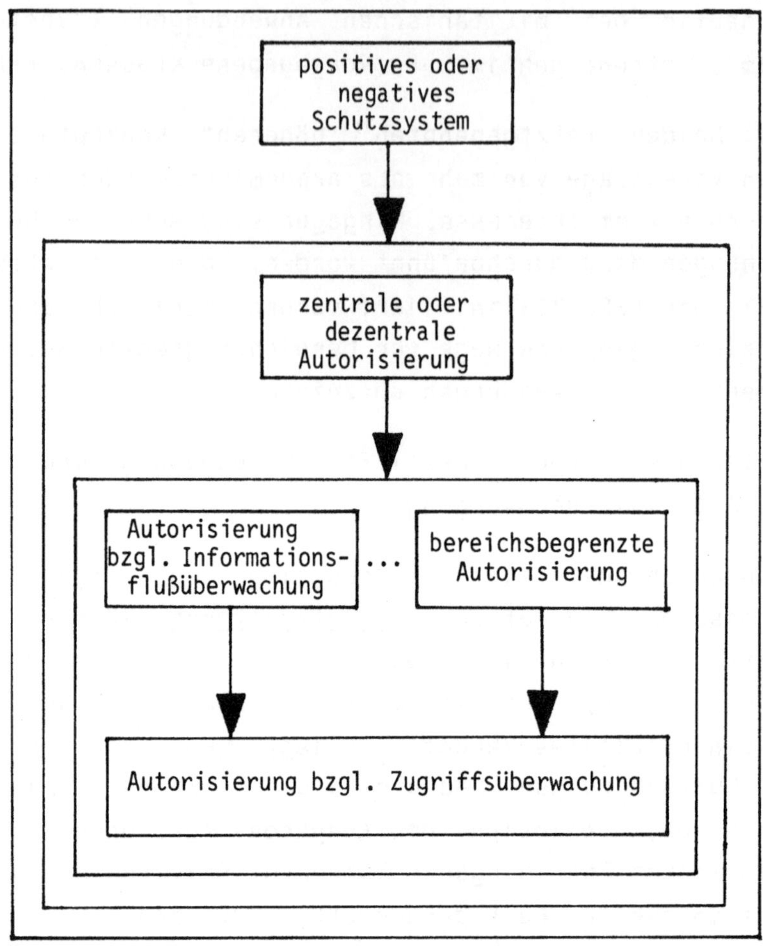

Abb. 2-2: Aspekthierarchie bei der Manipulation von Schutzumgebungen

2.1.2.3 Zusammenstellung

Gängige Schutzsysteme unterscheiden sich weniger hinsichtlich Subjekten und Privilegierungseinheiten als in den vielfältigen Ausprägungen der Merkmale Objekte, Operationen und Autorisierungsmöglichkeiten. Wir stellen die diesbezüglichen Konzepte noch einmal in Schlagworten zusammen:

Objekte: a) Gesamtsystem

                b) Steuersystem + Rest

                c) subjektbezogene Objekte

                d) Objekte vordefinierter Objektklassen

                e) Objekte definierbarer Objektklassen

Operationen: a) keine Differenzierung

                b) Klassen von Maschinenbefehlen

                c) vordefinierte, objektklassenabhängige Operato-
                   ren

                d) definierbare, objektklassenabhängige Operato-
                   ren

Autorisierung: a) generell

                b) subjektbeschränkt

                c) undifferenzierte Weitergabe

                d) selektive Weitergabe

                e) mit Rückrufmöglichkeit

Läßt man die ohnehin nur spärlich und in Anfängen vorhandenen
"höheren" Konzepte weg und beschränkt sich auf Zugriffsüberwachung, so kann man obiges Schema zur groben Klassifikation und
Beurteilung von Schutzkonzepten verwenden. Jedes einzelne
Schutzkonzept kann genau einer der entstehenden 100 Klassen
zugeordnet werden.

Aus Dimensionierungsgründen (ähnlich wie im Automobilbau die
Kombination Goggo-Motor und Mercedes-Karosserie Unsinn ist)
sind nicht alle Klassen sinnvoll, so daß Vertreter dafür nicht
zu finden und auch nicht anzustreben sind. Wird innerhalb der
Klassen eine weitere Einteilung gewünscht, können die übrigen
charakteristischen Merkmale dazu herangezogen werden.

2.1.3 Einordnung gängiger Konzepte

Bei der Konzeption eines Schutzsystems ist zunächst zu entscheiden, welcher Klasse es angehören soll. Gängige Schutzkonzepte

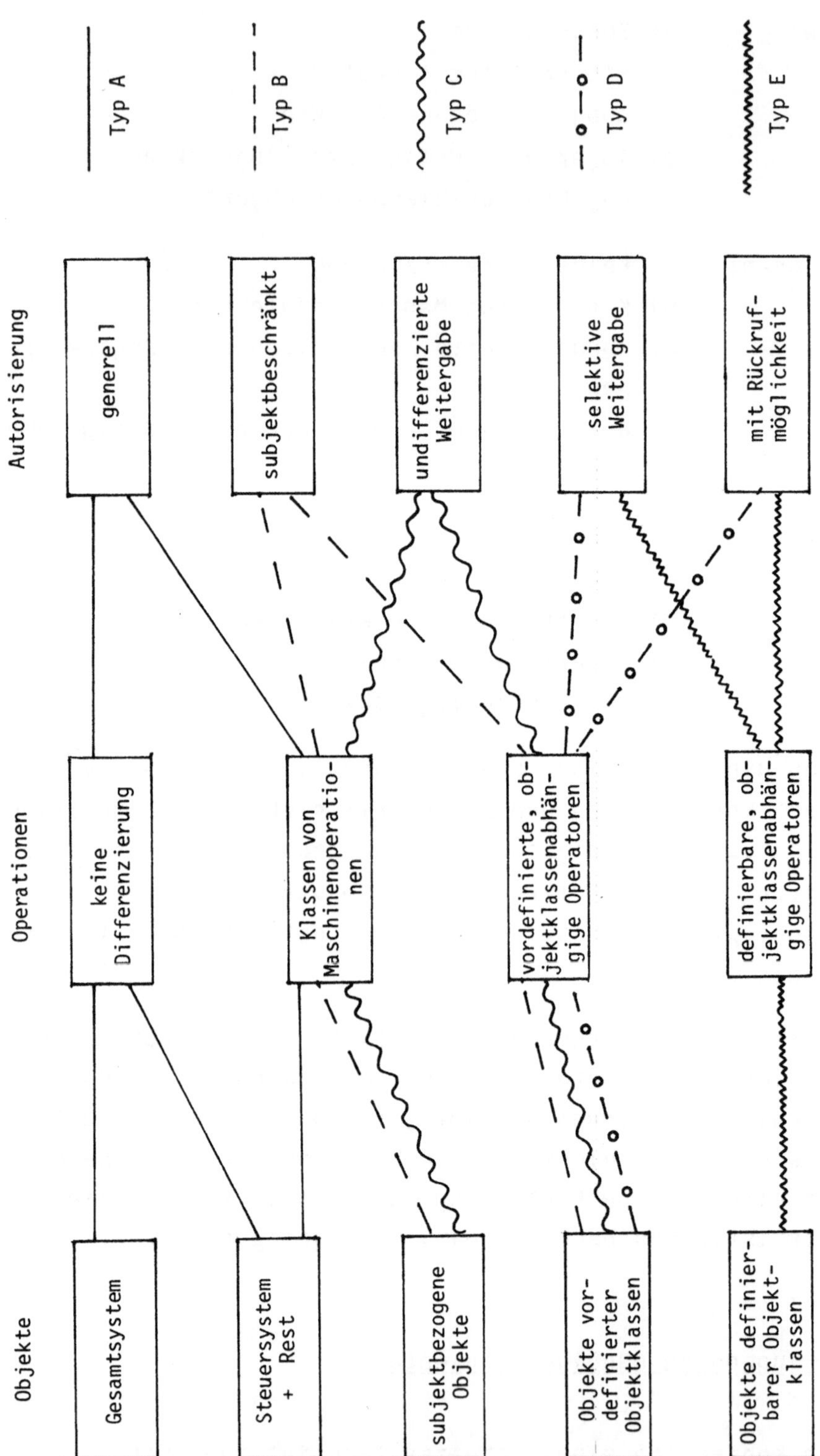

Abb. 2-3: Kombinationsmöglichkeiten von Ausprägungen bei Objekten, Operationen und Autorisierungen; Schutzkonzepttypen

sind meist von einem der nachfolgend skizierten Typen A bis F, die jeweils eine kleine Anzahl von Klassen wie in Abb. 2-3 angedeutet zusammenfassen (vgl. auch [SS 75]):

●Typ A: <u>ungeschützte Systeme</u>
Jedermann, der überhaupt Zutritt zum System hat (oder sich diesen verschafft), kann das System in uneingeschränkter Weise benutzen; ein Überwachungssystem existiert nicht.

●Typ B: <u>isolierende Systeme</u>
Verschiedene Subjekte (also insbesondere Systembenutzer) werden vollständig voreinander geschützt; eine Kooperation etwa durch gemeinsame Benutzung von Daten oder Programmen ist nicht möglich.

●Typ C: <u>alles oder nichts-Systeme</u>
Subjekte können wählen, ob sie "ihre" Objekte vor anderen vollständig isolieren wollen oder nicht. Im letzteren Fall sind sie jedoch **allen** anderen Subjekten und in der Regel auch **in jeder gewünschten Weise** (d.h. Privilegierungseinheit lediglich objektabhängig, keine Differenzierung nach Operatoren) zugänglich.

●Typ D: <u>gesteuerte Mehrfachbenutzung mit vordefinierten Schutz-formen</u>
Subjekte können selektiv festlegen, **welche** anderen Subjekte "ihre" Objekte benutzen dürfen und **in welcher Weise** sie dies tun dürfen. Jedoch ist dies nur im Rahmen eines vorgegebenen Grundvorrats an Objektklassen und zugehörigen Operatoren möglich.

●Typ E: <u>gesteuerte Mehrfachbenutzung mit definierbaren Schutz-formen</u>
Zusätzlich zum Grundvorrat können die Subjekte weitere Objektklassen und zugehörige Operatoren festlegen und für entsprechende Objekte Privilegien vergeben.

● ungeschützte Systeme

S＼^{0}	o_1	o_2	o_3	o_4	o_5
s_1	ALL	ALL	ALL	ALL	ALL
s_2	ALL	ALL	ALL	ALL	ALL
s_3	ALL	ALL	ALL	ALL	ALL

[alle Matrixelemente mit ALL belegt]

● isolierende Systeme

S＼^{0}	o_1	o_2	o_3	o_4	o_5
s_1	ALL				ALL
s_2			ALL	ALL	
s_3		ALL			

[je Spalte genau ein Eintrag ALL]

● alles oder nichts-Systeme

S＼^{0}	o_1	o_2	o_3	o_4	o_5
s_1	ALL	ALL		ALL	
s_2		ALL		ALL	ALL
s_3		ALL	ALL	ALL	

[je Spalte entweder genau ein ALL
oder ALL-Einträge in allen Zeilen]

● gesteuerte Mehrfachbenutzung,
vordef. Formen

S＼^{0}	o_1	o_2	o_3	o_4	o_5
s_1	ALL	read write	execute		
s_2		write	ALL		execute
s_3		ALL		read	

{read,write} $\subseteq$ Operatoren für Objektklassen von o_2, o_4

{execute} $\subseteq$ Operatoren für Objektklassen von o_3, o_5

(Operatoren legen gleichzeitig Privilegierungseinheiten fest; Objektklassen
vordefiniert)

[in allen Matrixelementen entweder
- keine Einträge   oder
- Eintrag ALL   oder
- Privilegierungseinheiten der
  jeweiligen Objektklasse]

● gesteuerte Mehrfachbenutzung,
def.bare Formen

S＼^{0}	o_1	o_2	o_3	o_4	o_5
s_1	v_5		v_2		
s_2	ALL	v_1	v_3	ALL	v_6
s_3		ALL	v_4		

Objektklassen für o_i definierbar, v_i
Einträge beliebiger Privilegierungseinheiten der jeweiligen definierten oder
vordefinierten Objektklasse

[Regeln für Einträge wie bei vordef. Formen]

$S = \{s_1, s_2, \dots\}$ Subjekte

$O = \{o_1, o_2, \dots\}$ Objekte

ALL: alle jeweils möglichen Privilegien

Abb. 2-4: Darstellung der Grundprin-
zipien der Schutzsystem-
klassen im Zugriffsmatrixmodell

Zur Übersicht werden die aufgezählten Typen in Abb. 2-4 nochmals
(vereinfacht; nicht alle Feinheiten werden erfaßt) anhand des
in der Literatur häufig verwendeten Modells der sogenannten
__Zugriffsmatrix__ (Zugriffssteuermatrix, Autorisierungsmatrix;
wohl erstmals in [LAM 71] und [GD 72] einer breiteren Öffent-
lichkeit vorgestellt) in ihrem Prinzip dargestellt. Zeilen bzw.
Spalten der Matrix repräsentieren Subjekte bzw. Objekte; die
Einträge spiegeln die Privilegierungseinheiten wider. Die
gewählte Autorisierungsform legt Bedingungen fest, denen die
Gesamtheit aller Matrixeinträge zu jedem Zeitpunkt genügen muß
(z.B. bei isolierenden Systemen: je Spalte genau ein Eintrag);
sie sind im Zugriffsmatrixmodell nicht direkt darstellbar und
müssen gesondert angegeben werden. Nebenbei sei bemerkt, daß
die genannten "höheren" Autorisierungsformen zusätzliche
Vorschriften darüber festlegen, welche Übergänge von einer
Matrix zu einer anderen — in Abhängigkeit von den Matrixelementen — möglich sind.

Neben Schutzsystemen der hier aufgezählten Typen "in Reinkultur"
trifft man stets weitere an, in denen mehrere der obigen
Eigenschaften überlagert werden. Dies wird auch anhand der
Beispiele im folgenden Abschnitt deutlich werden.

2.2 __Operationale Schutzkonzepte in Betriebssystemen__

Bereits in den Anfängen einer Softwareunterstützung zur Benutzung von Rechenanlagen mußte darauf geachtet werden, daß nicht
durch fehlerhaften Umgang seitens der Benutzer die Betriebssoftware in Mitleidenschaft gezogen wurde. Schutzmaßnahmen dieser
Art legten auch die Zielrichtung fest, die bei Betriebssystemen
bis heute dominiert: Anstrengungen mit dem Ziel der Betriebssicherheit stehen gegenüber solchen zur Informationssicherheit
meist recht eindeutig im Vordergrund.

Darauf geht auch folgende Zweiteilung zurück: man unterscheidet
hinsichtlich Schutz zwischen Programmen (samt ihrer lokalen
Datenobjekte; als Grundlage für Prozesse) und Dateien (als

Behälter für längerfristig gespeicherte Daten, die von den Programmen manipuliert werden können). Anders ausgedrückt verwendet man in der Regel unterschiedliche (Teil-) Schutzsysteme für solche Objekte, die im Zentralspeicher repräsentiert sind (einschließlich der ausgelagerten Teile bei virtuellem Speicherprinzip) und solchen, die (vollständig) im Hintergrundspeicher zu finden sind.

Wir besprechen in diesem Abschnitt die wichtigsten Figenschaften von Betriebssystemschutzkonzepten, die sich grob an den Typen isolierende Systeme, alles oder nichts-Systeme sowie gesteuerte Mehrfachbenutzung mit vordefinierten bzw. definierbaren Schutzformen orientieren. Die Konzepte dreier existierender Betriebssysteme werden am Ende zusammenschauend skizziert.

2.2.1 Konzepte_für_isolierende_Systeme

Die Privilegien für subjektbezogene Objekte oder für von einem Subjekt erzeugte Objekte vordefinierter Objektklassen werden jeweils genau dem betreffenden Subjekt gewährt. Zur Manipulation kommen entweder Klassen von Maschinenbefehlen oder vordefinierte, objektklassenabhängige Operatoren in Frage kommen.

Im Zentralspeicher wird Isolation betriebssystemeigener Teile gegen Beeinträchtigungen durch Benutzeraktivitäten sowie benutzereigener Teile verschiedener Benutzer untereinander geboten. Dies geschieht in folgender Weise:

■ Als Subjekte treten Prozesse auf. Jedem Prozeß kann ein bestimmter (interner) Benutzer zugeordnet werden.

■ Betriebssystemaufgaben werden teilweise ebenfalls als eigene Prozesse durchgeführt ("Systemprozesse"). Ihnen kann ein fiktiver Benutzer 'SYSTEM' zugeordnet werden.

■ Darüber hinaus muß je nach verwendetem Prinzip der System-
strukturierung zumindest ein kleiner Teil der Betriebssystemaufgaben innerhalb der Benutzerprozesse erledigt werden.

■ Als zu isolierende Objekte ergeben sich die den einzelnen
Prozesse zugrundeliegenden Speicherteile (ohne die Betriebssystemanteile innerhalb der Prozesse) sowie die Betriebssystemanteile in den einzelnen Prozessen selbst.

■ Je nach verwendetem Adressierungsschema wird die Isolation
gewährleistet durch die Verwendung von ([HOF 77], [WET 78])

- Grenzregistern,
- Deskriptorregistern,
- Schlössern und Schlüsseln (Bitkombinationen zur Kennzeich-
                               nung der Objektspeicherteile,
                               Schlüsselregister je Prozeß),
- virtuellen Adreßräumen.

Für die (einseitige) Isolierung der Betriebssystemanteile in
den einzelnen Prozessen stehen zusätzlich zur Verfügung

- (hierarchische) Ringe (Ringstatus je Prozeß, Zugriff nur
                           auf Speicherteile mit gleicher oder
                           höherer Ringnummer; Spezialbefehle
                           zum Wechseln des Ringstatus).

Die einzelnen Mechanismen werden von der Hardware angeboten
(siehe etwa [SIE 79A]) und durch das Betriebssystem so
eingesetzt, daß die geforderte Isolation gewährleistet ist.

■ Der Versuch, die Objektgrenzen (als Folge fehlerhafter
Programmierung oder mit Absicht) zu überschreiten, führt zu
einer Unterbrechung der Aktivitäten des jeweiligen Subjekts
(HW-Eigenschaft). Eine Behandlung (Analyse der Unterbrechungs-
ursache, Entscheidung über weiteres Vorgehen) erfolgt durch
das Betriebssystem.

■ Operationen zerfallen in die Klassen "privilegiert" und "nichtprivilegiert", die anhand der vorhandenen Maschinenbefehle unterschieden werden. Während nichtprivilegierte Operationen stets ausgeführt werden dürfen, muß sich ein Subjekt in einem speziellen "privilegierten" Zustand befinden, um auch die privilegierten Befehle ausführen zu können. Subjekte müssen nun als Paare (Prozeß, Zustand) mit Zustand $\in$ {<u>privilegiert, unprivilegiert</u>} betrachtet werden.

■ Dies sind wiederum Hardwaremechanismen; der Versuch der Ausführung privilegierter Operationen im nichtprivilegierten Zustand ruft wie oben eine Unterbrechung hervor. Die Anwendung der Mechanismen erfolgt derart, daß man nur Betriebssystemteile in die Lage versetzt, privilegierte Operationen durchzuführen. Benutzeraktivitäten gehen stets von Subjekten (p_i, <u>nichtprivilegiert</u>) aus. Benötigen sie eine Dienstleistung des Betriebssystems, können sie diese durch einen Spezialbefehl (meist SVC – supervisor call) vom Subjekt (p_i, <u>privilegiert</u>) oder durch Prozeßkommunikation mit einem Subjekt (p_j, <u>privilegiert</u>), j≠i, d.h. von einem Systemprozeß, erhalten.

Im Hintergrundspeicher sind die dort abgelegten Dateien der verschiedenen Benutzer zu isolieren. Das Vorgehen ist wie folgt:

■ Subjekte sind die verschiedenen (internen) Benutzer, Objekte die einzelnen Dateien.

■ Die Isolation der einzelnen Dateien wird wiederum durch das Betriebssystem gewährleistet: eine spezielle Komponente (Dateiverwaltungssystem) ist für Anlegen, Verwalten und Vernichten aller Dateien zuständig.

■ Jede Datei "gehört" genau einem Subjekt (demjenigen, das sie anlegen ließ).

■ Umgang mit Dateien ist ebenfalls nur unter Einschaltung des Dateiverwaltungssystems möglich. Dies wird dadurch erreicht, daß Zugriffe auf Hintergrundspeicher ausschließlich mit Hilfe privilegierter Operationen gelingen, die nur dem Betriebssystem selbst erlaubt werden.

■ Die Verwendung von Dateien kann nur mittels eines festen
Satzes vorgegebener Operatoren erfolgen. In der Regel werden
hierzu vom Betriebssystem mehrere Objektklassen ("sequentielle
Datei", "indexsequentielle Datei" usw.) angeboten. Für jede
solche Klasse ist die Menge der hierfür möglichen Operatoren
ebenfalls festgelegt.

■ Zum Zeitpunkt der Verwendung von Dateien kommt es zu einer
Kopplung der Teilschutzsysteme für Zentral- und Hintergrundspeicher: als das für den Dateischutz auftretende Subjekt
wird gerade der dem anfordernden Prozeß zugeordnete Benutzer
verwendet. Als Überwachungssystem fungiert das Dateiverwaltungssystem: es läßt Operationen an Dateien nur zu, wenn sie
vom "Besitzer" der jeweiligen Datei verlangt werden.

Einen anderen Ansatz in der Klasse der isolierenden Systeme
stellt das sogenannte Virtuelle Maschinen-Konzept (VM-Konzept,
[DM 75]) dar. Hierbei wird die maschinennächste Softwareschicht
von einer speziellen Art von Betriebssystem (VMM, Virtueller
Maschinen-Monitor) gebildet, das an seiner oberen Schnittstelle
eine Vielzahl virtueller Maschinen zur Verfügung stellt, die untereinander identisch sind und abgesehen von Zeitverhältnissen
die Schnittstelle der vorliegenden realen Maschine nachbilden.
Die Betriebsmittel der einzelnen virtuellen Maschinen werden
vom VMM so realisiert, daß jede virtuelle Maschine von allen
anderen vollständig isoliert ist. Damit kann man zunächst alle
Bestandteile einer virtuellen Maschine als ein Objekt und die
dortigen Abläufe als Subjekte betrachten. Jedes Subjekt ist
also in genau einer virtuellen Maschine tätig und (statisch
durch den VMM) so autorisiert, daß es dort "alles" tun darf. Da
aber in jeder virtuellen Maschine die volle Hardwareschnittstel-
le (mit Ausnahme privilegierter Befehle) angeboten wird, ist
die vorhandene Isolation als Grundausstattung anzusehen: je
virtueller Maschine wird man zusätzlich ein eigenes ("normales")
Betriebssystem verwenden, das selbst zusätzliche Schutzmaßnahmen
enthalten kann.

2.2.2 Konzepte für alles oder nichts-Systeme

Diese Klasse von Schutzsystemen unterscheidet sich von den isolierenden Systemen dadurch, daß Subjekte nunmehr in beschränktem Umfang auf die Autorisierung Einfluß nehmen können. Dies gilt jedoch nur in recht globaler Weise, indem "eigene" Schutzobjekte unspezifisch zur Benutzung durch die Allgemeinheit aller Subjekte freigegeben werden können. Folgende Erweiterungen gegenüber isolierenden Systemen sind erforderlich (IHAS 79]):

■ Teile des Zentralspeichers können für mehrere Prozesse zugänglich gemacht werden. Hierzu werden je nach eingesetzter Technik gleiche Inhalte von Grenz- oder Deskriptorregistern durch mehrere Prozesse verwendet, Schlüssel zu bestimmten Schlössern an mehr als einen Prozeß vergeben oder bestimmte Seiten/Segmente durch Aufnahme in die Umsetztabellen mehrerer Prozesse für mehrfachbenutzbar erklärt.

■ Oftmals kann zusätzlich zwischen Lesen, Schreiben und Ausführen der gespeicherten Information unterschieden werden. Hierzu wird jeder Speicherteil für jede der Operationsklassen mit einem Anzeigebit versehen.

■ Dateien verschiedener Benutzer sind nach wie vor voneinander isoliert. Allerdings erlaubt das Dateiverwaltungssystem nunmehr dem Benutzer, für jede einzelne "seiner" Dateien Mehrfachbenutzbarkeit zuzulassen. Eine solche Datei kann anschließend aus beliebigen Prozessen (auch anderer Benutzer) in jeder möglichen Weise verwendet werden.

■ Komfortablere Dateiverwaltungssysteme erlauben, die Mehrfachbenutzbarkeit auf lesende Operatoren, schreibende Operatoren, oder Ausführen des Dateiinhalts einzuschränken.

■ Die Verwendung von Paßwörtern (Kennwörtern) für Dateischutz fällt aus Systemsicht ebenfalls in die Klasse der alles oder nicht-Schutzsysteme. Der Dateiinhaber legt gegenüber dem Dateiverwaltungssystem ein Paßwort für die betreffende Datei fest (womöglich auch **je** eines für lesen, schreiben, ausführen). Das Dateiverwaltungssystem führt eine Prüfung derart durch, daß nur Benutzer zugreifen können, die das richtige Paßwort kennen.

■ Bei Nichtausnutzung der geschilderten Zusatzmöglichkeiten arbeiten alles oder nichts-Systeme wie isolierende Systeme.

■ Auf halbem Wege zur nächsten Klasse von Systemen ist folgendes Konzept anzusiedeln ([SS 72]). Es stellt eine Verallgemeinerung der in 2.2.1 genannten Ringe dar, bei der mehr als zwei der damit eingeführten Hierarchiestufen vorhanden sind. Jeder Speicherteil bekommt eine Ringnummer zugeteilt, jedem Prozeß wird (in Abhängigkeit vom dahinter stehenden Benutzer) ein Ringzustand zugeordnet. In der einfachsten Ausbaustufe darf ein Prozeß auf all die Speicherteile zugreifen, für die Ringnummer $\geq$ Ringzustand gilt. Es handelt sich wiederum um einen Hardware-unterstützten Mechanismus; die Anwendung muß so erfolgen, daß bestenfalls dem Betriebssystem der Ringzustand mit den meisten Privilegien (d.i. der Zustand 0) zugeordnet wird.

2.2.3 Konzepte_für_gesteuerte_Mehrfachbenutzung__mit__vordefinierten_Schutzformen

Im Unterschied zu 2.2.2 ist nunmehr eine mehr oder minder freizügige, selektive Vergabe von Privilegien an andere Subjekte vorgesehen. Objektklassen und dafür mögliche Operationen sind fest vorgegeben. Folgende Gesichtspunkte sind von Bedeutung:

■ Sollen Schutzobjekte selektiv von verschiedenen Subjekten benutzt werden dürfen, dann muß detailliert Buch geführt werden, wer welches Objekt in welcher Weise verwenden darf. Da zudem Änderungen des Schutzzustandes möglich sein sollen, müssen alle Privilegien im System repräsentiert werden. Die jeweilige Zugriffsmatrix muß somit im System gehalten werden. Die Randbedingungen dabei sind:

- neue Subjekte/Objekte können hinzukommen, existierende vernichtet werden,
- die Matrix ist in aller Regel (sehr) dünn besetzt,
- die Anzahl von Privilegien je Matrixelement kann schwanken, ist aber objektklassenabhängig beschränkt.

■ Aufgrund der genannten Randbedingungen haben sich zwei unterschiedliche Vorgehensweisen für die Repräsentation von Privilegien durchgesetzt ([SS 75]):

a) <u>Capability-Systeme</u>: Jedem Subjekt wird eine sogenannte Capability-(Befähigungs-)liste zugeordnet, in der für jedes Objekt, für das es überhaupt Privilegien besitzt, diese verzeichnet sind. Die Privilegien bezüglich eines Objekts sind zusammen mit einer eindeutigen Bezeichnung des Objekts in einer Capability zusammengefaßt.

b) <u>Zugriffssteuerlisten-Systeme</u>: Jedem Objekt wird eine Liste zugeordnet, in der für jedes Subjekt, das überhaupt Privilegien daran besitzt, diese verzeichnet sind.

Bisweilen tritt eine <u>Hybridsysteme</u> genannte Mischform auf.

■ Die Betriebsweise des Schutzsystems richtet sich nach der Art der Privilegiendarstellung:

a) Befähigungen können als eine Art "Eintrittskarte" betrachtet werden, die ein Subjekt gegenüber der Prüfinstanz vorweisen muß, wann immer Zugriff gewünscht wird. Der Besitz der Eintrittskarte gilt als hinreichender Beweis dafür, daß und wie der Besitzer zugreifen darf. Jeder Zugriffswunsch auf jedes Objekt muß also von einer "passenden" Befähigung begleitet sein; Aufruf von Operatoren und Präsentation von Befähigungen, d.h. "normale" Ablaufgesichtspunkte und Schutzgesichtspunkte, sind eng miteinander gekoppelt.

b) Bei Zugriffssteuerlisten muß das einen Zugriff anfordernde Subjekt seine Identität angeben. Die Prüfinstanz kann anhand der vorliegenden Schutzinformation entscheiden, ob der gewünschte Zugriff gewährt werden kann oder nicht.

- In der Literatur wird festgestellt, daß jeweils die Vorteile des einen den Nachteilen des anderen Verfahrens entsprechen ([SS 75], [HAS 79]). Gesichtspunkte sind Verhalten bei Hinzufügen/Entfernen von Objekten/Subjekten, Aufsuchen der benötigten Information bei Prüfungen und Revisionsmöglichkeiten (feststellen, wer alles auf ein Objekt Zugriff hat bzw. wofür alles ein Subjekt Privilegien besitzt).

- Die Autorisierung erfolgt derart, daß Subjekte ihre Befähigungen (möglicherweise eingeschränkt in den Privilegien) an andere Subjekte weitergeben (kopieren) und teilweise auch wieder von diesen zurückholen bzw. die Inhaber von Objekten (durch selbst wieder zu prüfende Operationen) die betreffenden Zugriffssteuerlisten abändern können.

- Wie wird erreicht, daß die Schutzinformation selbst nicht in unzulässiger Weise manipuliert werden kann? Hierzu besteht einmal die Möglichkeit, alle Schutzinformation in betriebssystemeigenen Teilen unterzubringen, die mit den bekannten Methoden zu isolieren sind. Bei befähigungsorientierten Systemen wird oft so verfahren, daß die Befähigungen eines Prozesses direkt in seinen Adreßraum eingebaut werden, und er ohne Einschaltung anderer Institutionen damit umgehen kann. Für diesen Fall benötigt man zum Schutz vor verfälschenden Manipulationen entweder spezielle Hardware (sog. "tagged architecture", [FEU 73]), oder alle Befähigungen eines Prozesses müssen kompakt in **ein** spezielles, entspechend isoliertes Objekt innerhalb des Adreßraums gepackt werden (Techniken hierzu ähnlich den bereits besprochenen; Einsatz/ Verwaltung wieder durch Betriebssystem).

- Häufigster Einsatzbereich sind Dateiverwaltungssysteme, wobei für jede Datei eine Zugriffssteuerliste gehalten wird.

- In einigen Experimentalsystemen (z.B. [CJ 75], [LS 76]) wird Schutz auf Befähigungsbasis erprobt, entweder nur für den Zentralspeicher oder systemweit. Vorgegebene Objektklassen sind entweder einheitlich Segmente (mit Operatoren Lesen, Schreiben, Ausführen für jede darin enthaltene adressierbare Einheit), oder differenziert etwa Prozedur, Datenmenge,

Semaphor, Botschaft, Laufzeitkeller usw. mit entsprechenden Operatoren. In einem System (CAP; [NW 77]) werden Befähigungen (in begrenzter Zahl) ähnlich Registern samt dazu passenden Maschinenbefehlen durch die Hardware angeboten. Neuerdings wird auch ein kommerziell verfügbares System angeboten, das Schutz mittels Befähigungen bietet ([KAH 81]).

2.2.4 Konzepte für gesteuerte Mehrfachbenutzung mit definierbaren Schutzformen

Die weitergehenden Möglichkeiten dieser Klasse von Schutzsystemen gegenüber der eben besprochenen liegen darin, daß nunmehr die Subjekte selbst (über die standardmäßig vorgegebenen hinaus) Objektklassen und Operatoren dafür definieren können. Folgende Einzelheiten spielen eine Rolle:

■ Die Erzeugung von Objekten erfolgt für vordefinierte wie für die zusätzlich definierten Objektklassen in gleicher Weise.

■ Für beide Arten von Objektklassen gelten die gleichen Schutzmechanismen; es wird also weiterhin mit Befähigungs- oder Zugriffssteuerlisten gearbeitet. Die Privilegien für Objekte der zusätzlich definierten Objektklassen beziehen sich auf die für diese Klassen definierten Operatoren.

■ Der zusätzlich notwendige Mechanismus besteht darin, daß Beschreibungen der neuen Objektklassen und Operatoren in das System einbringbar sein müssen. Diese Beschreibungen legen fest, wie sich ein Objekt dieser Klasse aufbaut und wie die Algorithmen lauten, die den Operatoren zugrunde liegen. Technisch läßt sich dies wie folgt bewältigen: Das System bietet eine spezielle Objektklasse ("Objektklassen"-Objektklasse) an. Ein Objekt dieser Klasse kann die Beschreibung einer zu definierenden neuen Objektklasse aufnehmen. Anschließend repräsentiert ein solches Objekt gerade die neue Objektklasse, d.h. es kann als Muster für die Erzeugung von Objekten dieser Klasse herangezogen werden.

■ Der Fortschritt gegenüber 2.2.3 liegt also **nicht** in weitergehenden Mechanismen zu Autorisierung und Schutzprüfung. Vielmehr sind neue Schutzformen dadurch möglich, daß Objekte/Operatoren besser auf die Schutzbedürfnisse zugeschnitten werden können.

■ Bis auf ganz wenige Ausnahmen auf dem Forschungssektor (die im letzten Absatz von 2.2.3 genannten) findet die beschriebene Schutzklasse noch keine Anwendung.

2.2.5   Beispiele

Bevor wir zu einer Zusammenfassung kommen, sollen hier noch in aller Kürze die in drei existierenden Betriebssystemen anzutreffenden Schutzeinrichtungen angegeben werden, wobei auf Identifikation/Authentisierung, Anwendung von Kryptographie etc. verzichtet wird.

Wir wählen als Beispiel für ein kommerziell verfügbares Betriebssystem das BS 2000 der Firma Siemens, das als Muster dessen gelten kann, was heute auf dem Markt üblich ist. Zwei unterschiedliche "fortgeschrittene" Systeme, Multics (Massachusetts Institute of Technology, Boston, USA/Honeywell Bull; ebenfalls kommerziell erhältlich, jedoch selten installiert, vorwiegend für Spezialanwendungen) und HYDRA (Forschungssssytem an der Carnegie-Mellon University, Pittsburgh, USA) zeigen, wie weit heutige Betriebssysteme hinsichtlich Schutz gehen.

Schutz_im_BS_2000 ([IRA 77], [SIE 79B])

Dieses Betriebssystem bietet virtuellen Speicher und verhält sich demzufolge hinsichtlich des Zentralspeichers als isolierendes System. Die Realisierung erfolgt auf der Basis von Segmenten, denen jeweils einer von vier Lese- und vier Schreibringen zugeordnet ist; Prozesse haben jeweils einen Ringstatus. Außerdem wird zur Trennung von Benutzer- und Betriebssystemtei-

len in Prozeßadreßräumen zusätzlich von den Zuständen privilegiert und unprivilegiert Gebrauch gemacht. Seitens des Systemverwalters besteht die Möglichkeit, einzelne Programme unter
bestimmten Voraussetzungen als mehrfachbenutzbar zu erklären.
Die entsprechenden Segmente können dann in mehrere Adreßräume
"eingebaut" und damit von verschiedenen Prozessen verwendet
werden. Das Konzept des isolierenden Systems wird an dieser
Stelle also in Richtung alles oder nichts-System gelockert.

Das Dateiverwaltungssystem des BS 2000 stellt im Wesentlichen
ein alles oder nichts-System dar. Zunächst darf jeder Benutzer
auf alle Dateien zugreifen, die unter "seiner" Benutzernummer
angelegt wurden. Durch die Angabe SHARE=YES bei der Katalogisierung wird ein Zugriff auch von beliebigen anderen Benutzern aus
erlaubt. Paßwörter (differenziert nach lesendem, schreibendem
und ausführendem Zugriff) können als zusätzliche Maßnahme
vereinbart werden. Die Paßwortprüfung erfolgt jeweils bei
Öffnung einer Datei, nicht bei jedem einzelnen Zugriff. Die
Paßwörter können zu beliebigen Zeitpunkten in eine dem jeweiligen Prozeß zugeordnete Liste eingetragen werden. Zusätzlich
besteht die Möglichkeit, per Programm das benötigte Paßwort
direkt in den Dateisteuerblock einzutragen. Auf diese Weise
kann die Kenntnis eines Paßwortes zum Beispiel auf ein Auswertungsprogramm beschränkt werden (der Benutzer des Programms muß
es selbst gar nicht kennen).

Schließlich kann der Eigentümer einer Datei durch Setzen des
Attributes ACCESS auf den Wert READ das Beschreiben/Verändern
der Datei gänzlich verhindern. Paßwörter sowie ACCESS- und
SHARE-Attribut sind jederzeit änderbar, jedoch nur durch den
Eigentümer selbst.

Schutz in Multics ([SAL 74])

Wichtigstes Merkmal dieses Betriebssystems ist die systemweit
einheitliche Strukturierung in sogenannte Segmente. Ein Segment
ist ein Speicherabschnitt von bis zu 262 144 Worten zu 36 Bit,
der wahlweise Code oder Daten enthält. Dabei spielt es keine
Rolle, ob es sich um Haupt- oder Hintergrundspeicher handelt;

vielmehr realisieren die untersten Betriebssystemschichten einen virtuellen Adressierungsmechanismus, der es erlaubt, "darüber" grundsätzlich nur mit Segmenten umzugehen.

Damit ist es naheliegend, Segmente auch als die zu schützenden Objekte vorzusehen. Die Schutzmechanismen (von denen hier wieder nur die wesentlichsten skizziert werden) unterscheiden sich, je nachdem ob man die Ausführung von Programmen (d.h. von Segmenten, deren Inhalt Code darstellt) oder die langfristige Aufbewahrung beliebiger Segmente betrachtet.

Für den letzteren Fall realisiert Multics ein Zugriffssteuerlistensystem, dessen Flexibilität hinsichtlich der Festlegung von Subjekten (hier: Benutzern) beachtlich ist. So kann zwischen Einzelpersonen, Gruppen und Projekten (hierarchisch aufeinander aufbauend) unterschieden werden. Autorisierungen sind für jede Hierarchiestufe möglich.

Hinsichtlich Schutz zur Programmausführungszeit gilt, daß für den hinter dem jeweils laufenden Prozeß stehenden Benutzer entsprechende Privilegien (lesen, schreiben, ausführen) für die beteiligten Segmente in deren Zugriffssteuerlisten eingetragen sein müssen. Die wichtigste Schutzeigenschaft von Multics liegt jedoch darin, daß nicht nur die Adreßräume verschiedener Prozesse gegeneinander abgeschottet werden, sondern innerhalb eines Prozesses weiter differenziert werden kann. Basis hierzu sind wiederum die Segmente; ein Prozeß kann in Folge mehrere Codesegmente ausführen und auf mehrere Datensegmente zugreifen. Zusätzlich zu den Prüfungen gemäß den Einträgen in den Zugriffssteuerlisten kommen dabei folgende Mechanismen von isolierenden Systemen zum Einsatz: Jedem Prozeß ist ein bestimmter Ringzustand, jedem Segment wird bei Erzeugung eine feste Ringnummer zugeordnet. Die Regel lautet, daß ein Prozeß mit Ringzustand p_o nur auf Segmente mit Ringnummern $p_i \geq p_o$ zugreifen darf. Auf diese Weise ergibt sich eine hierarchische Abstufung der Zugriffsmöglichkeiten derart, daß nur "nach oben" (in Richtung höherer Ringnummern, d.h. weniger schutzwürdig eingestufter Segmente) zugegriffen werden darf.

Genauer betrachtet können einem Segment sogar unterschiedliche Ringnummern für Lesen, Schreiben, Ausführen zugeordnet werden, wobei gewisse Randbedingungen (etwa Schreibring $\leq$ Lesering) einzuhalten sind. Mit einem zusätzlichen Mechanismus ist es möglich, unter bestimmten Voraussetzungen den Ringzustand eines Prozesses zeitweise (nämlich während der Aktivitäten in bestimmten Segmenten) zu verbessern, d.h. die Ringnummern zu verkleinern. Dies kommt einer temporären Vermehrung von Privilegien gleich.

Zusammengenommen erlaubt Multics, verglichen etwa mit dem BS 2000, bereits recht differenzierte Schutzregelungen. Kritisiert werden in der Literatur ([HAS 79]) vor allem die Komplexität der Schutzmaßnahmen (z.B. hinsichtlich Überschaubarkeit an der Benutzerschnittstelle) sowie deren hierarchische Natur, die bei einer Begrenzung auf 8 Ringe (aber auch bei jeder anderen, zwangsläufig erforderlichen Grenze) keine vollkommen beliebige, den Schutzproblemen stets angemessene Privilegierung erlaubt.

Schutz in HYDRA ([CJ 75])

Wiewohl für ein Mehrprozessorsystem konzipiert, stellt HYDRA das bezüglich Schutzmaßnahmen wohl fortschrittlichste aller existierenden Betriebssysteme dar. Seine Möglichkeiten reihen es in die Klasse der Systeme für gesteuerte Mehrfachbenutzung mit definierbaren Schutzformen ein, die Privilegien werden in Form von Befähigungen geführt.

Das gesamte System baut sich aus sogenannten Objekten (hier als HYDRA-Spezialbegriff verwendet) auf. Jedes Objekt hat einen systemweit eindeutigen Namen, einen Typ und eine Repräsentation, die sich ihrerseits aus Datenteil und einer Befähigungsliste zusammensetzt. Alle Objekte sind strukturell gleich; der Typ legt lediglich die Interpretation des Datenteils fest, wo beispielsweise der Code von Programmen, Dateidaten usw. untergebracht werden können.

Eine Reihe von Grundobjekttypen werden von HYDRA vorgegeben, etwa PROCEDURE zur Aufnahme ausführbaren Codes, LNS (Local name space) für Prozeßlaufzeitdaten oder DATA zur Unterbringung beliebiger Daten. Ein Prozeß (selbst repräsentiert durch ein Objekt des Typs PROCESS) "durchwandert" prozedural eine Folge von PROCEDURE-Objekten. Die Privilegien, über die ein Prozeß dabei verfügt, setzen sich aus zwei Anteilen zusammen:

a) Jedem Benutzer stehen, entstanden durch dynamische Autorisierung, Befähigungen für eine Anzahl von Objekten zur Verfügung; sie sind in einem Katalog eingetragen. Startet ein Benutzer einen Prozeß, so kann er die gewünschten Befähigungen aus seinem Vorrat "mitgeben". Bei jedem Prozeduraufruf (dieser Mechanismus wird von HYDRA implementiert, kann also überwacht werden) erfolgt statt der üblichen Übergabe von Daten eine Übergabe von Befähigungen **für** Daten. Diese Befähigungen stehen dem aufgerufenen Objekt anschließend zur Benutzung zur Verfügung.

b) Jedes Objekt enthält selbst eine Befähigungsliste. Ist ein Prozeß in einem Objekt aktiv (und **nur** dann), kann er über die dort befindlichen (benutzer**un**abhängigen) Befähigungen verfügen.

Befähigungen sind so aufgebaut, daß sie neben einer Referenz auf das entsprechende Objekt die Rechte daran in Form einer Bitleiste enthalten. Ein Teil dieser Rechte, die allgemeinen Rechte, haben eine vom jeweiligen Objekttyp unabhängige Bedeutung (Bsp.: für lesen/schreiben des Datenteils). Für die anderen Rechte (sog. Hilfsrechte; feste Maximalzahl) legt der Typ der Objekte fest, wie sie zu interpretieren sind.

Dies zusammen mit der Möglichkeit, neue Objekttypen aus existierenden zusammenzusetzen, erlaubt die Konstruktion sogenannter Subsysteme. Operatoren dieser Subsysteme können durch Verwendung der Hilfsrechte geschützt werden, wodurch für definierbare Schutzformen gesorgt ist.

Ein weiterer Aspekt der HYDRA-Schutzmaßnahmen ist die sogenannte Rechteerweiterung, wodurch ein Prozeß (ähnlich wie in Multics) zeitweise seine Privilegien vergrößern kann. Gemäß in einzelnen

Objekten untergebrachter Vorschriften ("Schablonen") werden die als Parameter mitgegebenen Befähigungen in ihren Rechten vergrößert (im Zuge der Übergabe). Die Erweiterung erlischt wieder, sobald aus dem Objekt zurückgesprungen wird.

Insgesamt betrachtet sind die augenfälligsten HYDRA-Merkmale die sehr flexiblen Autorisierungsmöglichkeiten (auch Rückruf früher vergebener Befähigungen ist möglich) sowie die Differenzierungsmöglichkeiten der Schutzobjekte innerhalb eines Prozesses. Die Mechanismen zur Rechteerweiterung sind der in der Literatur hauptsächlich kritisierte Punkt an HYDRA ([HAS 79]). Sie erlauben es, daß Prozeduren ohne Kenntnis des Aufrufers Manipulationen an Objekten vornehmen, die dieser nicht wünscht. Andererseits muß er aber Befähigungen für diese Objekte übergeben, um die geforderten Ergebnisse zu erhalten.

2.2.6 Zusammenfassung

Eine Reihe von Eigenheiten sind für Schutzmaßnahmen im Betriebssystembereich kennzeichnend. Hierzu gehört, daß das Schutzsystem keine abgeschlossene Einheit darstellt, sondern auf mehrere Stellen innerhalb des Gesamtsystems verteilt oder sogar eng mit diesem verwoben ist. Dieser Umstand erschwert bisweilen Entwurf, Wartung und Handhabung der Schutzeinrichtungen.

Schutzobjekte in Betriebssystemen sind sowohl logischer Natur (z.B. selbst definierte Objekte, Dateien) als auch die Software-Äquivalente physischer Objekte (z.B. Speicherbereiche). Soweit nicht die genannten fortschrittlichen Systeme betrachtet werden, sind die Schutzobjekte (aus logischer Sicht) üblicherweise recht große Einheiten. In jedem Fall gilt aber, daß Objekte **als solche,** d.h. **un**abhängig von ihrem jeweiligen Inhalt festgelegt und behandelt werden. Objekte in Betriebssystemen sind daher anhand von Namen oder Adressen zu identifizieren.

Aufgrund der bereits erwähnten Dominanz des Zuverlässigkeitsaspekts bei der Entwicklung von Schutzmechanismen ist deren Einsatz zu Informationsschutzzwecken häufig eher ein Randprodukt als eine gezielte Entwicklung. Dies ist auch daran zu erkennen, daß Objekte, Operationen und Privilegierungeinheiten anfangs außerordentlich grob festgelegt wurden und erst allmählich Verfeinerungen erfuhren. Auch die häufig separaten Schutzvorkehrungen für Dateien sind auf den historischen Werdegang zurückzuführen. Schließlich sind es auch Konsequenzen der Betonung des Zuverlässigkeitsaspekts, daß individuelle Schutzformen selten möglich sind (HYDRA geht in diese Richtung) und der Umgang mit dem Schutzsystem an der Benutzerschnittstelle nur stiefmütterlich behandelt wird.

2.3 Operationale Schutzkonzepte in Datenbanksystemen

Während bei Betriebssystemen die längerfristige Aufbewahrung von Daten nur einer von mehreren wichtigen Gesichtspunkten ist, wurden Datenbanksysteme gerade für den Zweck entwickelt, rechnergestützt Informationen zu speichern und auszuwerten ([DAT 81]). Aus diesem Grund wurden Maßnahmen zum Informationsschutz in diesem Bereich von vornherein eingeplant. Man findet Vertreter der Klassen alles oder nichts-Systeme und gesteuerte Mehrfachbenutzung mit vordefinierten Schutzformen. Isolierende Systeme sind im Datenbanksektor fehl am Platze: da der Sinn der Verwendung von Datenbanksystemen gerade darin liegt, daß **verschiedene** Benutzer (unter verschiedener Betrachtungsweise) auf die **gleichen** physisch vorhandenen Daten zugreifen, können diese nicht völlig abgeschottet werden.

2.3.1 Unterschiede zu Schutz in Betriebssystemen

In der Literatur werden einige Gesichtspunkte genannt, in denen sich Datenbanksysteme hinsichtlich Schutzanforderungen von Betriebssystemen unterscheiden ([FW 77]). Der Grund für diese Unterschiede liegt zusammenfassend darin, daß die Art und Weise der Mehrfachbenutzung von Objekten in beiden Fällen nicht dieselbe ist. Die wesentlichsten Unterschiede lauten wie folgt:

1. Die Granularität der Schutzobjekte ist in Datenbanksystemen feiner als in Betriebssystemen. So ist es in vielen Fällen erforderlich, einzelne Felder eines Datensatzes zu schützen oder Schutzentscheidungen vom jeweiligen Inhalt, d.h. dem Wert eines Objektes abhängig zu machen.

2. Folgerichtig kann die Anzahl von Schutzobjekten in Datenbanksystemen sehr groß sein. Zudem besteht in der Regel eine Vielfalt von Beziehungen unterschiedlichster Art zwischen den Objekten.

3. Während in Betriebssystemen in erster Linie Namen und Adreßräume von Objekten von Interesse sind (aus Systemsicht!), spielt in Datenbanksystemen die Bedeutung der gespeicherten Daten die dominierende Rolle. Neben der Notwendigkeit inhaltsabhängigen Schutzes führt dies zur Forderung nach kontextabhängigem Schutz (z.B. Datenzugriff nur erlaubt, falls ein **anderes** Datenobjekt eine bestimmte Bedingung erfüllt) und nach geschichtsabhängigem Schutz (z.B. Datenzugriff nur erlaubt, falls vorher **nicht** auf ein anderes Datenobjekt zugegriffen wurde).

4. Im Datenbankbereich ist auch mit solchen Objekten umzugehen, die erst aufgrund einer Anfrage an das Datenbanksystem dynamisch aus anderen konstruiert werden. Alle Objekte sind in gleicher Weise zu schützen.

5. Verschiedene Benutzer eines Datenbanksystems können verschiedene Sichten derselben Objekte und Beziehungen haben.

6. Die Benutzerschnittstellen von Datenbanksystemen sind üblicherweise wesentlich eingeschränkter als die von Betriebssystemen (spezielle Abfragesprachen, prozedurale Einbettungen in Programmiersprachen usw.).

7. Neben den Daten selbst verwaltet ein Datenbanksystem auch
   Beschreibungen der Daten und ihrer Beziehungen. Diese
   Zusatzinformation wird getrennt geführt und von einer
   speziellen Benutzerrolle, dem Datenbankadministrator,
   angelegt und fortgeschrieben. Diese Gegebenheiten sind in
   den Schutzregelungen zu berücksichtigen.
8. In Fortführung des letzten Punktes ist zu beachten, daß die
   Datenbeschreibungen aufgrund architektonischer Gegebenheiten
   meist auf mehreren Ebenen (vgl. Drei-Schema-Ansatz nach
   ANSI/SPARC) vorliegen.

2.3.2   Einzelkonzepte

Da eine Reihe grundlegender Bestandteile sowohl bei alles oder
nichts-Systemen als auch bei gesteuerter Mehrfachbenutzung mit
vordefinierten Schutzformen auftaucht, werden diese hier vorab
besprochen. Im Wesentlichen geht es dabei um Möglichkeiten der
Objektfestlegung (wobei es sich stets um die Ausprägung "vordefinierte Objektklassen" handeln wird); die spätere Unterscheidung richtet sich nach den Autorisierungsmöglichkeiten.

Bei der Benutzung von Datenbanksystemen ist zunächst die
Struktur der später zu verwaltenden Daten dem System gegenüber
festzulegen. Gemäß der üblicherweise angestrebten Verwendung
derselben Datenbank für mehrere Zwecke ist das Vorgehen bei
dieser sogenannten Datendefinition zweistufig:

- Aufgrund der Anforderungen der einzelnen geplanten Anwendungen
  ist eine Gesamtbeschreibung der Datenobjekte und ihrer
  Beziehungen zu erstellen (Schema).
- Für jede Anwendung ist deren spezielle Sichtweise der Gesamt-
  information zu beschreiben (Subschema). Dabei wird insbesondere nur die jeweils relevante Information aufgenommen.

Beide Aufgaben obliegen dem Datenbankadministrator. Alle
Anwendungen benutzen ausschließlich das für sie vorgesehene
Subschema - keinesfalls das Schema - zur Abwicklung ihrer

Zugriffe auf die Datenbank. Zudem sind Datenbanksysteme derart gestaltet, daß nur auf im Subschema beschriebene Daten zugegriffen werden **kamm**. Damit legt allein schon die Konzeption von Datenbanksystemen eine wichtige Schutzmöglichkeit fest: Objekte, für die eine Anwendung keinerlei Privilegien erhalten soll, werden nicht in das betreffende Subschema aufgenommen.

Für die Betrachtung von Objekten in Datenbanksystemen kommen verschiedene Aggregierungsstufen in Frage. Unabhängig vom zugrunde liegenden Datenmodell ist das Ausgangsobjekt der sogenannte (Daten-) Satz. Jedes Objekt "Satz" besteht aus einem oder mehreren Objekt(en) "Feld". Felder sind die elementaren Objekte. Im Schema beschrieben werden Satz**typen**, festgelegt durch Typbezeichnung und Paare (Name, Typ) für alle Felder, aus denen sich Sätze dieses Typs aufbauen sollen. Alle Objekte "Satz" werden erzeugt, indem der gewünschte Satztyp (das Muster für den Satzaufbau) angegeben wird; demzufolge können Satztypen auch als Mengen von Sätzen gleichen Aufbaus betrachtet werden. In der Terminologie des Relationenmodells spricht man in diesem Zusammenhang von einer Relation.

Datenmodelle wie das Netzwerkmodell kennen weitere "höhere" Aggregierungsstufen, wobei Sätze gemäß ihrer Bedeutung oder aus organisatorischen Gründen zu Satzmengen verschiedener Bauart gruppiert werden können. Beispiele sind Sammlungen (strukturierte Zusammenfassung von Sätzen, die in einer bestimmten Beziehung zueinander stehen) und unabhängig davon Gebiete (**un**strukturierte Zusammenfassung von Sätzen bestimmter Typen zu Zwecken der physischen Speicherung).

Für die Festlegung von Objekten im Subschema aus solchen im Schema bestehen drei prinzipielle Möglichkeiten:

a) <u>Wertunabhängige Übernahme von Objektmengen gemäß Schema</u>:
   Die Satztypen des Subschemas spiegeln direkt solche des Schemas wider (womit **alle** Satz-Objekte eines solchen Typs zugänglich gemacht werden – von Uminterpretationen, Umordnung, Umbenennung der Felder etc. abgesehen) oder werden aus solchen durch Weglassen einzelner Felder gewonnen. Sammlungstypen und Gebiete können in ähnlicher Weise übernommen

werden, wobei einige Konsistenzbedingungen zu beachten sind. Alle Subschemaobjekte werden unabhängig von den Werten der zugrunde liegenden Schemaobjekte rein strukturell festgelegt. Diese Art der Übernahme entspricht etwa dem Vorgehen des DBTG-Vorschlages und ist auch im Relationenmodell möglich.

b) Wertabhängige_Übernahme_von_Objektmengen_gemäß_Schema:
Die Übernahme von Objekten kann **zusätzlich** zu a) weiter eingeschränkt werden, indem sie von der Erfüllung von Bedingungen über die Werte von Datenbasisobjekten abhängig gemacht wird. Beispielsweise kann so festgelegt werden, daß Sätze eines bestimmten Typs nur dann vom Subschema zu erfassen sind, wenn ihr Gehaltsfeld einen Wert $\leq$ 4000 hat. Als Beispiel ist wiederum das Relationenmodell zu nennen.

c) Herleitung_von_Subschemaobjekten_aus_Schemaobjekten:
Während bei a) und b) durch das Subschema die gewünschten Objekte aus dem Schema übernommen wurden, können hier aus den im Schema beschriebenen Objekten zusätzlich auch neue konstruiert werden. Dies betrifft

- Felder, deren Werte aus den Werten im Schema beschriebener Felder rechnerisch ermittelt werden können,
- Sätze, die aus Feldern verschiedener Schema-Sätze sowie konstruierten Feldern wie eben besprochen nach bestimmten Regeln zusammengesetzt werden können.

Erneut bietet das Relationenmodell ein Beispiel für diese Vorgehensweise (das dort "Sichten" genannte Konzept enthält alle genannten Möglichkeiten).

Allen drei Fällen ist gemeinsam, daß ein Subschema (wie ein Schema auch) die Datenbasisobjekte nicht einzeln, sondern typmäßig beschreibt. Aufgrund der üblichen Anwendungsweise von Datenbanksystemen (dynamisches Hinzufügen/Löschen von Sätzen) liegen damit zum Zeitpunkt der Datenbeschreibung oder zum Beginn des Manipulationsbetriebs keineswegs alle jemals relevanten Datenbasisobjekte fest. Die Extensionen der festgelegten Objektmengen können sich ständig ändern, soweit die durch Schema/Subschemata gegebenen Einschränkungen eingehalten werden.

Die auf den einzelnen Objekten einer Datenbasis möglichen
Operationen sind durch die Operatoren des jeweiligen Datenbanksystems festgelegt. Unbeschadet der Ausprägung im Detail findet
man regelmäßig folgende Manipulationsoperatoren vor:

- INSERT   (Einfügen neuer Objekte)
- DELETE   (Löschen existierender Objekte)
- UPDATE   (Wertänderung an existierenden Objekten)
- RETRIEVE (Auffinden existierender Objekte, Objektmengen)

Hinzu kommen Operatoren, die die Manipulation und Verwendung
von Schema und Subschemata selbst ermöglichen (z.B. zum überset-
zen und zum Einbinden eines bestimmten Subschemas in ein
Anwendungsprogramm).

Mit diesen Kenntnissen werden nun die beiden anzutreffenden
Schutzsystemklassen vorgestellt. Insbesondere ist die Frage zu
beantworten, wie einem Benutzerkreis "sein" Subschema zugänglich
gemacht wird, aber andere Subschemata vorenthalten werden.

2.3.2.1   Konzepte für alles oder nichts-Systeme

Unter dieser Klasse werden wiederum diejenigen Ansätze verstanden, die Schutz auf der Grundlage von Paßwörtern oder in
ähnlicher Weise betreiben. Wir stellen stellvertretend für
ähnliche Entwürfe den DBTG-Vorschlag vor, der die am weitesten
reichende Verwendung von Paßwörtern enthält ([OLL 78]).

■ In den DBTG-Berichten wird von "Schlössern" und "Schlüsseln"
  gesprochen. Bei Schlössern handelt es sich um Zeichenketten,
  die für bestimmte Objekte vergeben werden können. Wer als
  Schlüssel dazu dieselbe Zeichenkette präsentieren kann, darf
  die entsprechende Operation ausführen.

■ Für die Angabe von Schlössern und Schlüsseln (d.h. für
  Definition und Präsentation des Paßwortes) gibt es drei
  unterschiedlich flexible Möglichkeiten:

1) Schlösser/Schlüssel werden direkt (als Literale) angegeben.

2) Es wird eine Schloß- oder Schlüssel**variable** festgelegt. Der Wert einer Schloßvariablen kann naturgemäß variiert werden; zum Überprüfungszeitpunkt muß der dann "gültige" Schlüsselwert (in der entsprechenden Schlüsselvariablen) geliefert werden.

3) Der Schloß-/Schlüsselwert wird aus einer zu spezifizierenden Prozedur (wiederum zum Überprüfungszeitpunkt) berechnet. Dies erlaubt insbesondere komplexere Paßwortschemata, bei denen das einmalige Entdecken/Erraten eines Paßwortes keine zukünftigen Schutzverletzungen erlaubt.

■ Alle Schlösser beziehen sich auf im Schema/Subschema festgelegte Objekte oder auf diese Schemata selbst und müssen daher vom Datenbankadministrator eingerichtet werden. Er ist somit auch für Zuweisungen an die Schloßvariablen und für das Schreiben der genannten Prozeduren zuständig.

■ Für dasselbe Objekt können mehrere Schlösser angegeben werden, die disjunktiv zusammenarbeiten: die Kenntnis **eines** Schlüssels genügt.

■ Das Schema selbst kann mit (wenn gewünscht unterschiedlichen) Schlössern bezüglich folgender Operatoren geschützt werden:

- LOCKS   (Anzeigen der Schlösser)
- DISPLAY   (Anzeigen des gesamten Schemas)
- COPY   (Definieren eines Subschemas zu diesem Schema)
- ALTER   (Ändern des Schemas)

■ Analoges gilt für jedes Subschema:

- LOCKS, DISPLAY, ALTER (wie für Schema)
- COMPILE   (Verwendung bei der Übersetzung eines Benutzerprogramms)

■ Für jede im Schema/Subschema beschriebene Einheit (Satztypen, beteiligte Felder, Sammlungstypen, Gebiete, Gesamtdatenbasis) können Schlösser für jeden der dafür vorgesehenen Operatoren angegeben werden. Sie gelten, soweit es sich um Typen handelt, für alle Objekte der jeweils beschriebenen Menge (also für alle Sätze des betreffenden Typs, für ein bestimmtes Feld aller Sätze eines Typs, für alle Sammlungen eines Typs usw.).

■ Wird für ein Objekt kein Schloß angegeben, so ist es ohne Einschränkungen zugänglich.

2.3.2.2 Konzepte für gesteuerte Mehrfachbenutzung mit vordefinierten Schutzformen

Wie im Betriebssystembereich geht es hierbei um die Vergabe von Privilegien durch die Zuordnung systemintern repräsentierter Schutzinformation an ebenfalls systemintern repräsentierte Subjekte. Bei allen vorgeschlagenen Entwürfen fungieren Benutzer und/oder Benutzergruppen als Subjekte.

■ Die einfachste Form besteht darin, die Verwendungserlaubnis für Subschemata zu regeln: für jedes Subjekt wird verzeichnet, welches Subschema (Objekt!) ihm mit welchen Operatoren zugänglich ist. Manche Implementierungen des DBTG-Vorschlages bieten ein Beispiel hierfür.

■ Vorzugsweise wird dieses Schutzkonzept im Zusammenhang mit dem Relationenmodell benutzt ([CGT 75]). Schutzobjekte sind Relationen. Eine Relation kann entweder eine Basisrelation (im Schema definiert) oder eine aus beliebigen vorhandenen Relationen aufgebaute Sicht (View) sein. Einem Subschema entspricht die Menge der für einen Benutzer/eine Anwendung freigegebenen Relationen (Basisrelationen und Sichten). Für jede Relation verfügt der Erzeuger über alle Privilegien ("Rechte") zur Anwendung der vorgesehenen Operatoren.

■ Ein Subschema wird für einen Benutzer freigegeben, indem er vom Datenbankadministrator Rechte für die zugehörigen Relationen erhält. Dies ist eine Weitergabe von Rechten **innerhalb** des Systems, d.h. Kopien der Rechte werden in entsprechenden Tabellen für den Benutzer eingetragen.

■ Ein Subjekt kann seine Rechte an andere Subjekte weitergeben. Bei jeder Weitergabe kann entschieden werden, daß der Empfänger selbst dieses Recht nicht erneut weitergeben darf. Dies ist etwa im System R ([CGT 75], [GW 76]) vorgesehen.

■ Weitergegebene Rechte können wieder zurückgezogen werden.

■ Prinzipiell entfällt die Notwendigkeit, die Definition von Relationen und Sichten und damit die Regelung zur Rechtevergabe beim Datenbankadministrator zu zentralisieren: jedes Subjekt kann, aufbauend auf den ihm zugänglichen Relationen, neue Sichten erzeugen und erhält daran Rechte, die es in eigener Regie weitergeben kann.

■ Man beachte Konsistenzprobleme wie etwa folgendes: wird einem Subjekt ein Recht an einer Relation entzogen, auf der es eine Sicht aufgebaut hat, so bedeutet dies gleichzeitig den Entzug des entsprechenden Rechts an der Sicht.

■ Eine Implementierung des Relationenmodells (System INGRES, [SW 74]) sieht zusätzlich eine sogenannte Anfragemodifikation vor: die für einen Benutzer zugänglichen Objekte können durch Bedingungen definiert werden (ähnlich wie für die Objektfestlegung selbst, d.h. auch wertabhängig). Ebenso sieht die Anfragesprache QUEL für INGRES vor, daß die zur Manipulation gewünschten Objekte durch Auswahlbedingungen beschrieben werden. Lautet die Bedingung für eine Anfrage B und die für den Benutzer festgelegte Zusatzbedingung Z, so wird vom System die Anfragebedingung $B \wedge Z$ bearbeitet, d.h. es wird der Durchschnitt der vom Benutzer gewünschten und der durch die Zusatzbedingungen für ihn freigegebenen Datenobjekte zur Manipulation bereit gestellt. Die ursprüngliche Anfrage wird also modifiziert. Der Grund für zweierlei Mechanismen (Subschemabildung durch Sichten, Anfragemodifikationen) liegt wohl darin, daß auf diese Weise mehreren Benutzern das gleiche Subschema zugeordnet werden kann (--> geringere Anzahl zu verwaltender Subschemata!) und trotzdem noch weitergehende, individuelle Schutzregelungen getroffen werden können.

2.3.3   Zusammenfassung

Aufgrund der dedizierten Aufgabenstellung von Datenbanksystemen sind auch die zur Verfügung gestellten Schutzmaßnahmen auf die spezielle Situation zugeschnitten. Dies äußert sich auch darin, daß für verschiedene Datenbanksystemarchitekturen und für verschiedene verwendete Datenmodelle jeweils verschiedene Entwürfe für Schutzmaßnahmen vorliegen. Gemeinsam ist den Ansätzen, daß sie so gut wie alle zum Schutz erforderlichen Aufgaben selbst übernehmen und nur ganz selten auf Betriebssystemmechanismen zurückgreifen (CFW 77J). Dies liegt daran, daß marktübliche Betriebssysteme heute wie besprochen nur ein minimales Angebot an Schutzmaßnahmen bereit halten.

Die Realisierung aller Schutzmechanismen im Datenbanksystem selbst bedeutet jedoch, daß sie in der Hierarchie Anwendungssoftware – Betriebssoftware – Hardware recht hoch angesiedelt sind. Dies birgt wie in Kapitel 1 angesprochen das Problem der Umgehungsmöglichkeit in sich. Vom Betriebssystem unzureichend geschützte Dateien, die das Datenbanksystem zur Unterbringung der Daten verwendet, stellen trotz ausgeklügelter Datenbanksystem-Schutzeinrichtungen eine potentielle Schwachstelle dar.

Bei den angetroffenen Schutzsystemklassen fehlt gesteuerte Mehrfachbenutzung mit **definierbaren** Schutzformen. Zugriffsschutz kann nur für die vom Datenbanksystem angebotenen Operatoren gewährleistet werden. Eine Abhängigkeit der Schutzregelungen von Auswerteoperationen ist nicht auf einfache Weise möglich.

Schließlich lohnt noch die Feststellung (die auch für den Dateientwurf in Betriebssystemen gilt), daß bei Beschränkung der Schutzmaßnahmen auf relativ "große" Objekte wie Relationen, Satztypen etc. Schutzüberlegungen zu einem beachtlichen Teil bereits den Datenbank**entwurf** beeinflussen können: sollen bestimmte Daten differenziert geschützt werden, so müssen sie – auch wenn aus anderen Gründen gar nicht notwendig – in verschiedenen schützbaren Objekten untergebracht werden.

7.4   Mängel_existierender_Konzepte_und_Konsequenzen

Betrachtet man den Stand der Wissenschaft auf dem Gebiet
operationaler Schutzmaßnahmen in der Software von Rechensystemen
insgesamt, so läßt sich die teilweise schon angeklungene Kritik
in folgenden hauptsächlichen Punkten zusammenfassen:

● Die für den Einsatz von Schutzsystemen wichtigsten Einzelge-
sichtspunkte sind die vorgesehenen/definierbaren Subjekte,
Objekte, Operationen und Privilegierungseinheiten sowie die
Leistungsfähigkeit des Autorisierungssystems. Will man sehr
differenziert privilegieren, so bedeutet dies:

- Benutzer, Programme, Prozesse **allein** sind als Subjekte
  unzureichend. Die Privilegierung eines Benutzers muß davon
  abhängig gemacht werden können, welches Programm/Programm-
  stück er gerade ausführt; die Privilegierung eines Programms
  darf oft nicht unbesehen davon erfolgen, für welchen
  Benutzer es ausgeführt wird.

  Bsp.: Ein Benutzer darf die Datei der Gehaltsdaten nur mit
        einem Programm zur Ermittlung statistischer Kennzahlen
        bearbeiten, keinesfalls aber mit einem Druckprogramm.
        Andererseits sollte das Statistikprogramm nicht
        Privilegien zum Lesen **aller** (Gehalts-) Dateien
        erhalten müssen, da man seiner korrekten Funktion –
        insbesondere bei Fremdbezug – nicht sicher sein kann
        (Problem des trojanischen Pferdes, [SS 75]; need to
        know-Prinzip).

  Paare (Benutzer, Programm) als Subjekte, wie es zur Lösung
  des Problems erforderlich wäre, sind in keinem der heute
  existierenden oder vorgeschlagenen Konzepte direkt und in
  systematischer Weise vorgesehen. Lediglich auf Umwegen und
  stark eingeschränkt (Multics) oder unter Zuhilfenahme
  anderer, nicht unbedenklicher Mechanismen (Rechteerweiterung
  in HYDRA; siehe 2.2.5) läßt sich in fortgeschrittenen
  Systemen eine vergleichbare Wirkung erzielen.

- Objekte und Operationen darauf müssen die genaue Modellierung der zu schützenden Einheiten erlauben und daher
definierbar sein. Ein vorgegebener Satz von Objektklassen
reicht nur für dedizierte, unveränderliche Anwendungen aus.

Modernen Ansätzen der Softwaretechnik (vgl. etwa [KJM 79])
folgend sollten Objekte und Operatoren im Sinne abstrakter
Datentypen untrennbar miteinander gekoppelt werden, zumal
der Zugriff so eingekapselte Daten hervorragend abgesichert
werden kann (erstmals in [PAR 72] angesprochen). Ein
derartiges Konzept für operationale Schutzmaßnahmen geht
noch über HYDRA hinaus, wo erst durch ein "höheres" Konzept
(sog. Subsysteme) Vergleichbares erzielt werden kann, das
Grundkonzept aber zwischen Datenobjekten und Prozedurobjek-
ten (und anderem mehr) unterscheidet.

- Auch von den möglichen Privilegierungseinheiten hängt ein
beträchtlicher Teil der Flexibilität eines Schutzsystems
ab. Wie besprochen sind – mit der Ausnahme weniger Spezialfälle bei (relationalen) Datenbanksystemen – in heutigen
Systemen nur recht grobe solche Einheiten vorgesehen. Das
Spektrum endet auch bei fortschrittlicheren Konzepten auf
Operatorebene, wiewohl in vielen Fällen – gerade wenn es
etwa um Datenbanksysteme geht – Privilegien für die einzelnen Operationen vergebbar sein müßten.

- Hinsichtlich der Leistungsfähigkeit des Autorisierungssystems schließlich ist zur Anpassung des Systemverhaltens an
sich ändernde Umweltgegebenheiten (andere Schutzregelungen!)
das Maximum des verschiedentlich Vorgeschlagenen zu fordern:
differenzierte (hinsichtlich Subjekten/Objekten; mit
Einschränkungsmöglichkeit der weitergegebenen Privilegien
usw.) Vergabe **einschließlich** entsprechender Rücknahmemög-
lichkeit für Privilegien.

● Unter dem Stichwort "mangelnde Einheitlichkeit" sollen
folgende Kritikpunkte zusammengefaßt werden:

- Viele Systeme unterscheiden zwischen Schutz im Zentralspeicher und Schutz für Dateien. Diese uneinheitlichen Teilkonzepte ergeben Konflikte und ungenutzte Möglichkeiten beim
  Zusammenwirken von beiden. Insbesondere begibt man sich
  dabei der Chance, Dateien in Abhängigkeit von den sie
  manipulierenden Programmen zu schützen. Bei Datenbanksystemen wird sogar gänzlich auf die Einbeziehung von Auswerte-
  programmen in die Schutzüberlegungen verzichtet, wiewohl es
  hier von besonderem Interesse wäre.

- Datenbanksystemimplementierungen machen kaum Gebrauch von
  Schutzmaßnahmen des unterliegenden Betriebssystems. Abgesehen vom erforderlichen Mehraufwand führt hier die Uneinheitlichkeit zu Schwachstellen, da die Umgehung des Datenbanksystems kaum auszuschließen ist.

- Zusammengenommen widersprechen also fast alle gängigen
  Systeme (wenn man jeweils Betriebssystem, Datenbanksystem
  und womöglich weitere Anwendungssysteme zusammennimmt) der
  Forderung nach möglichst wenigen, einheitlichen Konzepten,
  die etwa SALTZER und SCHROEDER ([SS 75]) als einen für die
  Konstruktion von sicheren Systemen ganz allgemein wichtigen
  Aspekt betrachtet haben.

[MB 80] machen die herrschende Uneinheitlichkeit bei heutigen
Schutzkonzepten u.a. dafür verantwortlich, daß

-- kaum Vertrauen in die Sicherheit von Systemen gesetzt
   werden kann,
-- Schwachstellen, gerade bei der Zusammensetzung verschiedener Mechanismen, kaum vermieden oder entdeckt werden
   können,
-- die Komplexität von Systementwurf und Benutzerschnittstelle
   in die Höhe getrieben wird.

Von einigen Ansätzen im Bereich der Datenbanksysteme wiederum
abgesehen findet man in der Literatur so gut wie keine
Aussagen bezüglich operationaler Schutzmaßnahmen, die für die
Benutzerschnittstelle von Systemen geeignet wären. Möglichkeiten zur Festlegung von Schutzregelungen gegenüber dem System

("Umgang mit dem Schutzsystem") sind aber unentbehrlich, will man Schutz **mit** und nicht nur Schutz **in** Rechensystemen betreiben.

Der Vollständigkeit halber sei hier noch auf einen ganz anderen Punkt hingewiesen, der nicht minder wichtig ist, jedoch in dieser Arbeit nicht im einzelnen abgehandelt werden kann:

■ Der Nachweis der Sicherheit von Schutzsystemen ist bisher nur unzureichend gelöst ([CHE 81]). Ist formale Spezifikation, Verifikation usw. schon bei sonstigen komplexen Softwaresystemen schwierig, so tritt hier ein weiteres Problem hinzu. Es ist zu beweisen, daß die formale Spezifikation mit einem gewünschten (natürlich ebenfalls formalen) Sicherheitsmodell konsistent ist, das die Schutzwünsche des Systementwerfers widerspiegelt. Dieser zusätzliche Verifikationsschritt sowie die Entwicklung geeigneter, nichttrivialer Sicherheitsmodelle finden gegenwärtig ebenfalls verstärktes Forschungsinteresse, haben jedoch noch nicht zu einem befriedigenden Stand der Technik geführt ([CHE 81], [GM 82] zeigen interessante Ansätze auf). Eng damit verbunden ist die Fragestellung, wie der Anwender eines konkreten Schutzsystems seine Schutzwünsche korrekt auf die dort angebotenen Mechanismen abbilden kann ([LÜK 82]). Solange aus diesen Gebieten keine ausreichenden Ergebnisse vorliegen, muß man (wie auch in anderen Teilbereichen der Softwarekonstruktion) auf andere methodische Schutzmaßnahmen wie in Kapitel 1 angedeutet ausweichen.

Den drei zuerst genannten Kritikpunkten folgend präzisieren wir die Anforderungen an das in dieser Arbeit zu entwickelnde Konzept, indem wir als seine wichtigsten Eigenschaften, in denen es auch einen Fortschritt gegenüber existierenden Ansätzen darstellt, die folgenden anstreben:

▶ Das Konzept basiert auf funktionalen Moduln (abstrakten Datentypen) und vereinigt damit Objekte und Operatoren in einem einzigen Baustein.

▶ Im Gegensatz zu bisherigen Arbeiten, die die Privilegierungseinheiten bis zur Operatorebene verfeinert haben, soll hier erstmals umgekehrt vorgegangen werden: Ausgangspunkt ist der Schutz der einzelnen Operation als atomarer Einheit des Ablaufs. Daten sind dadurch zu schützen, daß die darauf ablaufenden Operationen geschützt werden. Für Anwendungsfälle, in denen auf Detaillierung verzichtet werden kann, soll das Konzept die natürliche und einfache Vergröberung von Privilegierungseinheiten erlauben.

▶ Das zu entwickelnde Konzept soll nicht speziell auf bestimmte Teile von Rechensystemen zugeschnitten, sondern möglichst vielseitig verwendbar sein. Dies heißt nicht, daß es gleichzeitig alle Detailanforderungen etwa für Betriebs- **und** Datenbanksysteme erfüllen muß; sehr wohl soll es aber möglich sein, etwa Datenbanksystemschutzmaßnahmen in natürlicher Weise darauf aufzusetzen.

▶ Das Konzept soll möglichst viele Schutzstrategien zulassen und trotz seiner Mächtigkeit einfach und überschaubar bleiben. Dies gilt einmal für seine Implementierbarkeit, zum anderen aber auch hinsichtlich seiner Anwendung an der Benutzerschnittstelle eines zu schützenden Systems.

Schließlich sei eines ganz klar herausgestellt: **Die vorgebrachte Kritik bedeutet keineswegs, daß bisher entwickelte Konzepte als solche schlecht oder unbrauchbar wären.** In vielen Fällen wird man auch künftig auf sie zurückgreifen. Unser Bestreben ist es hingegen, ein in seiner funktionalen Leistungs- und Einsatzfähigkeit über das bisher vorhandene Spektrum hinausgehendes Konzept vorzuschlagen, mit dem die Lösung von Informationsschutzproblemen adäquat unterstützt werden kann.

3 Das Informationsschutzkonzept UPC

In diesem Kapitel wird das Konzept eines Schutzsystems entworfen, das die in 2.4 genannten Ziele erfüllt. In einem ersten Abschnitt fällen wir eine Reihe von Entwurfsentscheidungen, die den Spielraum für die Ausgestaltung des Konzepts weiter einengen. Anschließend werden die charakteristischen Eigenschaften festgelegt. Zur einfacheren späteren Bezeichnung geben wir dem Konzept den Namen UPC (**u**niversal **p**rotection **c**oncept).

3.1 Entwurfsentscheidungen

Die Ende des 2. Kapitels genannte Zielsetzung läßt noch eine Reihe von Freiheitsgraden offen. Wir stellen daher einige Detailforderungen und -annahmen zusammen und begründen soweit notwendig, warum sie zum Erreichen des Zieles notwendig oder zumindest günstig sind.

▶ Wir fordern Paare (Benutzer, Programm) als Subjekte.

▶ Das Schutzsystem soll nicht den Einsatz weitgehender Maßnahmen dort erzwingen, wo Benutzer auf Schutz verzichten oder mit eingeschränkten Überprüfungen vorliebnehmen möchten. Trotz der einerseits notwendigen hohen Granularität der einzelnen Einheiten müssen andererseits auch "gröbere" Objekte, Privilegierungseinheiten etc. möglich sein. Dahinter steht das Ziel, Aufwand (in Form von Rechenzeit- und Speicherbedarf) nur dort zu verursachen, wo auch tatsächlich von den angebotenen Leistungen Gebrauch gemacht wird.

▶ Die Arbeitsweise des Systems muß im Sinne einer Zugriffsüberwachung erfolgen. Bei einer Zugriffsüberwachung ist die **einzelne** Operation zu betrachten, während bei anderen möglichen Konzepten wie etwa Informationsflußüberwachung **Folgen** von Operationen von Bedeutung sind. Für ein Grundkonzept ist daher die elementare Zugriffsüberwachung zu wählen.

[Exkurs: Gleichwohl könnte die Untersuchung folgender Fragestellung interessant sein: kann man den Fluß von Information von einem Objekt zum anderen als elementaren Vorgang betrachten und daran sämtliche Schutzüberlegungen anknüpfen, indem man auch Systembenutzer als Objekte auffaßt, die bestimmte Information erreichen darf oder nicht? In diesem Fall wäre die Informationsflußüberwachung das elementare und die Zugriffsüberwachung das darauf aufbauende Konzept. Aufgrund der in der Literatur dokumentierten Ergebnisse früherer Arbeiten ([DD 79]) erscheint uns im Augenblick jedoch der andere, oben genannte Weg erfolgversprechender.]

▶ Das Schutzsystem soll dezentrale und dynamische Autorisierung ermöglichen, d.h. potentiell muß jedes Subjekt jederzeit in der Lage sein, in seinem Besitz befindliche Privilegien an andere Subjekte weiterzugeben. Ebenso muß die Möglichkeit bestehen, einmal vergebene Privilegien zurückzuverlangen. Die Autorisierungsvorgänge müssen selbst ebenfalls einer Reglementierung unterworfen werden können.

▶ Eng damit verbunden, jedoch durchaus eigenständig zu betrachten ist die Forderung, daß eine "allmächtige", zu jedem Zeitpunkt mit **allen** im System vorkommenden Privilegien ausgestattete Zentralinstanz (genauer: ein ausgezeichnetes Subjekt mit dieser Eigenschaft) nicht zwingend notwendig sein soll. Dies schließt keineswegs aus, daß die Privilegien bei einer bestimmten Anwendung gerade so gehandhabt werden, daß de facto ein solches Subjekt entsteht. Jedoch soll nicht bereits der Systementwurf seine ständige Existenz vorschreiben.

▶ Wir wollen ein positives Schutzsystem entwerfen, d.h. nur explizit erlaubte Zugriffe zulassen. Dies hat den Vorzug, daß versehentlich vergessene Autorisierungen lediglich eine ungerechtfertigte Leistungsverweigerung nach sich ziehen. Sie wird von den betroffenen Subjekten in der Regel schnell erkannt und beanstandet, so daß Abhilfe möglich ist. Im umgekehrten Fall führen unterlassene Verbote dazu, daß als unerlaubt angesehene Operationen fälschlicherweise doch durchgeführt werden können. Ein derart begünstigtes Subjekt wird aber in vielen Fällen nicht die im Übermaß vorhandenen Privilegien beklagen (insbesondere bei beabsichtigtem Mißbrauch), so daß die unbefriedigende Situation womöglich längere Zeit unentdeckt und damit fortbestehen bleibt.

Zusammengefaßt mit den Zielen aus 2.4 ergibt sich eine Liste von Anforderungen, die wir nochmals in Stichworten nennen:

1. funktionale Moduln als Basis

2. mindestens Paare (Benutzer, Programm) als Subjekte

3. Privilegierungseinheit auf Operationsebene

4. benutzungsabhängiger Aufwand, Schutzverzichtmöglichkeiten

5. Zugriffsüberwachung

6. dezentrale, dynamische Autorisierung

7. keine Notwendigkeit eines umfassend privilegierten Subjekts

8. positives Schutzsystem

9. Einheitlichkeit

10. nicht auf spezielle Anwendung zugeschnitten

11. viele Schutzstrategien möglich

3.2 Grundsätzliche Festlegung der charakteristischen Eigenschaften

Unter Berücksichtigung der eben zusammengestellten Forderungen legen wir nunmehr fest, wie die einzelnen charakteristischen Eigenschaften für UPC gestaltet werden. Die Vorgehensweise ist mehrstufig: während in diesem Abschnitt eine mehr grundsätzliche Festlegung der einzelnen Charakteristika erfolgt, wird darauf aufbauend in den Folgeabschnitten die Sicherung des Schutzsystems selbst sowie die weitere Detailgestaltung zur Erfüllung aller Forderungen dargestellt. Der besseren Verständlichkeit wegen geben wir für manche Einzelfragen zunächst Zwischenlösungen an, die im Laufe des Kapitels zur endgültigen Lösung erweitert werden.

3.2.1 Objekte und Operationen

Unter einem Datenobjekt verstehen wir in einem Rechensystem einen Behälter beliebiger Größe, der zu verschiedenen Zeitpunkten verschiedene Inhalte – die Daten – haben kann (oft versteht man unter Datenobjekt auch das momentan dort abgelegte Datum; außerdem können auch mehrere Datenobjekte zusammen wieder als Datenobjekt aufgefaßt werden, es hängt also vom Betrachtungsfall ab, was man als ein Datenobjekt ansieht). Will man Informationsschutz betreiben, so sind nicht allein Datenobjekte oder Daten zu betrachten, sondern auch die damit ausführbaren Operationen. Dem liegt die Betrachtungsweise zugrunde, daß in einem Rechensystem die Sicherheit von Daten nur dadurch bedroht ist, daß Operationen mit ihnen ausgeführt werden. Hierzu gehört insbesondere das Lesen, d.h. die Kenntnisnahme von vorhandenen Daten (man beachte den Unterschied zu manuellen Systemen, wo die Kenntnisnahme häufig keine wahrnehmbare Operation darstellt; hier liegt gerade ein Vorteil der Informationsbearbeitung durch Rechensysteme). **Um also die vorhandenen Daten zu schützen, müssen Erlaubnis und Verbot der Ausführung der darauf möglichen Operationen geregelt werden.**

Datenobjekte sind rein passive Gegenstände, von denen keinerlei Aktivitäten ausgehen. Letztendlich werden sie durch Speicherplätze der Rechnerhardware realisiert, wobei die Art der Speichermedien (Haupt-/Hintergrundspeicher) zunächst ohne Belang ist. Operationen können hingegen als aktive Gebilde aufgefaßt werden, da sie allen Aktivitäten des Rechensystems zugrunde liegen. Sie werden repräsentiert durch in der Regel parametrisierbare Operatoren (Sprechweisen: Parameter **für** einen Operator, **in** einer Operation). Der Zusammenhang zwischen Datenobjekten und Operationen kann am besten anhand der Operatoren studiert werden. Ohne der gleich folgenden Präzisierung vorzugreifen können wir davon sprechen, daß ein Operator ein Datenobjekt bearbeitet ("benutzt", "auf einem Datenobjekt operiert"), und dies wie in Abb. 3-1 skizzieren.

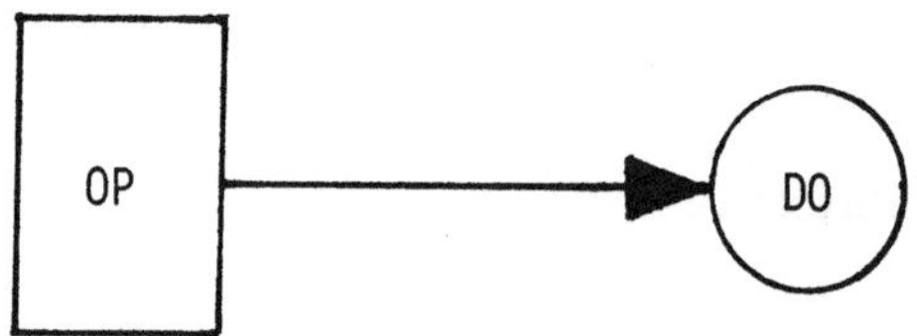

Abb. 3-1:   Operator bearbeitet Datenobjekt

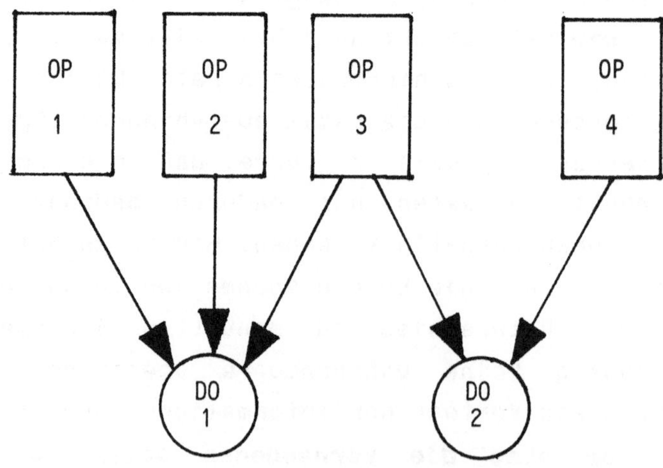

Abb. 3-2:   mehrere Operatoren bearbeiten mehrere Datenobjekte

Im allgemeinen werden (Abb. 3-7)

- mehrere Operatoren dasselbe Datenobjekt bearbeiten,
- mehrere Datenobjekte vom selben Operator bearbeitet werden.

Da es (u.a.) von den jeweiligen aktuellen Parametern abhängt, ob bei einer Operation mit einem gegebenen Operator ein bestimmtes Datenobjekt tatsächlich bearbeitet wird oder nicht, muß man die Pfeile genauer als potentielle Bearbeitung verstehen.

Operatoren sind entweder durch die Hardware vorgegeben (Maschinenbefehle) oder sie werden durch Programme (Folgen von Maschinenbefehlen) definiert. Nach dem von Neumann'schen Prinzip werden auch Programme im Speicher der Rechenanlage untergebracht. Ob es sich bei dem Inhalt einer Speichereinheit also um ein Datum oder um einen Operator handelt hängt davon ab, was man damit anfängt. Wird er ausgeführt, handelt es sich um einen Operator, wird er im Zuge der Ausführung eines Operators bearbeitet, liegt ein Datum vor. Auf diese Weise kann die gleiche Speichereinheit (sogar bei gleichem Inhalt) zu einem Zeitpunkt als Operator, zum anderen Zeitpunkt als Datenobjekt in Erscheinung treten. Wir werden daher in diesem Zusammenhang

- einheitlich von Objekten schlechthin sprechen (Datenobjekt/ Operator zur Differenzierung dann gebrauchen, wenn die eine oder andere Verwendungsart im Vordergrund steht),
- "ausführen" als Verwendungsart für Operatoren gebrauchen.

Betrachten wir zunächst **Objekte auf der elementarsten Ebene**, die in einem Rechensystem sinnvoll ist. Hierbei handelt es sich um die jeweiligen Maschinenbefehle sowie um Datenobjekte, die als Parameter in Maschinenoperationen auftreten können (man sagt auch "elementar", "direkt" verwendet werden). Schutz auf dieser Ebene bedeutet, Maschinenoperationen zu erlauben oder zu verbieten.

Wiewohl dieses Vorgehen auf den ersten Blick sehr differenzierte Schutzmöglichkeiten zu bieten scheint, weist es doch gewichtige Nachteile auf:

(1) es ist eine Fülle von Datenobjekten zu unterscheiden,
(2) für jedes Datenobjekt existieren sehr viele potentielle
    Operationen,
(3) wegen der atomaren Betrachtungsweise tragen die Operationen
    sehr wenig Semantik.

Eine erste Abhilfemöglichkeit besteht darin, eine Klassenbildung
von Operationen herbeizuführen und die Operationen der gesamten
Klasse zu erlauben oder zu verbieten. Eine solche Klasseneintei-
lung ist die herkömmliche Trennung von privilegierten und
nichtprivilegierten Maschinenbefehlen. Eine andere unterscheidet
lesende und schreibende Operationen.

Klassenbildung für Operationen beseitigt Nachteil (2). Nachteil
(1) wäre in ähnlicher Weise durch Zusammenfassung mehrerer
elementarer Datenobjekte zu einem komplexen, als Einheit zu
schützenden Datenobjekt zu begegnen. Da der besonders gravieren-
de Nachteil (3) trotzdem bestehen bleibt, muß ein gänzlich
anderer Ansatz unternommen werden.

Wir betrachten dazu nicht mehr einzelne Maschinenoperationen,
sondern komplexe, d.h. sich aus mehreren Maschinenoperationen
zusammensetzende Operationen. Ebenso werden statt elementarer
nunmehr komplexe, potentiell aus mehreren elementaren zusammengesetzte Datenobjekte herangezogen, so daß insgesamt von
Objekten auf komplexer Ebene gesprochen werden kann.

Komplexen Operationen liegen Programme mit nachfolgenden
Eigenschaften zugrunde:

- sie besitzen hinsichtlich ihres Ablaufs einen wohldefinierten
  Anfang und ein wohldefiniertes Ende,
- sie sind parametrisierbar,
- sie tragen einen im jeweiligen Zusammenhang eindeutigen Namen.

Ein solcher Operator repräsentiert sich auf abstrakter Ebene
durch seine <u>Schnittstelle</u> (Name, Syntax, Semantik), auf konkreter Ebene durch seine <u>Implementierung</u> (die Folge von Maschinenbefehlen).

Im Gegensatz zur elementaren Betrachtungsweise müssen nunmehr zweierlei Arten von Datenobjekten unterschieden werden:

● Datenobjekte, die als solche, also unabhängig von einer bestimmten Operation interessieren (von solchen Datenobjekten sind wir bisher immer stillschweigend ausgegangen). Ihre Lebensdauer ist unabhängig von der einzelnen Operation; sie werden durch explizite Aktionen geschaffen und vernichtet und können beliebig häufig durch Operationen mit dem gleichen oder mit verschiedenen Operatoren bearbeitet werden.

● Datenobjekte, die zur Formulierung des einem Operator zugrunde liegenden Algorithmus benötigt werden (z.B. aktuelle Parameter, Schleifenzähler etc.), also zu seiner Implementierung gehören. Ihre Lebensdauer ist gerade die einer einzelnen Operation.

Bezogen auf die einzelnen Operationen sprechen wir in obiger Reihenfolge von <u>gemeinsamen</u> und <u>privaten Datenobjekten</u>. Hinsichtlich Schutz geht es vor allem um die gemeinsamen Datenobjekte, da nur sie für Aufbewahrung zu schützender Information in Frage kommen. Die Schutzidee lautet wie folgt:

- Für jedes zu schützende Datenobjekt wird eine Anzahl von Operatoren definiert, mit denen es bearbeitet werden kann.
- In der Implementierung eines solchen Operators dürfen die gemeinsamen Datenobjekte elementar manipuliert werden, ebenso die jeweiligen privaten Datenobjekte.
- Außerhalb einer Operatorimplementierung dürfen die gemeinsamen Datenobjekte **nicht** elementar manipuliert, sondern **ausschließlich** durch Aufrufe der zugehörigen Operatoren verwendet werden (die privaten Datenobjekte der jeweiligen Operatorimplementierungen sind ohnehin tabu).
- Schutzregelungen werden durch Erlaubnis/Verbot der Ausführung der Operatoren mit bestimmten Parametern festgelegt.

Die Durchsetzung der skizzierten Regelungen erfordert die **Isolation von Objekten** und die **Überwachung ihrer Verwendung**:

- Die Möglichkeit zum Zugriff auf **ein** Datenobjekt darf nicht automatisch Zugriffsmöglichkeit auf **andere** Datenobjekte bieten.

- Aus einer Operatorimplementierung heraus dürfen keine Sprünge in andere isolierte Objekte unter Umgehung der Schnittstelle möglich sein.

- Operatoren dürfen nur aufgerufen, ihre Implementierungen als solche jedoch nicht verändert werden.

Ein erster Ansatz, den gestellten Forderungen zu genügen, lautet wie folgt:

Möglichkeit_1:

Alle komplexen Datenobjekte und alle Operatorimplementierungen werden isoliert. Auf Datenobjekte kann man die Maschinenbefehle anwenden, Operatorimplementierungen kann man ausführen. Wir erhalten damit eine Situation gemäß Abb. 3-3, wobei ⬭ jeweils ein Schutzobjekt symbolisiert.

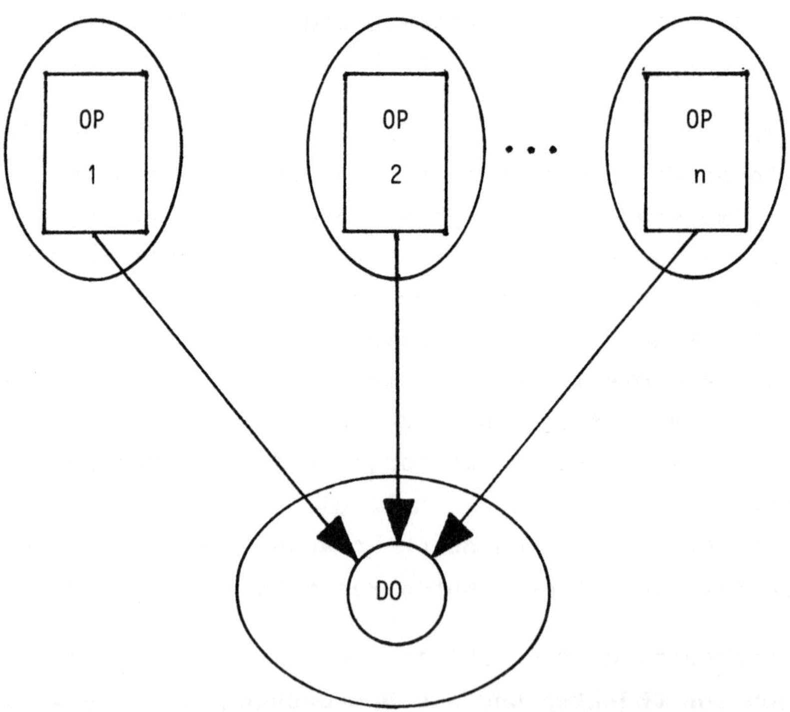

Abb. 3-3: Schutzobjekte Operatoren, Datenobjekt

Der Vorschlag zeigt folgende Nachteile:

a) Es muß zwischen zweierlei Arten von Schutzobjekten unterschieden werden. Dies steht in Konflikt mit der für das
Schutzkonzept geforderten Einheitlichkeit und Einfachheit.

b) Bei den Datenobjekten müssen noch immer viele Elementaropera-
tionen unterschieden werden. Für diese muß jeweils entschieden werden, aus welchen Operatorimplementierungen heraus sie
benutzt werden dürfen.

Die Konsequenz aus diesen Nachteilen kann nur lauten, Datenobjekte und Operatoren zu **einer** Einheit zusammenzufassen. Betrachten wir hierzu vorerst

Möglichkeit_2:

Man isoliere als eine Einheit einen Operator und das (komplexe)
Datenobjekt, auf das in der Implementierung elementar zugegriffen wird (Abb. 3-4). In der Operatorimplementierung können
damit die Bestandteile des Datenobjekts beliebig verwendet
werden, nicht jedoch von außerhalb. Von dort ist nur der Aufruf
des Operators erlaubt (= "ausführen").

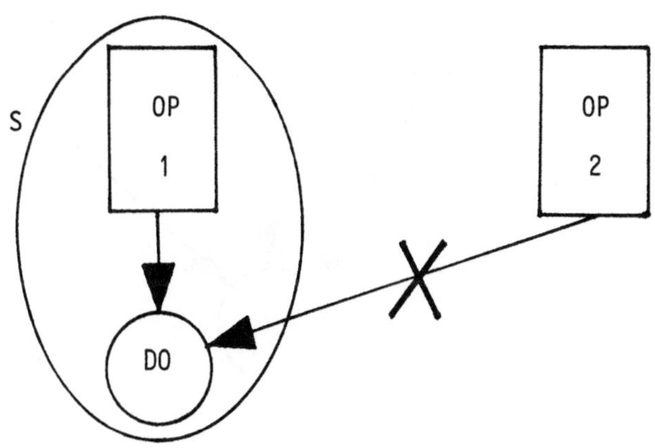

Abb. 3-4:   Schutzobjekt 1 Operator + Datenobjekt

Das Problem dieses Vorschlags besteht darin, daß im Beispiel
der Abb. 3-4 auch in der Implementierung von Operator OP_2
Bedarf für elementare Verwendung des Datenobjekts DO vorliegt.
Wegen der Isolation kann diese Verwendung jedoch nicht stattfinden (die Schnittstelle des Schutzobjektes S macht gerade der
Operator OP_1 aus). Da es der Regelfall ist, daß für Datenobjekte
mehr als ein Operator benötigt wird, liegt die einzige Abhilfe
in einer Erweiterung zu

Möglichkeit_3:

Man isoliere als eine Einheit ein gewähltes Datenobjekt und
alle Operatoren, in deren Implementierung elementar darauf
zugegriffen werden muß. Wir nennen eine solche Einheit einen
funktionalen_Modul, da ihre Schnittstelle gerade aus den
Schnittstellen der beteiligten Operatoren besteht (Abb. 3-5).
Man kann von außerhalb also die einzelnen Operatoren ausführen,
jedoch nicht elementar auf die Datenobjekte zugreifen.

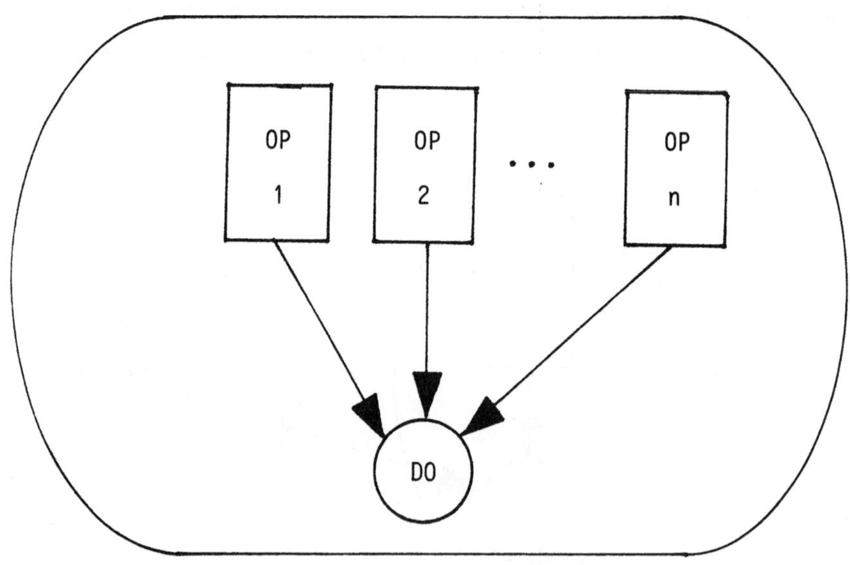

Abb. 3-5:   Schutzobjekt funktionaler Modul

Funktionale Moduln werden unter Schlagworten wie Datenabstraktion, abstrakter Datentyp, Einkapselung (encapsulation, Datenkapselung) und Geheimnisprinzip (information hiding) seit einiger Zeit im Gebiet Software Engineering ([KIM 79] u.v.a.) diskutiert. Sie dienen dort als Hilfsmittel für einen qualitativ hochwertigen Programmentwurf, der u.a. ein hohes Maß an Zuverlässigkeit gewährleistet. Man darf besondere Vorteile erwarten, wenn es gelingt, dasselbe Konzept auch zum Informationsschutz heranzuziehen, da dann für verschiedene Ziele eine einheitliche Marschroute bei Systementwurf und -erstellung möglich ist.

Verbleibt noch zu berücksichtigen, daß nach Forderung ⟩4⟩ Möglichkeiten zum graduellen Schutzverzicht bestehen sollen. Dies kann etwa bedeuten, daß durch höhere Programmiersprachen bzw. deren Übersetzer garantierte Isolation nicht zusätzlich noch durch das Schutzsystem bewerkstelligt werden muß. Wir entscheiden uns daher letztendlich für

Möglichkeit_4:

Als Subsystem definieren wir ein Objekt, das alle Bestandteile eines oder mehrerer funktionaler Moduln enthält (Abb. 3-6). Die Schnittstelle eines Subsystems ist die Zusammenfassung der Schnittstellen der beteiligten funktionalen Moduln. Subsysteme werden als Schutzobjekte verwendet, also isoliert und hinsichtlich ihrer Verwendung überwacht.

Einige wesentliche Eigenschaften von Subsystemen und sofort einsichtige Konsequenzen ihrer Wahl zu Schutzobjekten sind die folgenden:

[Einschub: Im weiteren werden – mathematisch nicht immer ganz korrekt – Mengenschreibweisen/-operationen als Kurzformen verschiedener Sachverhalte verwendet:

– Mengenoperationen auf Datenobjekten: Bildung neuer Datenobjekte aus existierenden (Art der Zusammensetzung unerheblich) usw.,

- Mengenoperationen auf Operatoren, Parametern, Parametertypen:
Zusammenfassungen usw. auf Bezeichnerebene,

- Mengenoperationen auf Operatorimplementierungen: Zusammenfassungen usw. von textuell gegebenen Elementen. Auch bei
textueller Gleichheit werden zwei Implementierungen als
verschieden aufgefaßt, wenn sie zu zwei Operatoren unterschiedlicher Bezeichnungen gehören.]

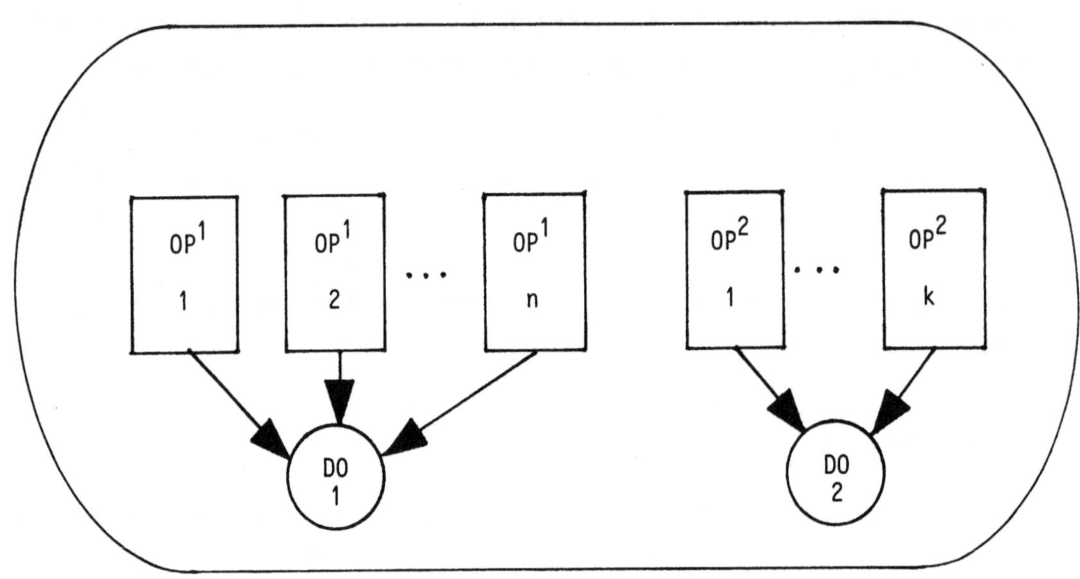

Abb. 3-6:   Schutzobjekt Subsystem

▓ Typisierung:

Üblicherweise wird man mit mehreren Subsystemen zu tun haben,
die über dieselbe Schnittstelle verfügen. Wir gehen weiter
davon aus, daß auch die Struktur der jeweiligen Datenobjekte
die gleiche ist (was trotz Schnittstellenübereinstimmung
nicht zwangsläufig gelten müßte). Ähnlich wie bei Variablen
in Programmiersprachen kann man davon sprechen, daß diese
Subsysteme von einem gemeinsamen Typ sind. Ein Subsystemtyp
repräsentiert sich auf abstrakter Ebene durch seine Schnittstelle, auf konkreter Ebene durch die Operatorimplementierungen und Beschreibungen für die gemeinsamen Datenobjekte (dies

ist eine pragmatische Festlegung für unsere Untersuchung; auf dem Gebiet der abstrakten Datentypen im eigentlichen Wortsinn bleibt die Realisierung bewußt außer Betracht, weswegen verschiedene Implementierungen immer noch den gleichen Typ ergeben können; [GUT 77]).

Man beachte folgenden Unterschied: Schutzobjekte und damit zu isolierende Einheiten sind Subsysteme ("Exemplare"). Hergestellt, d.h. programmiert, werden aber Subsystem**typen,** aus denen man die benötigten Subsystemexemplare erzeugt (siehe dazu den späteren Punkt ■ Dynamik).

$$\underline{\text{subsystem}} \; \underline{\text{type}} \qquad \text{<sst\_name>}$$

$$\underline{\text{interface}} \qquad \text{<op\_name\_1>} \; (\underline{\text{in}} \; p_1^1:\text{<typ}_1^1\text{>}, \; \ldots, \; p_k^1:\text{<typ}_k^1\text{>},$$
$$\underline{\text{out}} \; p_{k+1}^1:\text{<typ}_{k+1}^1\text{>}, \; \ldots, \; p_t^1:\text{<typ}_t^1\text{>});$$

$$\ldots$$

$$\text{<op\_name\_n>} \; (\underline{\text{in}} \; p_1^n:\text{<typ}_1^n\text{>}, \; \ldots, \; p_1^n:\text{<typ}_1^n\text{>},$$
$$\underline{\text{out}} \; p_{l+1}^n:\text{<typ}_{l+1}^n\text{>}, \; \ldots, \; p_k^n:\text{<typ}_k^n\text{>});$$

(Schnittstellensyntax)

$$\underline{\text{implementation}} \qquad \text{<Vereinbarung der Subsystemdatenobjekte>};$$

$$\text{<op\_name\_1>:} \quad \text{<Vereinbarung lokaler Datenobjekte}_1\text{>};$$
$$\text{<Programm}_1\text{>};$$

$$\ldots$$

$$\text{<op\_name\_n>:} \quad \text{<Vereinbarung lokaler Datenobjekte}_n\text{>};$$
$$\text{<Programm}_n\text{>};$$

(Implementierung)

$$\underline{\text{end.}}$$

<u>Abb. 3-7:</u>   schematischer Aufbau Subsystemtypen

■ Aufbau:

Wie erwähnt unterscheiden wir bei Subsystemtypen die Schnittstelle (bestehend aus einem systemweit eindeutigen Namen, der
Syntax und der Semantik) und die Implementierung (bestehend
aus einer Beschreibung der gemeinsamen Datenobjekte – künftig
Subsystemdaten(objekte) genannt – und Programmen samt Vereinbarungen privater Datenobjekte für die einzelnen Operatoren).
In einer weitgehend selbsterklärenden, bekannten Programmiersprachen ähnlichen Schreibweise sieht ein Subsystemtyp wie in
Abb. 3-7 aus.

Erläuterungen:
- in: formale Eingabe-, out: formale Ausgabeparameter
- $\langle typ_i{}^j \rangle$: Typen für die Parameterobjekte; implementierungsabhängig (z.B. INTEGER, REAL, CHARACTER, aber auch
  BYTE, WORT,...)
- Vereinbarungen/Programme sind jeweils ebenfalls von konkreter Implementierung abhängig (d.h. welche Sprachelemente
  gibt es?)
- Semantik der Schnittstelle: Es existiert keine Methode,
  diese in der gewünschten Allgemeinheit formal und ähnlich
  wie die anderen Aspekte formatiert anzugeben. Wie sich
  zeigen wird, ist die Kenntnis der Semantik eines Subsystemtyps für das Schutzkonzept nicht zwingend erforderlich,
  sondern lediglich für seine sachgerechte Anwendung. Wir
  nehmen stets an, daß die Semantik **außerhalb** obiger syntakti-
  scher Konstruktion geeignet bekannt und dokumentiert ist.

Ein Subsystem**exemplar** wird durch ein Paar (Subsystemname,
Subsystemtyp) festgelegt. Sein Aufbau richtet sich daher nach
dem Aufbau des zugrundeliegenden Typs. Abb. 3-8 verdeutlicht
dies. Soweit ausreichend werden wir künftig Subsysteme durch
Symbole gemäß Abb. 3-9 oder ähnlich darstellen.

■ **D̲y̲n̲a̲m̲i̲k̲:**

Die Menge der jeweils interessierenden Schutzobjekte ändert sich von Zeit zu Zeit; neue Schutzobjekte kommen hinzu, bisher vorhandene werden nicht mehr benötigt und daher vernichtet.

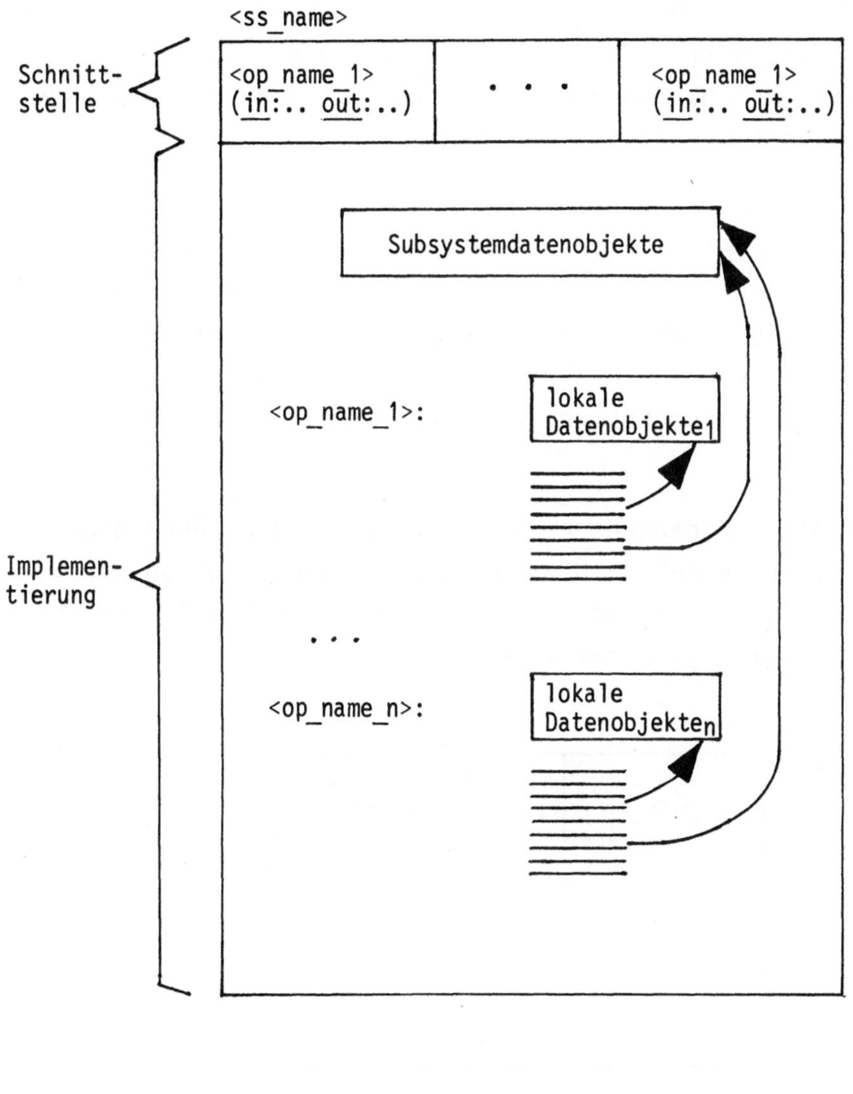

Abb. 3-8: schematischer Aufbau Subsystem

Damit treffen wir erstmals auf folgenden Sachverhalt. Zwischen Schutz- und Zielsystem besteht ein außerordentlich enger Zusammenhang: Schutzobjekte treten im Zielsystem auf, die Überwachung ihrer Verwendung aber ist Aufgabe des Schutzsystems. Wegen der geforderten breiten Einsetzbarkeit von UPC wollen wir nicht die gesamte Verwaltung, Erzeugung, Vernichtung usw. der Schutzobjekte im Schutzsystem erledigen. Da hiermit vielerlei Fragen wie Speicherplatzverwaltung usw. verbunden sind, wären wesentliche Teile des Zielsystems bereits durch UPC festgeschrieben.

Stattdessen werden wir für das Schutzsystem eine funktionale Schnittstelle entwickeln, über die das Zielsystem die Leistungen von UPC in Anspruch nehmen kann. Das Schutzsystem kann damit völlig unabhängig von möglichen Zielsystemen entworfen werden. Ein schutzgerechter Betrieb einer Kombination von UPC mit einem ausgewählten Zielsystem setzt dann allerdings voraus, daß

A. bestimmte Annahmen erfüllt werden, die UPC über das Zielsystem macht (z.B. hinsichtlich der Schutzobjekte),
B. die UPC-Funktionen korrekt und vollständig durch das Zielsystem angewendet werden.

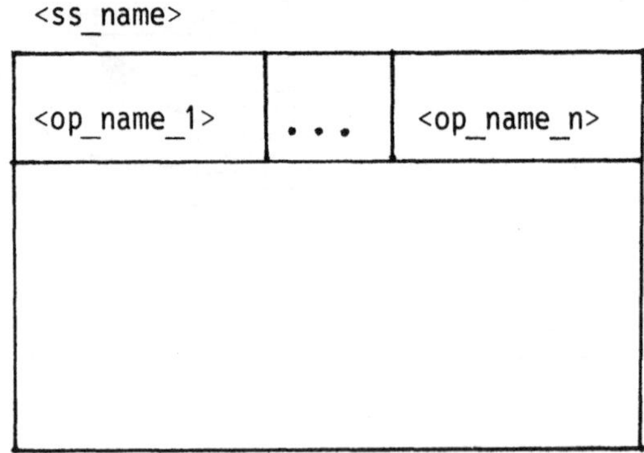

Abb. 3-9: vereinfachte graphische Darstellung Subsystem

Wir bezeichnen A. und B. als Kopplung von Schutz- und Zielsystem. Wir entwickeln vorerst das Schutzsystem als solches, indem wir sukzessive seine Schnittstellenfunktionen angeben (eine Zusammenstellung findet sich in Abschnitt 3.5). Dabei werden auch die meisten Aufgaben der Kopplung mit dem Zielsystem bereits anfallen, die wir in Kapitel 4 noch genau diskutieren. Insgesamt ist es so möglich, UPC für verschiedene Zielsysteme einzusetzen und dabei jeweils nur die Kopplung, nicht aber das gesamte Schutzkonzept neu zu überdenken.

Die notwendige Dynamik von Schutzobjekten erfordert Schutzsystemfunktionen, die die beginnende/endende Existenz eines Subsystems mitteilen:

> <u>define_subsystem</u> (name: S_NAME, type: T_NAME)
> <u>drop_subsystem</u>   (name: S_NAME)

[Hinweis: Alle Funktionsvereinbarungen, Programmstücke usw. werden künftig in einer selbsterklärenden, gängigen Programmiersprachen angeglichenen Notation angegeben. Die Parametertypen sind bei einer Implementierung jeweils zu konkretisieren. Solange nicht näher angegeben, handelt es sich stets um Eingabeparameter. Im Text werden Bezeichner aus solchen Programmstücken mit < > geklammert.]

<name> steht für einen bei der Erzeugung zu wählenden, eindeutigen Bezeichner für das neue Subsystem, <typ> symbolisiert den Typ, von dem das Subsystem ein Exemplar ist. Der Typ eines Subsystems kann sich während seiner Lebensdauer nicht ändern. Er kann aus einer Menge dem Schutzsystem bekannter Typen gewählt werden, die entweder fest vorgegeben oder ebenfalls dynamisch hinzugefügt/entfernt werden können. Will man den Benutzern gestatten, auf ihre Spezialprobleme zugeschnittene Schutzmöglichkeiten ("gesteuerte Mehrfachbenutzung mit definierbaren Schutzformen") zu verwenden, so wird man auch hinsichtlich der Subsystemtypen Flexibilität zulassen müssen. Mithilfe der Funktionen

> <u>define_type</u> (name: T_NAME, desc: T_DESCRIPTION)
> <u>drop_type</u>   (name: T_NAME)

können dem Schutzsystem neue Typen bekannt gemacht bzw. existierende außer Kraft gesetzt werden. <desc> gibt in genau festzulegendem Format die Schnittstelle (Name, Syntax der einzelnen Operatoren) an.

Aufrufe der Operatoren haben folgende Bedeutung:

- Ein Typ kann nur zwischen <u>define_type</u> und <u>drop_type</u> zur Erzeugung von Subsystemen herangezogen werden.
- Bezüglich eines Subsystems können nur zwischen Aufrufen von <u>define_subsystem</u> und <u>drop_subsystem</u> Überprüfungen vorgenommen werden.
- Ein <u>drop_type</u> hat keine Konsequenzen für bereits existierende Subsysteme dieses Typs.

■ <u>Zusammenhang_mit_Programmkonstruktion</u>:

Da Subsystemen funktionale Moduln zugrunde liegen, ist der Entwurf eines Subsystemtyps dem Entwurf einer Datenabstraktion vergleichbar. Durch die Zusammenhänge zwischen gemeinsamen Datenobjekten und elementar darauf zugreifender Operatorimplementierungen ist stets ein logischer "Mindestumfang" für einen Subsystemtyp vorgegeben. Damit Subsystemtypen nicht wegen komplexer Operator-Datenobjekt-Zusammenhänge "größer" werden müssen, als aus anderen (nämlich Schutz-/Isolations-, Übersichtlichkeits-) Gründen angestrebt, können jederzeit spezielle Zugriffsfunktionen definiert werden. Folgendes Beispiel illustriert dies:

In Abb. 3-10 ist aufgrund der Operator-Datenobjekt-Zusammenhänge nur die Zusammenfassung zu einem einzigen Subsystemtyp mit der Schnittstelle $\{OP_1, OP_2, OP_3, OP_4\}$ und den Subsystemdaten $DO_1 \cup DO_2 \cup DO_3$ möglich. Jedoch kann man eine Aufspaltung wie in Abb. 3-11 vornehmen. Es entstehen zwei Subsystemtypen mit Schnittstellen $\{OP_1, OP_2, OP_7\}$ bzw. $\{OP_3, OP_4\}$. OP_7 realisiert die in der Implementierung von OP_3 benötigten Zugriffe auf DO_2. Da es zur Schnittstelle gehört, kann OP_7 in der OP_3-Implementierung aufgerufen werden, wohingegen kein elementarer Zugriff auf DO_2 möglich ist. Aufspaltungen dieser

Art sind um den Preis etwas höheren Aufwandes (für die
speziellen Zugriffsoperatoren) immer möglich.

■ <u>Universalität</u>:

Ohne bereits im Detail auf die Anwendungsbreite von Subsystemen einzugehen, verdienen drei Gesichtspunkte vorab Erwähnung:

1) Die Subsystemdaten eines Subsystems können wegfallen,
   womit es zu einer Menge von Programmen degeneriert.
2) Die Anzahl der Operatoren eines Subsystems kann auch 1
   sein. Gibt es hierbei Subsystemdaten, so "merken" diese
   einen Zustand von einem Aufruf bis zum nächsten. Ohne
   Subsystemdaten liegt ein Programm im üblichen Sinn vor.

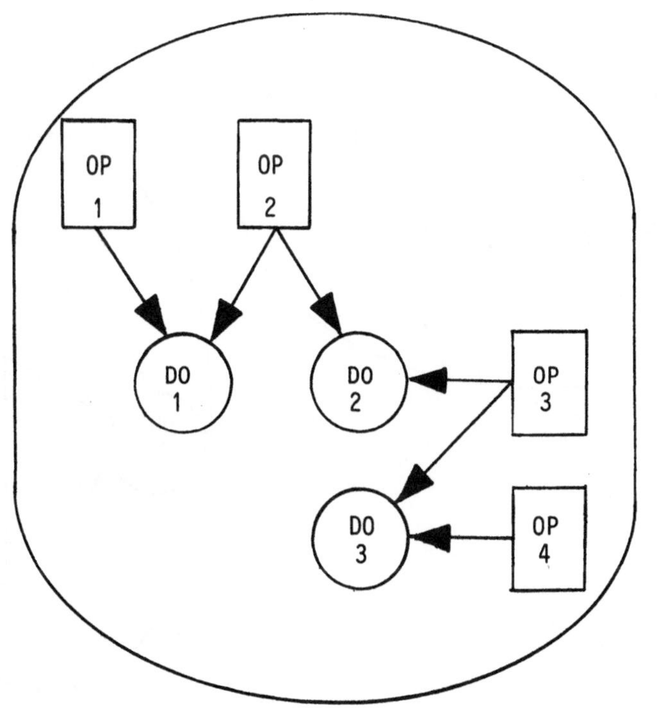

<u>Abb. 3-10</u>: Zerlegungsmöglichkeit für
Subsysteme: vor Zerlegung

3) Subsystemdaten existieren, solange das Subsystem selbst existiert. Subsysteme können daher zur langfristigen Aufbewahrung von Daten verwendet werden.

Alle gängigen Modulbegriffe ([GK 78], [KIM 79]) werden somit von Subsystemen/Subsystemtypen erfaßt.

■ <u>Schreibweisen</u>:

Zur Vereinfachung der nachfolgenden Ausführungen legen wir eine Reihe von Schreibweisen für Subsysteme/Subsystemtypen fest (sie wird bedarfsweise ergänzt, eine zusammenfassende Darstellung findet sich in Anhang B).

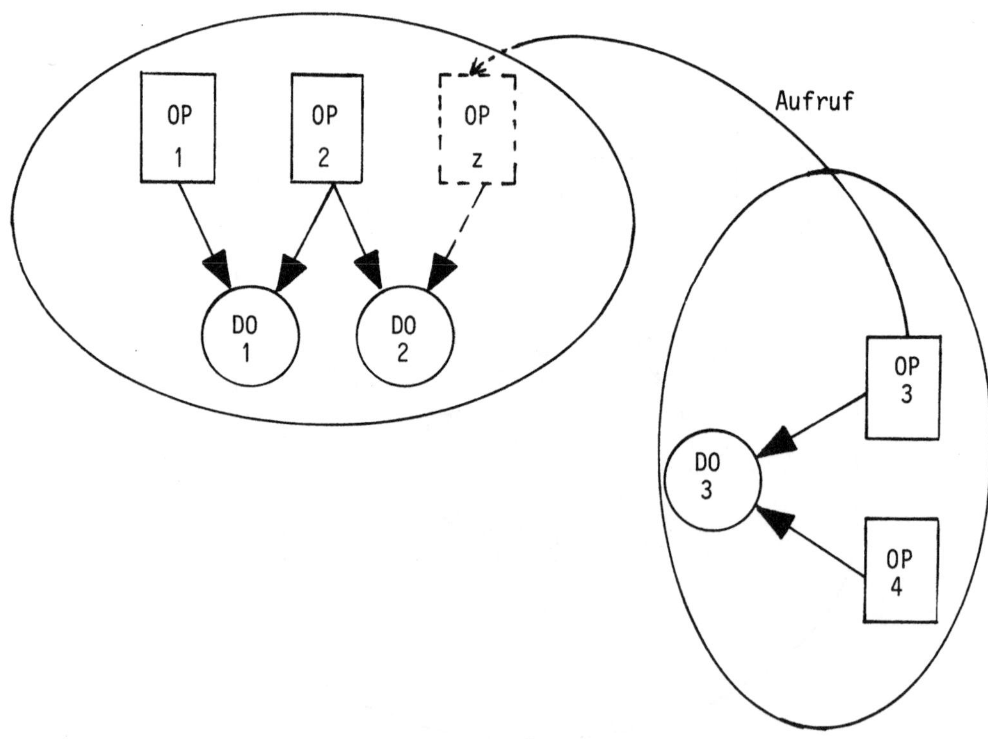

<u>Abb. 3-11</u>: Zerlegungsmöglichkeit für
Subsysteme: nach Zerlegung

T Menge aller (möglichen, denkbaren) Subsystemtypen (bezogen auf das jeweils interessierende Rechensystem)

$\underline{T} \subseteq T$ Menge aller (zu einem bestimmten Zeitpunkt) aus Sicht des Schutzsystems **existierenden** Subsystemtypen

$t \in \underline{T}$ Subsystemtyp

$N(t)$ Name des Subsystemtyps t (eindeutig; ein Typ kann daher durch seinen Namen repräsentiert werden)

$I(t)$ Schnittstelle des Subsystemtyps t
[beachte: Für t1 $\neq$ t2, t1, t2 $\in \underline{T}$ darf I(t1) = I(t2) gelten. Allerdings gibt es in solchen Fällen in UPC keine Möglichkeit, von einer (intuitiv zu vermutenden) "Gleichheit" von t1 und t2 zu sprechen.]

$O(t) := \{op \mid op$ Operator von t, kommt also in $I(t)$ vor$\}$

$P_i(op) := \{p_k \mid p_k$ ist $\underline{in}$-Parameter von op$\}$

$P_o(op) := \{p_k \mid p_k$ ist $\underline{out}$-Parameter von op$\}$

$P(op) := P_i(op) \cup P_o(op)$

$$P_i(t) := \bigcup_{op \in O(t)} P_i(op)$$

$$P_o(t) := \bigcup_{op \in O(t)} P_o(op)$$

$P(t) := P_i(t) \cup P_o(t)$

$\underline{Hinweise:}$
- unter "Parameter" können hier nur die Bezeichner der vereinbarten Parameterobjekte verstanden werden
- o.B.d.A. wird gefordert: $P_i(op) \cap P_o(op) = \emptyset$

$\mathbf{M}$ Menge aller Datenobjekttypen, die bei einer konkreten Implementierung des Schutzkonzepts zugelassen werden

$M(p) \in \mathbf{M}$ Typ des Parameters p

$$M_i(op) := \{m_k | m_k = M(p_k) \wedge p_k \in P_i(op)\}$$

$$M_o(op) := \{m_k | m_k = M(p_k) \wedge p_k \in P_o(op)\}$$

$$M(op) := M_i(op) \cup M_o(op)$$

$$M_i(t) := \bigcup_{op \in O(t)} M_i(op)$$

$$M_o(t) := \bigcup_{op \in O(t)} M_o(op)$$

$$M(t) := M_i(t) \cup M_o(t) \qquad [M_i(op) \cap M_o(op) \neq \emptyset \text{ zulässig!}]$$

$DSDO(t)$ Vereinbarung der Subsystemdatenobjekte des Subsystemtyps t (von Möglichkeiten der konkreten Implementierung abhängig)

$DLDO(op)$ Vereinbarung der lokalen Datenobjekte des Operators op (wiederum von konkreter Implementierung abhängig)

$$DLDO(t) := \bigcup_{op \in O(t)} \{DLDO(op)\}$$

$PROG(op)$ Programm (Befehlsfolge) zur Realisierung von op (implementierungsabhängig; formulierbar in Maschinensprache, höherer Programmiersprache)

$$IMP(op) := [DLDO(op); PROG(op)]$$
Implementierung eines Operators

$$IMP(t) := [DSDO(t); \bigcup_{op \in O(t)} \{IMP(op)\}]$$
Implementierung eines Subsystemtyps

Damit gilt für einen Subsystemtyp t & T:

   t = [N(t); I(t); [MP(t)]

Analog für Subsysteme:

      S   Menge aller (möglichen, denkbaren) Subsysteme (durch **T** strukturell bereits festgelegt; wieder bezogen auf das jeweils interessierende Rechensystem)

      S⊆**S**   Menge aller (zu einem bestimmten Zeitpunkt) aus Sicht des Schutzsystems **existierenden** Subsysteme (durch zugehöriges T strukturell festgelegt)

      s&S   Subsystem

      N(s)   Name des Subsystems s (eindeutig, ein Subsystem kann daher durch seinen Namen repräsentiert werden)

    TYPE(s)   Typ des Subsystems s

Mithin gilt für s & S:

. s = [N(s), TYPE(s)],

. sei TYPE(s) = t, dann kann t durch N(t) repräsentiert werden,

. ist größere Detaillierung von Interesse, dann schreiben wir

   s = [N(s), I(s), IMP(s)]

   mit: I(s)   := I(TYPE(s))

$$\text{[MP(s)} := [SDO(s); \bigcup_{op \,\in\, O(TYPE(s))} \{IMP(op)\}]$$

          SDO(s): Subsystemdatenobjekte von s gemäß der Vereinbarung DSDO(TYPE(s))

Ganz analog lassen sich $O(s)$, $P_i(s)$, $P_o(s)$, $P(s)$, $M_i(s)$, $M_o(s)$, $M(s)$, $LDO(op)$ [aus $DLDO(op)$] und $LDO(s)$ definieren. Schließlich werden manchmal die **aktuellen** Parameter eines Operatoraufrufs von Interesse sein; wir verwenden hierzu die Definitionen wie bei den formalen Parametern, jedoch (falls nicht aus dem Zusammenhang ohnehin klar) mit oberem Index a (also etwa $P^a(op)$: aktuelle Parameter eines Aufrufes von op). Typverträglichkeit zwischen formalen und aktuellen Parametern setzen wir stets als gegeben voraus: $M(p) = M(p^a)$.

Abb. 3-12 gibt eine Übersicht über den Aufbau der Begriffe.

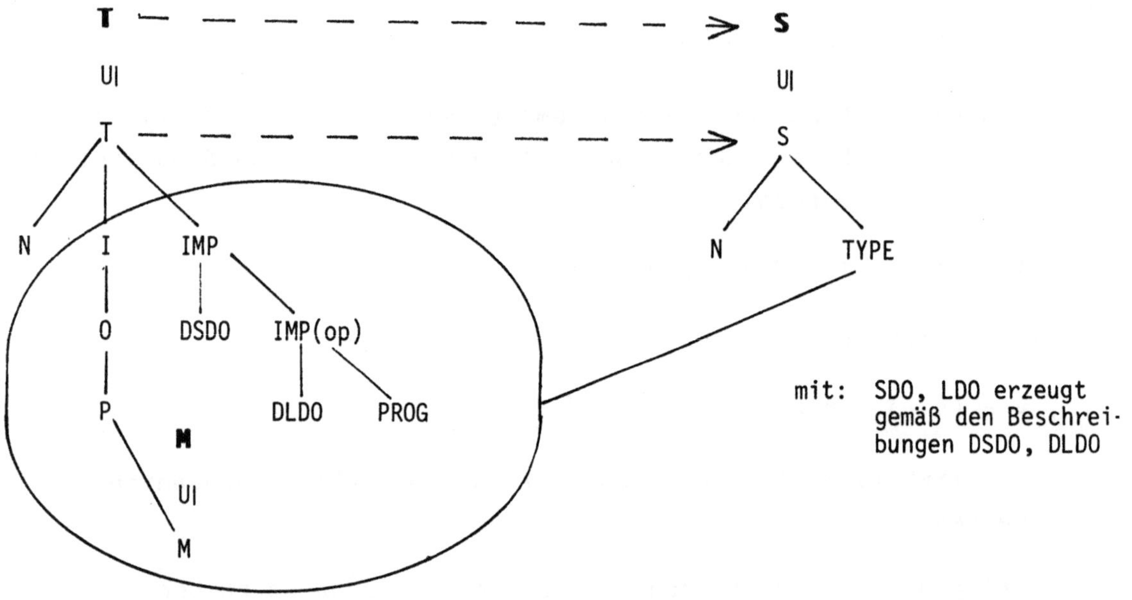

Abb. 3-12:   Übersicht Begriffsaufbau

■ <u>Zusammenwirken_von_Subsystemen</u>:

Subsysteme sind die Grundbausteine, um Schutzmaßnahmen im gewünschten Ausmaß anbieten zu können. Dies setzt voraus, daß das **gesamte** zum Schutz vorgesehene Zielsystem in eine **Menge von Subsystemen** strukturiert wird. Da Aufträge an das Zielsystem nicht stets durch Ausführung eines einzelnen Subsystemoperators, d.h. vollständig innerhalb eines einzelnen Subsystems zu erfüllen sind, müssen in den Implementierungen von Subsystemoperatoren meist die Dienste anderer Subsysteme in Anspruch genommen werden. In den einzelnen PROG(op) können also <u>Aufrufe</u> der Schnittstellenoperatoren von Subsystemen stehen. Ein solcher Aufruf umfaßt neben der Angabe des gewünschten Subsystems s_i und des gewünschten Operators op_j є $O(s_i)$ auch die von $I(s)$ geforderten aktuellen Parameter.

Damit wir über solche <u>Intersubsystemaufrufe</u> besser sprechen können, gehen wir von der Existenz folgender Funktionen aus:

● Der Aufruf eines Schnittstellenoperators op_j eines Subsystems s_i erfolgt mit

$$\underline{call}(s_i, op_j, P_1, \dots, P_k, P_{k+1}, \dots, P_n)$$

aus einem PROG(op_x) der Implementierung eines Subsystems heraus. Für op_j wird prozedurale Ausführung angenommen, nach ihrem Ende wird PROG(op_x) also an der dem <u>call</u> folgenden Stelle fortgesetzt.

● Der Rücksprung eines Operators zur Aufrufstelle erfolgt mit

$$\underline{return}(P_{k+1}, \dots, P_n)$$

unter Angabe der Ergebnisparameterwerte. Aufgrund der Proceduralität ist die Nennung des Rücksprungziels überflüssig. Jede Operatorimplementierung muß mindestens einen <u>return</u>-Aufruf enthalten.

Bereits jetzt können zwei notwendige Konsequenzen (die erst später zu diskutieren sind) vorausgesehen werden:

(1) Da nicht davon auszugehen ist, daß die Hardware Operatoren
    <u>call</u>/<u>return</u> mit den erforderlichen Eigenschaften anbietet,
    müssen sie per Programm realisiert werden. Dies kann nach
    unserer Philosophie nicht Aufgabe des Schutzsystems,
    sondern nur der Kopplung Schutz-/Zielsystem **unter Verwen-
    dung des Übervachungssystems** sein. Für schutzgerechtes
    Systemverhalten ist es notwendig, daß <u>call</u> und <u>return</u> die
    einzigen Möglichkeiten zum Wechsel der Aktivitäten von
    einem Subsystem in ein anderes sind.

(2) Damit die Isolation zwischen Subsystemen eingehalten
    werden kann, ist eine **vertmäßige** Übergabe von Parametern
    (call by value) erforderlich.

Wir setzen stets voraus, daß <u>call</u>/<u>return</u>-Aufrufe syntaktisch
korrekt ("wohlgeformt") sind, d.h. ein in der Schnittstelle
definierter Operator eines existierenden Subsystems mit
jeweils richtigen Anzahlen und Typen von Ein-/Ausgabeparame-
tern angegeben ist. Dies kann durch Inspektion der im System
geführten Beschreibungen von Subsystemtypen überprüft werden.
Weiter gehen wir nicht darauf ein, wie Fehler während des
Ablaufs eines Operators angezeigt und behandelt werden. Für
vorhersehbare Fälle ist dies ohnehin eine Aufgabe des Subsy-
stemtypherstellers. Er kann z.B. entsprechende Fehlerparameter
verwenden. Unvorhersehbare Fehler und syntaktisch falsche
Aufrufe können etwa durch einen Fehlerausgang bei <u>call</u>/<u>return</u>
oder ein Konzept zur Ausnahmebehandlung – siehe [GOO 75] u.a.
– durch Zielsystem bzw. Kopplung bewältigt werden.

Aufgrund der in den JMP(s_i) für die einzelnen Subsysteme s_i
enthaltenen <u>call</u>-Aufrufe läßt sich die <u>potentielle Aufrufbe-
ziehung</u> PCR(S) in der jeweiligen Subsystemmenge S angeben:

$s_i, s_j \in S$:

$(s_i, s_j) \in PCR(S)$
$:\Longleftrightarrow \exists op \in O(s_i): \underline{call}(s_j, op_x, p_1, \ldots, p_n) \in PROG(op)$

PCR ist weder reflexiv noch symmetrisch oder transitiv. Die Beziehung kann durch einen gerichteten Graphen veranschaulicht werden:

3.2.2 Subjekte

In den Anforderungen wurde verlangt, mindestens Paare (Benutzer, Programm) als Subjekte zu verwenden ($\triangleright$). Hier ist festzulegen, was genauer unter "Benutzer" und "Programm" verstanden werden soll und ob es weitere sinnvolle Detaillierungsmöglichkeiten für Subjekte gibt.

Zur Einbeziehung mit dem Rechensystem kommunizierender ("externer") Benutzer in Schutzüberlegungen ist ihre systeminterne Repräsentation erforderlich. Sie erfolgt durch eine Benutzerkennung in Form eines Namens oder einer Benutzernummer. Wir werden von internen Benutzern sprechen, die eindeutig durch ihre Benutzerkennung identifizierbar sind.

Genauer handelt es sich bei internen Benutzern um Benutzerrollen. Jeder externe Benutzer (als Individuum betrachtet) kann in verschiedenen Benutzerrollen, andererseits können mehrere externe Benutzer in einer gemeinsamen internen Benutzerrolle auftreten. Es ist eine Frage der externen Systemverwaltung, welcher externe Benutzer das Rechensystem in welcher internen Benutzerrolle benutzen darf. Folgende Aufgaben sind in diesem Zusammenhang zu erledigen:

(1) Neue interne Benutzer müssen im System definiert, existierende bei Bedarf wieder gelöscht werden.

(2) Für externe Benutzer ist festzulegen, ob und wenn ja als welche(r) interne Benutzer sie das Rechensystem benutzen dürfen. Abb. 3-13 skizziert einige mögliche Fälle.

(3) Bevor ein externer Benutzer eine Systemdienstleistung erhält, muß ihm ein interner Benutzer zugeordnet werden. Dabei ist sicherzustellen, daß die durch (7) festgelegten Regelungen eingehalten werden (Identifikation/Authentisierung aus Kapitel 1).

Für UPC wird davon ausgegangen, daß im Zielsystem der zu einer geforderten Dienstleistung gehörende interne Benutzer korrekt ermittelt wurde. Dem Schutzsystem muß mitgeteilt werden, welche internen Benutzer jeweils zugelassen sind (auf die Bekanntgabe des aktuell eine Dienstleistung anfordernden Benutzers kommen wir noch zu sprechen). An Funktionen hierzu sehen wir vor

    define_user (id: U_IDENTIFICATION)
    drop_user   (id: U_IDENTIFICATION).

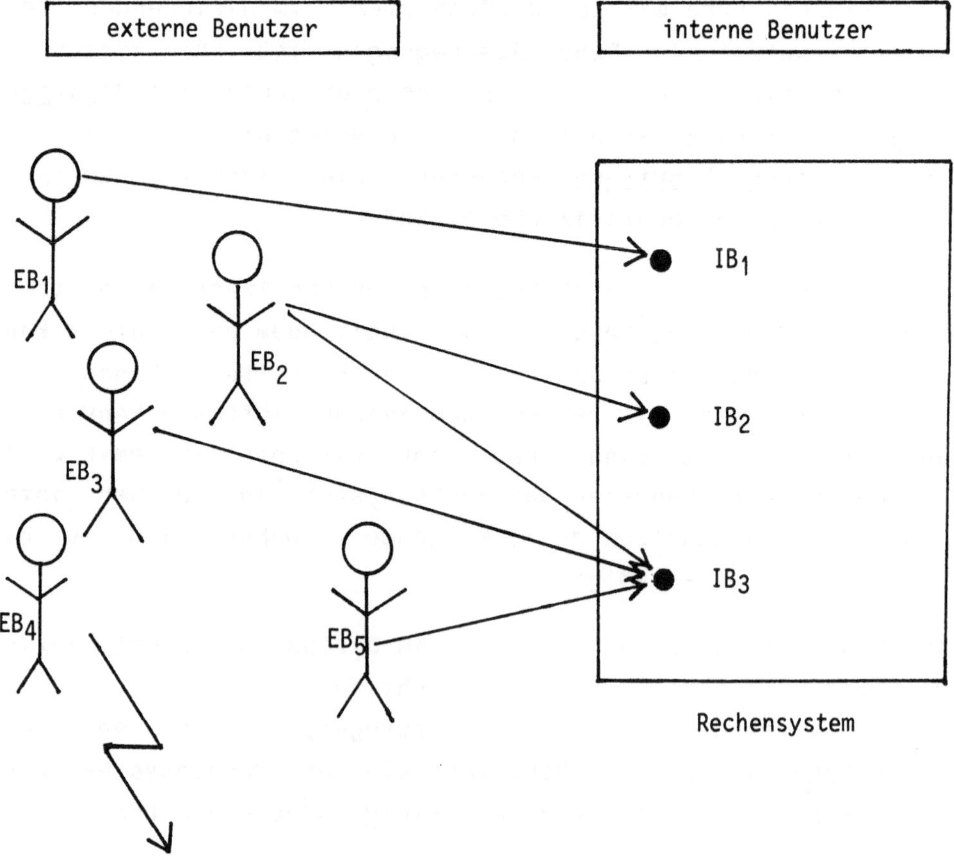

<u>Abb. 3-13:</u>   externe/interne Benutzer und ihre Zuordnung

Ein Benutzer kann nur zwischen entsprechenden Aufrufen beider Funktionen als Urheber von Systemaktivitäten in Erscheinung treten.

In Erweiterung unseres Bezeichnungsvorrats legen wir fest:

U Menge der (möglichen, denkbaren) internen Benutzer (abhängig von den bei konkreter Implementierung vorgesehenen Benutzerkennungen)

$U \subseteq$ **U** Menge der zu einem bestimmten Zeitpunkt dem Schutzsystem bekannten internen Benutzer

U und damit auch U werden als **unstrukturierte** Mengen betrachtet. Möglichkeiten, mehrere interne Benutzer (wenn wir künftig von "Benutzer" reden, sind interne Benutzer gemeint) in bedeutungsvoller Weise zu dem System bekannten Gruppen zusammenzufassen usw. bleiben möglichen Erweiterungen vorbehalten.

Der Sinn der Forderung nach Einbezug von **Programmen** in den Subjektbegriff lag darin, die Privilegien für einen Benutzer davon abhängig machen zu können, aus welchem Kontext heraus er eine bestimmte Systemleistung anfordert. Unter "Systemleistung" ist nach 3.2.1 die Ausführung einer Subsystemoperation zu verstehen, als "Kontext" bietet sich der Operator an, aus dem heraus der fragliche Aufruf erfolgt.

Es bleibt die Frage zu klären, ob "Operator, der den Aufruf enthält" möglicherweise eine allzu feingliedrige Lösung für die Einbeziehung von Programmen in den Subjektbegriff darstellt. Folgende Gründe unterstützen diese Vermutung:

- Subsystem**interna** sind dem Schutzsystem nicht bekannt. Beispielsweise kann trotz der Isolation von Subsystemen untereinander ein $PROG(op_1)$ einen "Aufruf" (im Sinne der für das Subsystem verwendeten Programmiersprache) von $PROG(op_2)$ enthalten, wenn op_1, $op_2 \in O(s)$ gilt. Demzufolge wäre schwer zu entscheiden, ob ein Intersubsystemaufruf **sinngemäß** aus $PROG(op_1)$ oder aus $PROG(op_2)$ heraus erfolgt.

- Subsystemdaten sind von **allen** Operatoren aus in gleicher
  Weise ohne weitere Prüfungen elementar manipulierbar.

Dies legt es nahe, für den Subjektbegriff ganze Subsysteme und
nicht deren einzelne Operatoren als Aufrufinstanzen anderer
Subsystemoperatoren zu betrachten. Würde man sich für die
zweite Alternative entscheiden, hätte man ohne großen Zusatznut-
zen eine wesentlich höhere Komplexität zu tragen (die Anzahl
von Subjekten stiege auf ein Vielfaches an).

Subjekte in UPC sind also Paare (Benutzer, Subsystem):

$$SU = U \times S \subseteq U \times S = SU \qquad \text{Menge der Subjekte}$$

Interpretation von $(u,s) \in SU$: ein Benutzer u bei Ausführung
eines $PROG(op)$ mit $op \in O(s)$

Im Vergleich zu anderen Schutzkonzepten (siehe Kapitel 7)
spielt in UPC der **Prozeßbegriff** keine Rolle für die Festlegung
von Subjekten. Prozesse sind die "Träger" aller Aktivitäten in
einem Rechensystem. Je zwei Prozesse unterscheiden sich insoweit
nicht voneinander, als es dem Anforderer einer Systemleistung
gleichgültig sein kann, ob der eine oder der andere Prozeß als
Träger fungiert (in ähnlicher Weise, wie es dem Gast einer
Konditorei gleichgültig ist, ob seine Torte auf dem einen oder
auf dem anderen Teller serviert wird). Wenn aber Prozesse in
dieser Weise anonym sind, können sie auch nicht sinnvoll als
Subjekte auftreten, denen Privilegien zugeordnet werden (zumal
die gleiche Systemleistung heute von Prozeß 384, morgen von
Prozeß 112 erbracht werden kann). Für Informationsschutz ist
der Leistungen anfordernde Benutzer und nicht der die Leistung
erbringende Prozeß von Bedeutung. Geht es ausschließlich um
Betriebsschutz, ist eine andere Auffassung durchaus vertretbar.

Übrigens ist unser Subjektbegriff mit seiner Loslösung von
Prozessen gerade auch für Situationen wie Teilhaberbetrieb
günstig, wo ein Prozeß für mehrere Benutzer tätig wird.

3.2.3 Privilegierungseinheiten

Forderung $\boxed{3}$ besagt, daß Privilegierungseinheiten auf der Ebene einzelner Operationen definiert werden sollen. Eine Operation ist festgelegt durch

- den Namen s_i des Subsystems, auf das sie sich bezieht,
- den Namen des Operators $op_j \in O(s_i)$, dessen Programm ausgeführt wird,
- die Werte $p_1^a, \ldots, p_k^a$ der Eingabeparameter,
- die Werte $p_{k+1}^a, \ldots, p_n^a$ der gelieferten Ausgabeparameter.

Als elementare Privilegierungseinheit definieren wir ein Recht (genauer: a-Recht, atomares Recht) r als (n+2)-Tupel

$$(s_i, \; op_j, \; p_1^a, \; \ldots, \; p_k^a, \; p_{k+1}^a, \; \ldots, \; p_n^a),$$

wobei Wohlgeformtheit gemäß der Schnittstelle von s_i vorausgesetzt ist. Der Index a wird, da es hier stets um aktuelle Parameter geht, ab sofort wieder weggelassen.

Die Bedeutung eines a-Rechts lautet wie folgt: der Operator op_j des Subsystems s_i darf aufgerufen werden mit Parameterwerten $p_1, \ldots, p_k$, als Ergebnis dürfen Parameterwerte $p_{k+1}, \ldots, p_n$ zurückerhalten werden.

Sprechweise: Ein Recht r bezieht_sich_auf (existiert_für) ein
            Subsystem, einen Operator, eine Operation

    R   Menge der (möglichen) a-Rechte

$R \subseteq \mathbf{R}$ Menge der zu einem Zeitpunkt existierenden a-Rechte

3.2.4 Verhinderung unerlaubter Aktivitäten

Mit den bisherigen Kenntnissen lautet das Grundprinzip von UPC:

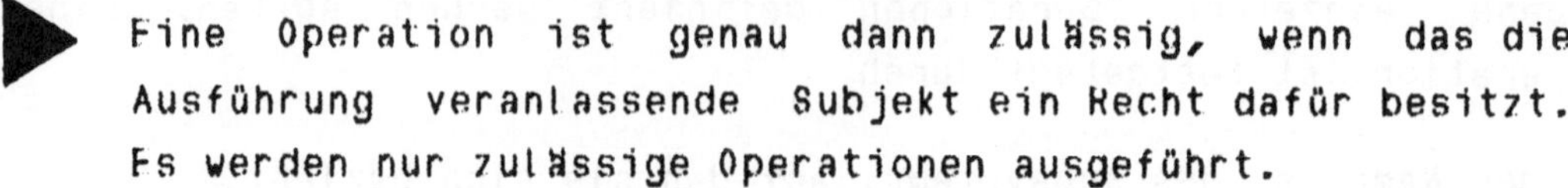

Eine Operation ist genau dann zulässig, wenn das die Ausführung veranlassende Subjekt ein Recht dafür besitzt. Es werden nur zulässige Operationen ausgeführt.

Damit ist auch der Sicherheitsbegriff von UPC festgelegt. Wir werden in diesem Abschnitt klären, was dieses Prinzip bedeutet und welche Konsequenzen es hat. Man beachte dabei stets, daß es um eine Zulässigkeit **seitens des Schutzsystems** geht, nicht aber darum, ob externe Benutzer aufgrund der Umweltgegebenheiten die Operation für zulässig halten. Maßnahmen zur Widerspiegelung externer Sachverhalte im Schutzsystem werden im nächsten Abschnitt besprochen.

Aus dem Grundprinzip ist ersichtlich, daß es nicht auf die Existenz eines Rechts im System **überhaupt,** sondern **für ein konkretes Subjekt** ankommt. Wir müssen Rechte also den einzelnen Subjekten (u,s) zuordnen und legen hierzu fest:

Jedem Subjekt su $\in$ SU wird genau eine Menge von Rechten R(su) zugeordnet. Die Zugehörigkeit von a-Rechten zu einem R(su) kann sich dynamisch ändern.

Es gilt also R(su) = {r $\in$ R|r ist su $\in$ SU zugeordnet} $\subseteq$ R. Wir sagen auch su $\in$ SU besitzt r <==> r $\in$ R(su).

Die R(su) stellen gerade die Schutzumgebungen von Subjekten in der Sprechweise anderer Arbeiten dar. [Zur Schreibweise: wählen wir statt su die ausführlichere Subjektschreibweise (u,s), so schreiben wir R(u,s) statt R((u,s)).]

Da die Benutzung von Objekten durch mehrere Benutzer möglich sein soll, wird im allgemeinen R(su)$\cap$R(su') $\neq \emptyset$ gelten. Als systeminternen Schutzzustand definiert man

$$PS := \{[(u,s), R(u,s)]|(u,s) \in SU\}.$$

Überwachungssystem und Kopplung müssen gewährleisten, daß bei allen Systemoperationen das Grundprinzip des Schutzkonzepts eingehalten wird. Dies bedeutet, daß alle beabsichtigten Operationen dem Schutzsystem zur Prüfung vorgelegt werden müssen und das Ergebnis der Prüfung respektiert wird. Beides ist durch die Kopplung durchzusetzen, während das Überwachungssystem korrekte Durchführung der Prüfung garantiert.

Für den Zeitpunkt der erforderlichen Überprüfung folgt im Verein mit den bisherigen Festlegungen:

Schutzprüfungen müssen stets bei Aufruf von Subsystemoperatoren, d.h. im Zuge der Ausführung des _call_-Operators erfolgen.

[_Anmerkung_: Wir gehen von Schutzprüfungen **zur Laufzeit** aus. Da sich der Schutzzustand bis zur Ausführung noch verändern und zudem ein Programm von vielen Benutzern verwendet werden kann, sind Prüfungen für Informationsschutz im allgemeinen nicht zum Zeitpunkt der Programmübersetzung möglich. Hinzu kommt, daß die aktuellen Operationsparameter oft erst zur Laufzeit bekannt sind. Für Spezialfälle — insbesondere hinsichtlich Betriebsschutz — kann man sich trotzdem Lösungen überlegen, die den Prüfaufwand von der Laufzeit weg verlagern (beispielsweise Prüfung zur Übersetzungszeit mit erzwungener Neuübersetzung bei Änderung des Schutzzustandes; ein Vorschlag dieser Richtung findet sich in [CHA 81A], [CHA 81B]). Auch Schutzmaßnahmen in Programmiersprachen sind in dieser Ecke anzusiedeln ([JL 76], [JL 78]). All dem soll hier nicht weiter nachgegangen werden. Wir beschränken uns auf den stets — und in den meisten Fällen ausschließlich — gangbaren Weg, alle Schutzprüfungen zur Laufzeit durchzuführen.]

Da sich Rechte auch auf die Ausgabeparameter von Operationen beziehen, die zwangsläufig erst zum Ende ihrer Ausführung vorliegen, verlangen wir zusätzlich:

Das Schutzsystem muß auch im Zuge von _return_ eine Schutzprüfung durchführen.

Zur Anforderung von Prüfungen statten wir das Schutzsystem mit einem Operator

    <u>check</u> (<u>in</u> su: SUBJECT, otc: PAR_LIST, <u>out</u> res: RESULT)

aus. <su> nennt das Subjekt, von dem die zu prüfende Operation verlangt wird. Als <otc> erwartet <u>check</u>

- entweder die Eingabeparameter einer zu prüfenden <u>call</u>-Operation (Subsystem- und Operatorbezeichner, Werte der Eingabeparameter). <res> liefert den Wert POS, falls R(su) ein beliebiges Recht enthält, das in Subsystem, Operator und Eingabeparametern mit den Werten aus <otc> übereinstimmt, NEG sonst.

- oder die Parameter einer zu prüfenden <u>return</u>-Operation **zusammen** mit den Parametern der zugehörigen <u>call</u>-Operation. Diese Angaben beschreiben insgesamt ein a-Recht r. Gilt $r \in R(s,u)$, liefert <res> den Wert POS, sonst NEG.

Wohlgeformtheit aller Angaben und Existenz von <su> kann von UPC aufgrund seiner Kenntnisse geprüft werden, ist hier aber stets vorausgesetzt.

Im Detail ist bei der Abwicklung der Überprüfungen im Rahmen einer Aufruffolge <u>call</u>/<u>return</u> folgende Arbeit zu leisten:

(1) Die zu prüfende Operation im Zielsystem laute

$$s_i.op_j(p_1,\ldots,p_k,p_{k+1},\ldots,p_n),$$

    (u,s) sei das veranlassende Subjekt.

(2) Im Zuge von <u>call</u> erfolgt Aufruf

    <u>check</u>((u,s), $(s_i,\ op_j,\ p_1,\ldots p_k)$, rpar)

(3) Sei

$$IR := \{r = (\bar{s}_i,\overline{op}_j,\bar{p}_1,\ldots,\bar{p}_k,\bar{p}_{k+1},\ldots\bar{p}_n) \mid \bar{s}_i = s_i \wedge$$
$$\overline{op}_j = op_j \wedge \bar{p}_1 = p_1 \wedge \cdots \wedge \bar{p}_k = p_k \wedge r \in R(u,s)\} \subseteq R(u,s)$$

(4) Ist IR = 0, dann ist die gewünschte Operation für dieses Subjekt in keinem Fall zulässig. Ihre Ausführung wird abgelehnt, d.h. <rpar> liefert den Wert NEG. Weitere Behandlung des Aufrufs durch die Kopplung.

(5) Andernfalls kann **zunächst** Zulässigkeit der verlangten Operation unterstellt werden, <rpar> liefert POS. Die Kopplung kann für Durchführung der gewünschten Operation im Zielsubsystem s_i sorgen.

(6) Zu _call_ aus (2) gehöriges _return_ liefert Aufruf

$$\underline{check}((u,s),\ (s_i,op_j,p_1,\dots,p_k,p_{k+1},\dots,p_n),\ rpar)$$

(7) Das Überwachungssystem prüft

$$(s_i,op_j,p_1,\dots,p_k,p_{k+1},\dots,p_n) \in R(u,s).$$

(8) Gilt diese Enthaltenseinsbeziehung, war die vollständige Operation zulässig, <rpar> liefert POS. Andernfalls war die Operation wegen der angefallenen Ausgabeparameter nicht zulässig, <rpar> liefert NEG. Was die Kopplung in diesem Fall unternimmt soll hier nicht weiter debattiert werden. Wir kommen in Kapitel 4 darauf zurück.

3.2.5 Manipulation von Schutzumgebungen

Nach Anforderung ▷6▷ soll UPC erlauben, den Schutzzustand den von außerhalb herangetragenen Notwendigkeiten entsprechend zu verändern. Alle Tätigkeiten im Zusammenhang mit der Ausstattung von Subjekten mit Rechten faßt man in dem Begriff _Autorisierung_ zusammen. Es geht hier somit um die erforderlichen funktionalen Fähigkeiten des Autorisierungssystems.

Veränderungen an Schutzumgebungen können auf zweierlei Arten zustande kommen:

(a) durch Erzeugung eines **neuen** Rechtes r_n (d.h. bisher galt $r_n \notin R(u,s)$ für alle (u,s); es handelt sich also um ein **qualitativ** neues Recht und nicht um ein lediglich für die betrachtete Schutzumgebung neues Recht),

(b) durch Aufnahme eines bereits existierenden Rechts in eine weitere Rechtemenge oder Entfernung eines Rechts aus einer Rechtemenge.

Zur Durchführung dieser Veränderungen definieren wir fünf Funktionen des Autorisierungssystems, die zusammen der Anforderung ▷6▷ gerecht werden. Man mache sich erneut klar, daß damit nur die Grundlage für ein sicheres System gelegt wird, die gewünschte Sicherheit aber von bestimmter Verwendung der Funktionen (die in 3.4 noch zu besprechen sein wird) abhängt.

Zur Definition der Autorisierungsfunktionen verwenden wir die Typen RIGHT und SUBJECT. Ihre Wertevorräte sind die Mengen aller wohlgeformten Rechte bzw. Subjekte.

Die einzelnen Operatoren werden durch Algorithmen spezifiziert, wobei außer PASCAL-ähnlichen Sprachbestandteilen Mengenschreibweise verwendet wird. Bezeichner von Rechtemengen benutzen wir in diesem Zusammenhang als (globale) Variable, deren Werte die jeweils aktuellen Extensionen der bezeichneten, im Schutzsystem vorhandenen Rechtemengen sind. Die Schnittstellen enthalten ausschließlich Wertparameter.

Die einzelnen nachfolgend besprochenen Operatoren dienen der
- Erzeugung/Vernichtung von Rechten
- Weitergabe von Rechten
- Rücknahme vorher weitergegebener Rechte.

Hinsichtlich der Weitergabe werden wir noch unterscheiden, ob das betroffene Recht weiterhin auch beim "Absender" verbleibt (--> Kopieren) oder nicht (--> Übergeben).

3.2.5.1 Erzeugen_eines_Rechts

create_right(r: RIGHT, su: SUBJECT)

$$\lceil R(su) := R(su) \cup \{r\} \rfloor$$

Bei der Erzeugung eines neuen Rechts erfolgt also simultan eine Zuordnung zu **genau** einer der existierenden Rechtemengen.

3.2.5.2 Vernichten_eines_Rechts

delete_right(r: RIGHT, su: SUBJECT)

$$\lceil \underline{if}\ r \in R(su)\ \underline{then}\ R(su) := R(su) - \{r\} \rfloor$$

Es wird also nur das **Vorkommen** von r in einer bestimmten Rechtemenge gelöscht.

3.2.5.3 Weitergabe_eines_Rechts_ohne_Verlust_(Kopieren)

copy_right(r: RIGHT, quelle: SUBJECT, ziel: SUBJECT)

$$\lceil \underline{if}\ r \in R(quelle)\ \underline{then}\ R(ziel) := R(ziel) \cup \{r\} \rfloor$$

Das kopierte Recht bleibt beim Absender <quelle> erhalten.

3.2.5.4 Weitergabe_eines_Rechts_mit_Verlust_(Übergabe)

transfer_right(r: RIGHT, quelle: SUBJECT, ziel: SUBJECT)

$$\lceil \text{if } r \in R(\text{quelle}) \text{ then } \lceil R(\text{ziel}) := R(\text{ziel}) \cup \{r\};$$
$$R(\text{quelle}) := R(\text{quelle}) - \{r\} \rfloor \rfloor$$

Ein weitergegebenes Recht geht hier beim Absender verloren. Man beachte, daß dasselbe Ergebnis mit einer Operationsfolge

copy_right(r, quelle, ziel); delete_right(r, quelle)

erreicht wird. Mit einer eigenen Funktion zur Übergabe kann jedoch der Rechteverlust beim Absender erzwungen werden.

3.2.5.5 Rückruf_eines_weitergegebenen_Rechts

Der Rückruf zu einem früheren Zeitpunkt einmal gewährter Rechte erweist sich in seinen Feinheiten als recht kompliziert. Global läßt sich die Bedeutung der Rückrufoperation

revoke_right(r: RIGHT, quelle: SUBJECT, ziel: SUBJECT)

noch einfach formulieren: der Schutzzustand soll nach erfolgtem Rückruf derselbe sein, als hätte das zugehörige

copy_right(r, ziel, quelle)   oder
transfer_right(r, ziel, quelle),

niemals stattgefunden. (Vorsicht: Ein <quelle>-Parameter bei revoke_right ist <ziel>-Parameter beim zugehörigen copy_right/ transfer_right und umgekehrt!)

Im Zusammenhang mit den anderen Operatoren zur Manipulation von Schutzumgebungen sind jedoch folgende Probleme zu bedenken:

(a) Ein Subjekt kann dasselbe Recht von **verschiedenen** Absendern
    erhalten haben. Ruft einer davon das Recht zurück, darf
    dies keine Auswirkungen auf die Rechtegewährung der anderen
    Absender haben.

(b) Das Empfängersubjekt kann das erhaltene Recht zwischenzeit-
    lich seinerseits weitergegeben haben. Obige Bedeutung des
    Rückrufs verlangt, auch diese Weitergaben rückgängig zu
    machen. Man beachte dabei jedoch (a): wurde dasselbe Recht
    auch von anderer Seite erhalten, können je nach zeitlicher
    Reihenfolge die Weitergaben an Dritte trotz Rückruf durch
    den einen Absender unbeeinflußt bleiben.

Griffiths/Wade [GW 76] und Fagin [FAG 78] geben einen Rückrufalgorithmus an, der obige Probleme berücksichtigt. Wir formulieren
hier einen an unser Konzept angepaßten Algorithmus und nennen
hinterher die Gründe für die Abweichungen.

Da für Rückrufe offensichtlich der frühere Absender eine Rolle
spielt, definieren wir zu jedem Recht r Rechtedarstellungen
d(r) wie folgt:

$$d(r) := [r, abs_1, \ldots, abs_n]$$

mit der Bedeutung: der augenblickliche Inhaber des Rechts r hat
dieses von $abs_n \in$ SU per copy_right oder transfer_right erhalten, dieser wiederum von abs_{n-1} usw. Handelt es sich um ein
"Originalrecht" (d.h. ein beim Inhabersubjekt durch create_right
entstandenes), so gelte d(r):= [r]. Alle in einer betrachteten
Rechtemenge existierenden Darstellungen zu einem Recht r heißen
Darstellungsmenge D(r):= {d(r')|r'=r}. Folgende Sachverhalte
gelten bzw. werden festgelegt:

● Rechtedarstellungen werden wie bisher Rechte einzelnen
  Rechtemengen zugeordnet. Damit gilt nunmehr: Rechtemengen
  enthalten Rechtedarstellungen; je Recht können dies auch
  mehrere sein. Enthält R(u,s) mehrere Darstellungen von r, so
  hat (u,s) oder einer der "Vorinhaber" r von mehreren Quellen
  erhalten.

● Aus einer Darstellung geht das betroffene Recht eindeutig hervor. Um weiter bequem mit Mengen formulieren zu können legen wir fest, daß für eine Rechtemenge X genau dann $r \in X$ gilt, wenn $d(r) \in X$ für eine beliebige Darstellung $d(r)$ gilt.

● Bei einem Aufruf <u>create__right</u>(r,su) wird in R(su) **eine** Darstellung [r] erzeugt.

● Folgende Notationen für Darstellungen werden eingeführt:

sei $d(r) = [r,abs_1,\ldots,abs_n]$

- Konkatenation: $d(r)^\frown abs_x := [r,abs_1,\ldots,abs_n,abs_x]$

- Reduktion:
$$d^-(r) := \begin{cases} [r,abs_1,\ldots,abs_{n-1}] & n>1 \\ [r] & n=1 \end{cases}$$

- k-Ende:
$$e_k(d(r)) := \begin{cases} [abs_{n-k+1},\ldots,abs_n] & 1 \leq k \leq n \\ [\,] & k=0 \end{cases}$$

- k-Enden-Konkatenation:
$$e_k(d(r))^\frown abs_x := \begin{cases} [abs_{n-k+1},\ldots,abs_n,abs_x] & 1 \leq k \leq n \\ [abs_x] & k=0 \end{cases}$$

Beachte: k-Enden sind selbst <u>keine</u> Rechtedarstellungen.

● Bei <u>copy__right</u> werden **alle** Darstellungen des betroffenen Rechts r weitergegeben und dabei um den Absender erweitert. Modifizierte Spezifikation:

$\lceil$ <u>if</u> $r \in$ R(quelle) <u>then</u> R(ziel) := R(ziel)
$\cup \{d(r)^\frown quelle | d(r) \in D(r)\} \rfloor$

● Entsprechendes gilt für <u>transfer_right</u>, wobei dort zusätzlich sämtliche Darstellungen aus D(r) in R(quelle) zu löschen sind.

● Auch bei <u>delete_right</u> werden werden sämtliche Darstellungen des betroffenen Rechts gelöscht.

● Rechtedarstellungen sind ausschließlich im Zusammenhang mit der Möglichkeit des Rechterückrufs von Interesse. Für Überprüfungen nach 3.2.4 sind Rechte als solche (unabhängig von ihrer Darstellung) gefragt. Wir werden daher künftig weiterhin von Rechten sprechen und nur wo notwendig ihre konkrete Darstellung berücksichtigen. Aufgrund der genannten eindeutigen Zuordenbarkeit Darstellung --> Recht kann stets von den Darstellungen abstrahiert werden.

Der Rückrufalgorithmus lautet damit wie folgt:

<u>revoke_right</u>(r: RIGHT, quelle: SUBJECT, ziel: SUBJECT)

$\lceil$ <u>h_revoke</u>(r, quelle, ziel, 1, [ziel]) $\rfloor$

mit: <u>h_revoke</u>(r: RIGHT, quelle: SUBJECT, ziel: SUBJECT,
         k: INTEGER, ende: k-END)

$\lceil$ <u>for each</u> su $\in$ SU, su $\neq$ quelle
<u>such that</u> d(r) $\in$ R(su) $\wedge$ e_{k+1}(d(r)) = ende^quelle
<u>do</u> <u>h_revoke</u>(r,su,quelle, k+1,e_{k+1}(d(r)));

<u>for each</u> d(r) $\in$ R(quelle)
<u>such that</u> e_k(d(r)) = ende
<u>do</u> $\lceil$ R(ziel)   := R(ziel) $\cup$ {d^{-}(r)}
     R(quelle) := R(quelle) - {d(r)} $\rfloor$ $\rfloor$

Die Unterschiede zu oben zitiertem sogenannten GW-Algorithmus begründen sich vor allem dadurch, daß dort Weitergaben nur im Sinne unseres <u>copy_right</u> möglich sind. In UPC besteht die Möglichkeit, daß ein Absender X ein bestimmtes Recht r erst im Zuge des Rückrufs wieder erhält und nicht ständig auch selbst innehat. Ohne Mitführen der gesamten Weitergabegeschichte ist nicht ausreichend Information vorhanden, um einen möglicherweise ebenfalls notwendigen Rückruf von r mit <quelle> = X stets im

Sinne der eingangs beschriebenen Semantik durchführen zu können. Diese Situation tritt ein, wenn X selbst r von einem Dritten erhalten hat und dieser r zurückruft, solange es von X per _transfer_right_ einem weiteren Subjekt überlassen wurde. Zeitmarken der Weitergaben, wie sie der GW-Algorithmus zusätzlich zur Information über den Absender benutzt, reichen hierzu nicht aus; sie erlauben lediglich eine Ordnung der Weitergabeereignisse, aber keine Rekonstruktion der beteiligten Subjekte (eben wegen der Möglichkeit von _transfer_right_-Operationen).

Ein zweiter Unterschied zum GW-Algorithmus liegt in der Reihenfolge der beiden Grundaktionen. Sie lautet bei uns

(a) Rückgängigmachen der eventuell von <quelle> aus erfolgten Weitergaben von r an Dritte,
(b) Übergabe von r an <ziel>.

[GW 76] gehen umgekehrt vor, da (b) bei ihnen lediglich ein Löschen des entsprechenden Rechts erfordert. In UPC können im Zuge von Schritt (a) zusätzliche Rechte(darstellungen) nach R(quelle) gelangen (nämlich solche, die irgendwann vorher mittels _transfer_right_ von dort abgezogen wurden). Diese sind aber ebenfalls nach R(ziel) zu bringen.

Abbildungen 3-14/3-15 skizzieren die Arbeitsweise unseres Rückrufalgorithmus anhand des Beispiels aus [FAG 78], S. 314 bzw. des leicht abgeänderten Beispiels aus [GW 76], S. 249.

3.3 _Maßnahmen_zur_vereinfachten_Handhabung_

Gleichartiger Umgang mit vielen Rechten sowie die in ▷4▷ geforderte Möglichkeit zum Schutzverzicht legen Hilfsmittel zum vereinfachten Umgang mit dem Schutzsystem nahe. Wir arbeiten in diesem Abschnitt drei solche Maßnahmen in das Konzept ein.

A, B, C, D, E $\in$ SU,   r $\in$ R

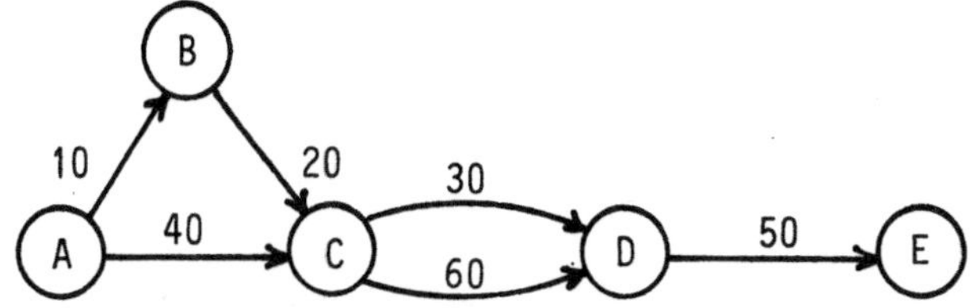

zu allen eingezeichneten Zeitpunkten Weitergabe von r im angegebenen Sinn
per <u>copy right</u>; zum Zeitpunkt 70 <u>revoke right</u> (r, C, B)

Zeit	D(r)⊆R(A)	D(r)⊆R(B)	D(r)⊆R(C)	D(R)⊆R(D)	D(R)⊆R(E)
0	{[r]}	∅	∅	∅	∅
10	{[r]}	{[r,A]}	∅	∅	∅
20	{[r]}	{[r,A]}	{[r,A,B]}	∅	∅
30	{[r]}	{[r,A]}	{[r,A,B]}	{[r,A,B,C]}	∅
40	{[r]}	{[r,A]}	{[r,A,B],[r,A]}	{[r,A,B,C]}	∅
50	{[r]}	{[r,A]}	{[r,A,B],[r,A]}	{[r,A,B,C]}	{[r,A,B,C,D]}
60	{[r]}	{[r,A]}	{[r,A,B],[r,A]}	{[r,A,B,C],[r,A,C]}	{[r,A,B,C,D]}
70a	{[r]}	{[r,A]}	{[r,A,B],[r,A]}	{[r,A,B,C],[r,A,C]}	∅
b	{[r]}	{[r,A]}	{[r,A,B],[r,A]}	{[r,A,C]}	∅
c	{[r]}	{[r,A]}	{[r,A]}	{[r,A,C]}	∅

Einzelschritte des Aufrufs <u>revoke right</u> (r,C,B); sequentielle Abarbeitung
der <u>for each</u> - Anweisung unterstellt

<u>Abb. 3-14:</u>   Rechterückruf, Beispiel 1

A, X, Y, Z ε SU,   r ε R

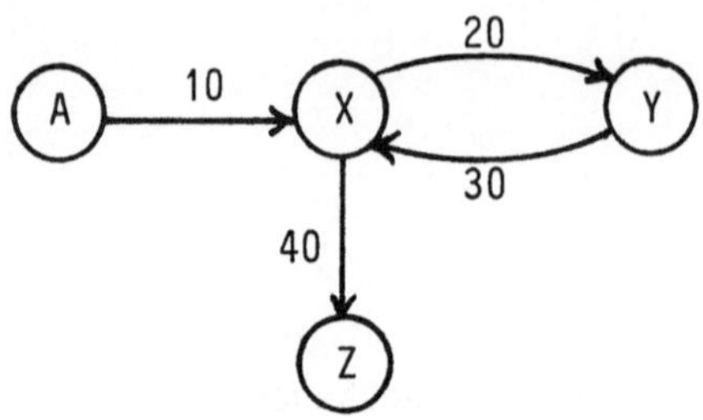

zu den Zeitpunkten 10, 20, 30 Weitergabe von r im angegebenen Sinn per
<u>copy right</u>, bei 40 per <u>transfer right</u>; zum Zeitpunkt 50 <u>revoke right</u>(r, X, A)

Zeit	D(r)⊆R(A)	D(r)⊆R(X)	D(r)⊆R(Y)	D(r)⊆R(Z)
0	{[r]}	∅	∅	∅
10	{[r]}	{[r,A]}	∅	∅
20	{[r]}	{[r,A]}	{[r,A,X]}	∅
30	{[r]}	{[r,A],[r,A,X,Y]}	{[r,A,X]}	∅
40	{[r]}	∅	{[r,A,X]}	{[r,A,X],[r,A,X,Y,X]}
50a	{[r]}	{[r,A,X,Y]}	{[r,A,X]}	{[r,A,X]}
b	{[r]}	∅	{[r,A,X]}	{[r,A,X]}
c	{[r]}	{[r,A]}	∅	{[r,A,X]}
d	{[r]}	{[r,A]}	∅	∅
e	{[r]}	∅	∅	∅

<u>Abb. 3-15:</u>   Rechterückruf, Beispiel 2

3.3.1 Globalautorisierung

In vielen Fällen der Anwendung eines Schutzkonzepts wird eine differenzierte Autorisierung eines einzelnen Subjekts nicht gewünscht. Vielmehr existieren auch bei sonst strengen Schutzanforderungen stets eine Reihe von Operationen, die "öffentlich" in dem Sinne sind, daß sie von allen Subjekten ausgeführt werden dürfen. Entsprechende Rechte sind hierzu an **alle** Subjekte zu vergeben. Aus diesem Grund sehen wir folgende zusätzliche Globalsubjekte vor (und erweitern SU und **SU** entsprechend):

- $\forall u \in U$: $(u,*)$
- $\forall s \in S$: $(*,s)$
- $\qquad (*,*)$

Die Bedeutung soll sein, daß $(u,*)$ alle Individualsubjekte mit erster Komponente u, $(*,s)$ alle mit zweiter Komponente s und $(*,*)$ alle jeweils vorhandenen Subjekte umfaßt. Mit jedem neuen Benutzer u entsteht automatisch ein neues Globalsubjekt $(u,*)$, für jedes neue Subsystem s ein neues $(*,s)$. Analoges gilt für die Löschung von Benutzern und Subsystemen.

Wichtiger als diese Globalsubjekte selbst ist jedoch die Möglichkeit, Rechte in deren Rechtemengen $R(u,*)$, $R(*,s)$ und $R(*,*)$ aufzunehmen und diesen folgende Bedeutung zu geben:

- $r \in R(u,*)$: Benutzer u ist für die entsprechende Operation privilegiert, unabhängig vom Subsystem, aus dem heraus er die Ausführung verlangt,
- $r \in R(*,s)$: alle Benutzer sind für die entsprechende Operation privilegiert, wenn sie nur aus dem Subsystem s heraus verlangt wird,
- $r \in R(*,*)$: alle Benutzer sind privilegiert, die entsprechende Operation auszuführen, und zwar unabhängig vom Subsystem, aus dem heraus die Ausführung verlangt wird.

Zu diesem Zweck nehmen wir für die Schutzsystemfunktionen aus 3.2.4 und 3.2.5 folgende Änderungen vor:

- Da Aktivitäten nach wie vor von Individualsubjekten ausgehen, dürfen für <su> in <u>check</u> nur Individualsubjekte angegeben werden. Als Schutzumgebung für ein (u,s) verwenden wir nunmehr allerdings

$$PE := R(u,s) \cup R(u,*) \cup R(*,s) \cup R(*,*).$$

Die Prüfungen innerhalb von <u>check</u> erfolgen also bezüglich PE.

- In den Autorisierungsoperatoren können auch Globalsubjekte als Parameter auftreten.

3.3.2 <u>Mehrfachrechte</u>

Häufig sollen bezüglich eines bestimmten Operators nicht nur einzelne Operationen erlaubt sein, sondern nach bestimmten Kriterien gebildete Mengen von Operationen. Insbesondere trifft dies für Ausgabeparameter von Operatoren zu, die nur selten auf ganz bestimmte Werte beschränkt sondern oftmals "ungeprüft" (d.h. mit beliebigen Werten des jeweiligen Parametertyps) oder aus einer bestimmten Teilmenge (z.B. $\leq$ einem bestimmten Wert) zugelassen werden sollen.

Zu diesem Zweck definieren wir <u>Mehrfachrechte</u> (<u>m-Rechte</u>), die jeweils eine bestimmte Menge von a-Rechten umfassen:

sei op $\in$ O(TYPE(s)), s $\in$ S

$$op: M(p_1) \times \ldots \times M(p_k) \longrightarrow M(p_{k+1}) \times \ldots \times M(p_n)$$

$m_i \subseteq M(p_i)$ Teilmenge der Wertemenge eines Parameters p_i
$$(1 \leq i \leq n)$$

dann: m-Recht $(s, op, m_1, \ldots, m_n)$
$$:= \{(s, op, p_1, \ldots, p_n) | p_i \in m_i, i = 1, \ldots, n\}$$

m-Rechte sind also lediglich eine **Kurzschreibweise** für eine Menge von a-Rechten. Es gilt

$$r_m \subseteq R(su) \iff \forall r_a \in r_m: r_a \in R(su)$$

(alle "im_m-Recht_enthaltenen" a-Rechte r_a sind in R(su)). Ein a-Recht kann als ein spezielles m-Recht mit einelementigen Mengen m_i aufgefaßt werden, so daß wir künftig wo bequem und sinnvoll stets von m-Rechten ausgehen werden.

Weiter definieren wir:

$$(s, op, m_1, \ldots, m_{l-1}, *, m_{l+1}, \ldots, m_n)$$
$$:= (s, op, m_1, \ldots, m_{l-1}, M(p_l), m_{l+1}, \ldots, m_n)$$

$$(s, op, \square) := (s, op, *, \ldots, *)$$

$$(s, \square) := \bigcup_{op \in O(TYPE(s))} (s, op, \square)$$

3.3.3 Teilrechtemengen

Waren m-Rechte eine Zusammenfassung von a-Rechten bezüglich der beteiligten Parameterwerte, Operatoren und Subsysteme, so dienen Teilrechtemengen der **Zusammenfassung von Teilen von Rechtemengen R(su)** nach bestimmten Kriterien. m-Rechte sind per Definition unveränderlich (die Schnittstellen von Subsystemen ändern sich nicht), während Teilrechtemengen zu verschiedenen Zeitpunkten verschiedenes Aussehen haben können.

Als wichtigste benötigte Teilrechtemengen (die wiederum eine verkürzte Schreibweise darstellen) definieren wir:

- $OR_{su}(s, op) := \{(s, op, p_1, \ldots, p_n) \mid (s, op, p_1, \ldots, p_n) \in R(su)\}$

  (Operatorrechte; der Index su kann bei Eindeutigkeit entfallen)

$$- CAP_{su}(s) \quad := \bigcup_{op \in O(TYPE(s))} OR_{su}(s, op)$$

(<u>Befähigung</u>, capability; man beachte, daß in der Literatur der capability-Begriff in verschiedenen Varianten auftritt).

3.3.4 <u>Autorisierungsoperatoren für Mengen von Rechten</u>

Mit der Einführung von Mehrfachrechten und Teilrechtemengen müssen auch die Autorisierungsoperatoren erweitert werden, so daß Mengen von Rechten als Parameter zugelassen werden. Wir tun dies, indem wir als Typ des <r>-Parameters nunmehr R_SET zulassen und darunter alle wohlgeformten Mengen von Rechten verstehen. Die Operatoren arbeiten für beliebige Mengen von Rechten.

<u>create_right</u>(r: R_SET, su: SUBJECT)

$\lceil R(su) := R(su) \cup \underline{r} \rfloor$

<u>delete_right</u>(r: R_SET, su: SUBJECT)

$\lceil \underline{if}\ r \subseteq R(su)\ \underline{then}\ R(su) := R(su) - \underline{r} \rfloor$

<u>copy_right</u>(r: R_SET, quelle: SUBJECT, ziel: SUBJECT)

$\lceil \underline{if}\ r \subseteq R(quelle)\ \underline{then}\ R(ziel) := R(ziel) \cup \underline{r} \rfloor$

<u>transfer_right</u>(r: R_SET, quelle: SUBJECT, ziel: SUBJECT)

⌈<u>if</u> r ⊂ R(quelle) <u>then</u> ⌈R(ziel)   := R(ziel)   ∪ r;
                          R(quelle) := R(quelle) - <u>r</u>⌋⌋

<u>revoke_right</u>(r: R_SET, quelle: SUBJECT, ziel: SUBJECT)

⌈<u>for</u> <u>all</u> x ∈ r <u>do</u> <u>h_revoke</u>(x,quelle,ziel,1,[ziel])⌋

mit <u>h_revoke</u> wie in 3.2.5.5.

3.4   <u>Sicherung_des_Schutzsystems</u>

Soweit bisher vorgestellt, sieht der Entwurf von UPC die
Überwachung aller Operationen von Subsystemen vor, indem sie
durch die Kopplung der Entscheidung der <u>check</u>-Funktion unterworfen werden. Die Ausführung der Funktionen des Schutzsystems
selbst unterliegt dieser Überwachung nicht. Wir werden in
diesem Abschnitt erläutern, warum dies nicht ausreicht und die
erforderlichen zusätzlichen Konzepteigenschaften beschreiben.
Die Maxime dabei lautet, auch bei Schutzsystemoperationen dem
Grundprinzip aus 3.2.4 zu folgen. Die in diesem Abschnitt zu
leistende Arbeit resultiert vor allem daraus, daß ein Teil der
möglichen Schutzsystemoperationen **nicht** dem freien Spiel der
Kräfte überlassen werden darf, sondern von vornherein und
andauernd als unzulässig erklärt werden muß.

3.4.1   <u>Das_Schutzsystem_als_Schutzobjekt</u>

Den bisher getroffenen Entscheidungen zufolge weist das Schutzsystem folgende Operatoren auf:

- <u>define_subsystem</u>
- <u>drop_subsystem</u> } "S-Operatoren" (zur Subsystemverwaltung)

- <u>define_type</u>
- <u>drop_type</u> } "T-Operatoren" (zur Typverwaltung)

- <u>define_user</u>
- <u>drop_user</u> } "U-Operatoren" (zur Benutzerverwaltung)

- <u>create_right</u>
- <u>delete_right</u>
- <u>copy_right</u> } "R-Operatoren" (zur Manipulation von
- <u>transfer_right</u>   Rechtemengen)
- <u>revoke_right</u>

- <u>check</u>   für Prüfungen

Nach welchen Vorschriften muß die Benutzung der Schutzsystemschnittstelle erfolgen, damit sich insgesamt ein sinnvoller
Betrieb ergibt?

Betrachten wir hierzu die zugrunde liegende Modellvorstellung
über die Arbeitsweise des Gesamtsystems (Abb. 3-16). Bestandteile sind eine Menge von Subsystemen (die zusammen das Zielsystem
ausmachen), das Schutzsystem und die Kopplung. Letztere ist
weniger als eigene Komponente denn als eine Reihe von Aufgaben
aufzufassen, deren Erfüllung durchaus unterschiedlich realisiert
werden kann (Genaueres folgt in Kapitel 4 und 5).

Kommunikation zwischen Subsystemen in Form von Aufrufen ist
aufgrund der Isolation nicht direkt, sondern nur unter Einschaltung der Kopplung möglich. Auch die Schnittstelle des Schutzsystems ist, wie die Schnittstellen von Subsystemen, zur Benutzung
aus Subsystemen heraus vorgesehen. Ein Ziel unseres Vorschlags
ist es gerade, die Festlegung von Schutzregelungen durch
Systembenutzer zu erlauben, also Autorisierungsfunktionen
anzubieten. Die Kopplung ist auch hier einzuschalten.

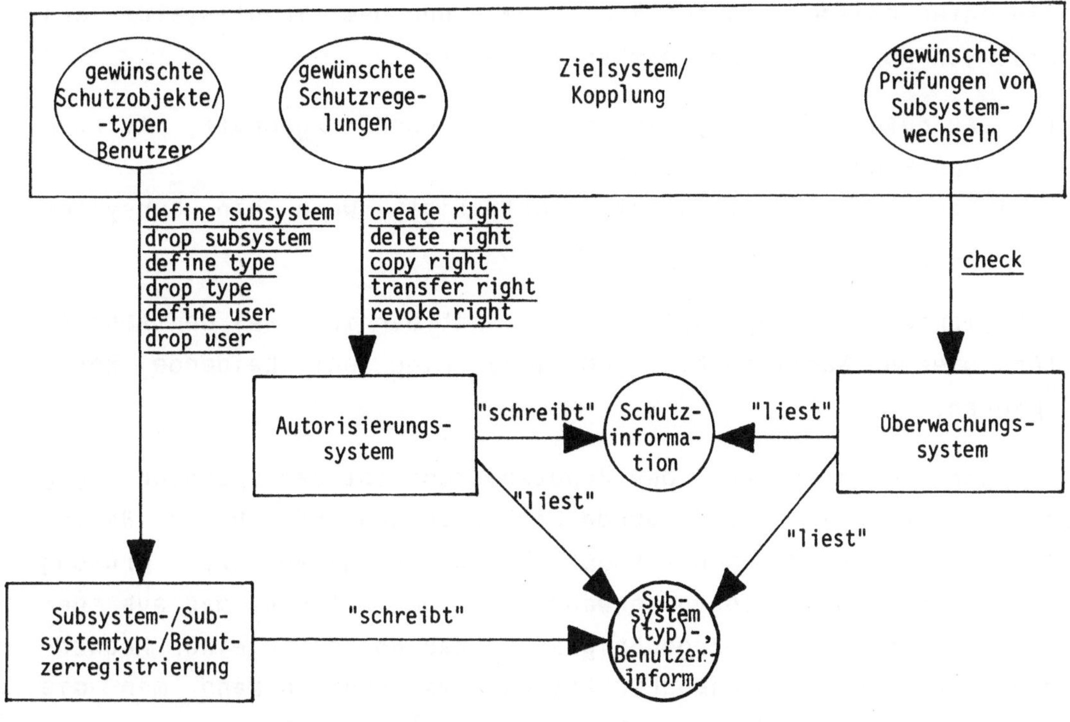

<u>Abb. 3-16:</u>　Grobarchitektur Schutzsystem (ungeschützt)

Die Unterschiede zwischen Subsystemen und dem Schutzsystem als Ziel von Aufrufen waren bisher folgende:

(i) Aufrufe von Subsystemoperatoren werden geprüft, Aufrufe des Schutzsystems nicht.

(ii) Das Schutzsystem ist stets beteiligt, wenn ein Subsystem aufgerufen wird.

Wir werden zeigen, daß (i) nicht haltbar ist. Bei der Abhilfe für diesen Sachverhalt wird (ii) eine entscheidende Rolle spielen.

In der Schnittstelle des Schutzsystems ist der Operator <u>check</u> nicht schutzkritisch. Er wurde bisher ausschließlich im Rahmen von <u>call</u>/<u>return</u> durch die Kopplung und dort gerade zur Prüfung von Subsystemoperationen verwendet. Akzeptiert man, daß aus der bloßen Kenntnis der Zugehörigkeit eines Rechts zu einer Rechte-merge keine Mißbrauchsmöglichkeiten erwachsen, so kann man die freizügige Verwendung von <u>check</u> ohne weiteres zulassen. Andern-falls erklärt man es als zusätzliche Aufgabe der Kopplung, grundsätzlich keine <u>check</u>-Aufrufe aus Subsystemen heraus zu akzeptieren und an das Schutzsystem weiterzuleiten.

Im Gegensatz zu <u>check</u> wird durch S-, T-, U- und insbesondere durch R-Operationen (zusammenfassend kurz STUR-Operationen genannt) die künftige Arbeitsweise des Schutzsystems selbst beeinflußt. Würde man jedes Subjekt uneingeschränkt R-Operatio-nen aufrufen lassen, so hätte dies folgende Konsequenzen:

(a) Jegliche Wirkung des Überwachungssystems könnte umgangen werden: die für einen Mißbrauch benötigten Rechte könnten durch geeignete Aufrufe von R-Operatoren beschafft werden, so daß auch bei vollkommen korrekter Arbeitsweise aus Sicht des Schutzkonzepts keinerlei unzulässige Aktivitäten vorlägen (--> kein Schutz der **Subsystem**verwendung).

(b) Selbst unter der Annahme, daß (a) nicht auftritt, erwartet man von einem flexiblen Schutzkonzept eine Überwachung vergebener Rechte in dem Sinne, daß jeder Inhaber ein solches Recht zwar "ausüben" (d.h. die damit erlaubte

Operation durchführen), aber nicht unbedingt seinerseits dieses Recht Dritten überlassen usw. darf. Freizügige Verwendbarkeit der R-Operatoren würde derartige Vorgehensweisen nicht zulassen (--> kein Schutz der **Rechte**verwendung).

Insgesamt ergibt sich die Notwendigkeit, Operationen des Schutzsystems ebenso differenziert als zulässig oder unzulässig festlegen zu können wie die Operationen der Subsysteme und sie einer entsprechenden Überwachung zu unterziehen. Eine Ausnahme bildet lediglich <u>check</u>, wo nach obigen Ausführungen eine pauschale Regelung genügt. Wegen der angestrebten Einheitlichkeit des Gesamtkonzepts (9) sollten dieselben Prinzipien wie für den Schutz der Subsysteme Anwendung finden. Dem kommt die ebenfalls operationale Schnittstelle des Schutzsystems entgegen.

Der prinzipielle Lösungsansatz lautet wie folgt: Das Überwachungssystem prüft nicht nur die Verwendung der Subsysteme, sondern auch die Verwendung des Schutzsystems durch die verschiedenen Subjekte (Abb. 3-17). Im Ergebnis erhält man eine **konzeptuell** gleichartige Behandlung aller Aufrufe von Schnittstellenoperatoren der Subsysteme **und** des Schutzsystems selbst. Das Überwachungssystem fungiert damit als Prüfinstanz

- für "andere" (nämlich bei Subsystemaufrufen),
- für "sich selbst" (nämlich bei Schutzsystemaufrufen).

Die **interne** Behandlung dieser konzeptuell gleichen Vorgänge zeigt durchaus Unterschiede: während das Schutzsystem bei Subsystemoperationen ausschließlich als Prüfinstanz auftritt, die Durchsetzung seiner Entscheidung aber der Kopplung obliegt, ist es bei STUR-Operationen selbst Betroffener und kann selbst in Abhängigkeit vom Prüfergebnis handeln.

Bei angestrebter Gleichbehandlung müssen konsequenterweise auch für Schutzsystemoperationen Rechte vergeben werden. Für ein Recht

$$(s, op, p_1, \ldots, p_n)$$

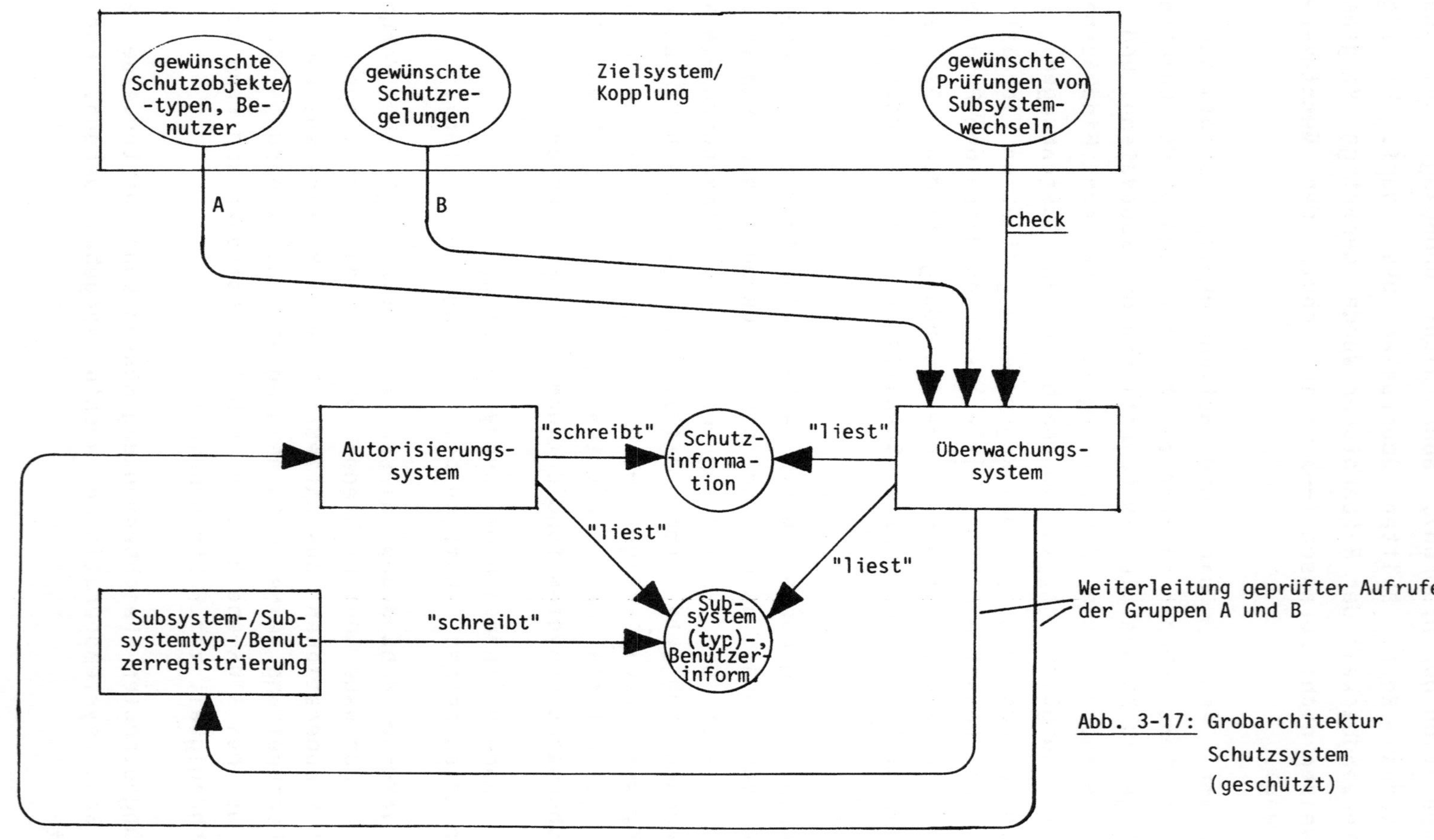

Abb. 3-17: Grobarchitektur Schutzsystem (geschützt)

erweitern wir hierzu s ∈ S zu s ∈ S ∪ {UPC} (solange keine
Mißverständnisse zu befürchten sind verstehen wir unter UPC
einerseits unser Gesamtkonzept, zu dem außer dem eigentlichen
Schutzsystem auch die Kopplung gehört, andererseits ganz
konkret die Komponente "Schutzsystem" mit ihrer operationalen
Schnittstelle). Die Operatoren von UPC sind gerade die eingangs
aufgezählten. Da es stets genau ein Exemplar des Schutzsystems
geben soll, vereinfachen wir die Notation von Rechten am
Schutzsystem zu

$$\langle op, p_1, \ldots, p_n \rangle.$$

Der Ablauf der durchzuführenden Prüfungen gestaltet sich bei
UPC-Operationen in Analogie zu 3.2.4 wie folgt (__check__ bleibt
wie oben begründet außer Betracht, Ausgabeparameter treten bei
STUR-Operationen nicht auf):

(1) Eine STUR-Operation wird über die Kopplung an UPC weiterge-
leitet. Um überhaupt prüfen zu können, muß UPC das Urhebersubjekt kennen. Wir könnten hierzu ähnlich wie bei __check__
einen zusätzlichen SUBJECT-Parameter für die STUR-Operatoren
vorsehen, dessen Wert bei einem Aufruf von der Kopplung
korrekt hinzuzufügen wäre. Zur Beibehaltung der Operatoren
in der bisherigen Form wählen wir einen anderen Weg: UPC
erhält einen weiteren Operator

__specify_subject__ (u: U_IDENTIFICATION, s: S_NAME),

der grundsätzlich nur der Kopplung zur Verfügung steht
(seine Verwendung braucht daher nicht überprüft zu werden,
die Kopplung läßt derartige Aufrufe aus Subsystemen heraus
generell nicht zu). Bei Weiterleitung jeder STUR-Operation
schaltet die Kopplung einen __specify_subject__-Aufruf vor, bei
dem sie das Urhebersubjekt nennt. Die Implementierung ist
übrigens bei Mehrprozeßbetrieb so zu gestalten, daß für UPC
stets __specify_subject__- und zugehörige STUR-Operation
korrekt zuordenbar bleiben (prozeßspezifische Buchführung
bei UPC, Unterbrechungssperre etc.).

(2) Sei nunmehr (u,s) als Urheber der STUR-Operation bekanntge-
    geben. UPC prüft, ob das für den gewünschten STUR-Aufruf
    benötigte Recht in PF := R(u,s) ∪ R(u,*) ∪ R(*,s) ∪ R(*,*)
    vorhanden ist. Bei den R-Operatoren, wo bekanntlich jeweils
    eine Rechtemenge r als Parameter auftritt, führen wir die
    Prüfung auf a-Rechte zurück:

    Sei r_op einer der R-Operatoren, r_op(r,...) die gewünschte
    Operation (übrige Details hier ohne Bedeutung). Dann prüft
    UPC, ob

$$\forall x \in r: (r\_op,x,...) \in PF$$

    gilt. Nur dann ist die Prüfung erfüllt.

    Zusätzlich prüft UPC, ob die in R-Operationen vorkommenden
    Subjekte zur Menge SU der augenblicklich bekannten Subjekte
    gehören.

(3) Bei erfolgreicher Prüfung wird die aufgerufene STUR-Opera-
    tion durchgeführt, anschließend erfolgt der Rücksprung zum
    Aufrufer.

(4) Bei erfolgloser Prüfung wird sofort zum Aufrufer zurückge-
    sprungen (ob und wie dort der Mißerfolg der Prüfung bekannt
    gemacht wird, soll hier nicht weiter betrachtet werden).

3.4.2   Sicherung des Autorisierungssystems

Die Operatoren des Autorisierungssystems (R-Operatoren) zeichnen
sich dadurch aus, daß einer ihrer Parameter ein Recht bzw. eine
Rechtemenge ist. Andererseits wurde gerade entschieden, daß für
die Anwendung eines R-Operators wiederum ein entsprechendes
Recht benötigt wird. Für die dadurch entstehende Rechteschachte-
lung werden wir drei Fälle unterscheiden. In 3.4.4 werden die
Auswirkungen zusammengestellt.

3.4.2.1   Rechterzeugung

Zur Ausführung einer Operation create_right(r,su) benötigt ein Subjekt su_0 das Recht r' = (create_right,r,su) $\in$ $R(su_0)$. Zur Erzeugung von r' ist aber r'' = (create_right, r', su_0) erforderlich usw. Eine generelle Erzeugung der Rechte am Operator create_right ist auf diese Weise offensichtlich nicht möglich. Hinzu kommt, daß die Erzeugung von Rechten für einen sinnvollen Betrieb des Schutzsystems kritisch ist, da hierdurch anderweitig festgelegte Schutzregelungen unterlaufen werden können.

Dies spricht dafür, Rechteneuerzeugung bereits konzeptuell nur in den Fällen vorzusehen, wo es unabdingbar notwendig ist, und in allen anderen Situationen Rechteerwerb durch Weitergabe anzustreben. Da qualitativ neue Rechte stets benötigt werden, wenn ein neues Subsystem erzeugt wird, knüpfen wir die Rechteerzeugung fest an die define_subsystem-Funktion (ein zweiter Fall tritt später hinzu). Wegen der Möglichkeit zur Weitergabe von Rechten werden hierdurch keinerlei Einschränkungen der Anwendungsbreite des Schutzkonzepts hervorgerufen. Für die Bindung von create_right an define_subsystem bestehen zwei sinnvolle Möglichkeiten:

(a) create_right tritt nicht mehr als Schnittstellenoperation des Schutzsystems auf, sondern nur noch als interne (nicht zu prüfende) Operation des Schutzsystems. Damit werden aber auch keine Rechte mehr dafür benötigt. Bei Aufruf von define_subsystem(name, type) durch su findet im Schutzsystem

$$\text{create\_right}((\text{name}, \Box\ ), \text{su})$$

statt, d.h. R(su) erhält Rechte für **alle** für das neue Subsystem gemäß seinem Typ möglichen Operationen.

(b) create_right bleibt als Schnittstellenoperator des Schutzsystems erhalten, jedoch werden beim Erzeugen eines Subsystems Rechte zur Verwendung von create_right im benötigten Umfang implizit (durch lokale, ungeprüfte Aufrufe von create_right im Schutzsystem) beschafft:

$$\underline{create\_right}((\underline{create\_right},(name,\ \square\ ),*),\ su)$$

su wird damit in die Lage versetzt, Rechte für alle mit dem neuen Subsystem möglichen Operationen bei beliebigen Subjekten **zu erzeugen**.

Möglichkeit (b) erlaubt es, die Erzeugung von Subsystemen und die Erzeugung von Rechten daran zu trennen. Variante (a) läßt grundsätzlich Gleiches zu, wenn auch die gewünschte Rechteverteilung nicht durch create_right allein, sondern durch copy_right und/oder transfer_right zustande gebracht werden muß. Wir entscheiden uns für die einfachere Lösung (a) und damit für die Wegnahme von create_right aus der Schutzsystemschnittstelle.

3.4.2.2   Rechteweitergabe_und_-vernichtung

Die R-Operatoren copy_right, transfer_right und delete_right werfen ähnliche Probleme wie die Rechteerzeugung auf:

- Zum Aufruf dieser Operatoren benötigen die Subjekte Rechte; wie kommen sie dazu?
- Zum Umgang mit Weitergaberechten etc. benötigt man Rechte. Wie löst man diese "Rechtehierarchie" auf?

Für die weitere Betrachtung ordnen wir jedem Recht eindeutig eine Stufe zu, so daß sich folgende Einteilung ergibt:

Stufe 0: Rechte für Subsystemoperationen sowie für S-, T- und U-Operationen von UPC.

     1: Rechte für R-Operationen (revoke_right vorläufig nicht betrachtet) mit Parameter der Stufe 0. Ist r ein Recht der Stufe 0, so sind Rechte der Form (copy_right, r,...), (transfer_right,r,...), (delete_right,r,...) Rechte der Stufe 1 (wenn hier von Recht die Rede ist, sind Rechtemengen stets implizit mit gemeint; eine Rückführung auf a-Rechte ist stets möglich).

2: Rechte für R-Operationen mit Parameter der Stufe 1

.

.

.

[Sprechweise: Rechte der Stufe 0 "beziehen_sich_auf" Subsysteme, Operatoren, Operationen; Rechte der Stufe $i \geq 1$ beziehen sich auf Rechte der Stufe i-1 (direkter Bezug), der Stufen i-k, k=2,...,i (indirekter Bezug).]

Zur Manipulation von Rechten der Stufe i benötigt man mithin Rechte der Stufe i+1; gibt es für ein Recht kein Recht der nächsthöheren Stufe, so kann es nicht manipuliert werden (unter Manipulation eines Rechts verstehen wir stets die Anwendung von R-Operatoren auf dieses Recht).

Da die Rechte der Stufen ≥ 1 zu einem Recht r der Stufe 0 nach den Entscheidungen in 3.4.2.1 ebensowenig wie r selbst explizit erzeugt werden können, ist die Erzeugung dieser Rechte "höherer Stufe" zu klären. Die einzig sinnvolle Regelung lautet: ähnlich wie Rechte der Stufe 0 bei Erzeugung des betreffenden Subsystems geschaffen werden, sind Rechte der Stufe i bei Erzeugung des bezogenen Rechts der Stufe i-1 zu beschaffen. Dies bedeutet einmal, daß auch Rechte höherer Stufe im Zuge des define_subsystem entstehen müssen. Zum anderen kann dieses Prinzip jedoch nicht uneingeschränkt gelten, da sonst ohne Ende Rechte immer höherer Stufe erzeugt werden. Man muß sich daher klar werden, welche Möglichkeiten der Besitz von Rechten einer bestimmten Stufe bietet und welche Konsequenzen auftreten, wenn keine dazugehörenden Rechte der nächsthöheren Stufe existieren (Sprechweise: i-Recht ::= Recht der Stufe i).

Bedeutung_von_Rechten_der_Stufe_0:
zum "Umgang" mit den entsprechenden Subsystemen (Ausführen deren Operationen) benötigt; ohne zugehörige 1-Rechte verbleiben 0-Rechte statisch beim Erzeuger des Subsystems, können also in keiner Weise weitergegeben etc. werden.

<u>Bedeutung_von_Rechten_der_Stufe_1:</u>
zum Umgang mit den 0-Rechten benötigt; ohne Rechte der Stufe 1
ist es nicht möglich, ein Stufe 0-Recht an einen Empfänger so
weiterzugeben, daß dieser seinerseits mit dem Recht umgehen
kann (es etwa an Dritte weitergeben etc.; dies könnte dann nur
der ursprüngliche Sender).

...

Die einzelnen Stufen stellen verschiedene Ebenen des Umganges
mit dem Schutzsystem dar. Ab Stufe 3 lassen sich nur noch
höchst komplizierte Erklärungen abgeben, was bei Besitz eines
Rechts möglich bzw. bei Nichtbesitz unmöglich ist. Trotzdem
sollte man nicht bereits auf Konzeptebene festlegen, welche
Stufe stets und immer die höchste sein soll. Vielmehr entscheiden wir uns für folgende Lösung: aus Anlaß der Erzeugung eines
Rechts der Stufe 0 wird festgelegt, bis zu welcher Stufe
(einschließlich) die Rechte für Weitergabe und Vernichtung
dafür zu erzeugen sind; diese Rechteerzeugung findet zusammen
mit der Erzeugung des bezogenen Rechts statt. Man beachte, daß
damit sogar von vornherein dafür gesorgt werden kann, daß ein
Recht niemals weitergebbar sein wird (Stufe = 0) usw.

Zur Eingliederung dieser Lösung in das bisherige Schutzkonzept
ist der Operator zur Subsystemerzeugung wie folgt zu erweitern:

<u>define_subsystem</u> (name: S_NAME, type: T_NAME, level: CARDINAL)

CARDINAL umfaßt die natürlichen Zahlen einschließlich 0. Ein
Aufruf von <u>define_subsystem</u> durch su wirkt sich in Abhängigkeit
von <level> wie folgt aus:

```
<level> = 0: var H0: R_SET;
             H0    := (name, □ );
             R(su) := R(su) ∪ H0;
```

```
<level> = 1: zusätzlich:

        var H1: R_SET;
        H1     :=   (copy_right,H0,*,*)
                  ∪(transfer_right,H0,*,*)
                  ∪(delete_right,H0,*);
        R(su) := R(su) ∪ H1;


<level> = 2: zusätzlich:

        var H2: R_SET;
        H2     :=   (copy_right,H1,*,*)
                  ∪(transfer_right,H1,*,*)
                  ∪(delete_right,H1,*);
        R(su) := R(su) ∪ H2;


<level> = 3: . . .


        .

        .

        .
```

Einige weitere Bemerkungen sind zur Vernichtung von Rechten zu
machen. Rechte der jeweils höchsten Stufe können nicht selbst
manipuliert werden. Mag dies hinsichtlich Weitergabe akzeptabel
sein, so ist es hinsichtlich Vernichtung untragbar: ein (während
des Systembetriebs ständig anwachsender) Teil der Rechte bliebe
auf diese Weise ad infinitum erhalten, obwohl er auf Dauer
nutzlos ist (weil nämlich das Recht, auf das sich solche Rechte
direkt beziehen oder das Subsystem, auf das sie sich direkt
oder indirekt beziehen, gelöscht wurde). Wenn dies auch keine
Sicherheitsbeeinträchtigung darstellt, so ist doch folgende
Regelung angebracht:

Im Zuge von drop_subsystem(name) findet implizit (d.h. ohne
zusätzliche Prüfung) statt:

∀su ∈ SU: <u>delete_right</u>(CAP(name), su)

Im Zuge des Löschens eines Rechts r in einer bestimmten Rechtemenge su (also rekursiv auch bei <u>drop_subsystem</u>) kann wiederum
implizit folgende "Aufräumarbeit" geleistet werden:

∀r' ∈ R(su), die sich direkt oder indirekt auf r beziehen:
 <u>delete_right</u>(r',su)

<u>delete_right</u> tritt somit ähnlich <u>create_right</u> als interne,
nicht zu prüfende Operation des Schutzsystems auf. Allerdings
bleibt sie im Gegensatz zu letzterer für explizit notwendige
Löschungen auch als Schnittstellenoperation weiter erhalten.

3.4.2.3   <u>Rechterückruf</u>

Da der Rückruf eines Rechts nur möglich ist, wenn es vorher
weitergegeben wurde, sind auch die entsprechenden Rechte dazu
nur dann sinnvoll. Zudem handelt es sich hierbei um Rechte,
deren Besitz nach durchgeführter Operation bedeutungslos ist:
ein weiterer Rückruf desselben Rechts ist erst nach einer
neuerlichen Weitergabe möglich.

Dieser Sachverhalt legt es nahe, implizite Erzeugung und
Vernichtung von Rechten für <u>revoke_right</u> (kurz <u>revoke</u>-Rechte)
nicht in gleicher Weise wie für die übrigen R-Operatoren
vorzunehmen, sondern an die Weitergabe und den Rückruf des
bezogenen Rechts selbst anzubinden. **Explizite** Vernichtung von
<u>revoke</u>-Rechten bleibt unbeschadet davon ebenfalls möglich.

Für die Erzeugung von <u>revoke</u>-Rechten bedeutet dies, daß das
Schutzsystem bei Ausführung von <u>copy_right</u>(r,quelle,ziel) oder
<u>transfer_right</u>(r,quelle,ziel) durch ein Subjekt su implizit die
Operation   <u>create_right</u>((<u>revoke_right</u>,r,ziel,quelle),   su)
ausführen muß. Damit ist das erzeugte Recht jedoch statisch,
d.h. es kann nicht seinerseits manipuliert werden. Hierzu
müssen bei Erzeugung des obigen <u>revoke</u>-Rechts auch die Rechte

zum Umgang mit diesem Recht erzeugt werden. Dazu ist wiederum die Festlegung der höchsten gewünschten Stufe erforderlich. Ein entsprechender Parameter ist bei copy_right und transfer_right zusätzlich vorzusehen. Die Änderungen am Schutzzustand laufen dann für einen Aufruf

$$copy\_right(r,quelle,ziel,stufe)$$

durch Subjekt su wie folgt ab (analog für transfer_right):

- Rechteweitergabe wie in 3.2.5.3 beschrieben
- r sei selbst Recht der Stufe $n \geq 0$:

```
if n < stufe
then create_right((revoke_right,r,ziel,quelle), su, stufe-n-1)
```

Durch Angabe einer geeigneten Stufe kann auch vollständig auf die Möglichkeit verzichtet werden, ein Recht jemals zurückzurufen. Man beachte außerdem, daß in 3.4.2.2 bei der Erzeugung von copy-/transfer-Rechten nunmehr der zusätzliche Parameter für die Stufenangabe zu berücksichtigen ist. Eine zusammenfassende Darstellung des Schutzsystems, die alle zwischenzeitlichen Modifikationen berücksichtigt, findet sich in 3.5.

Für die Vernichtung von revoke-Rechten lautet die Vorgehensweise wie folgt: Im Zuge der Ausführung von revoke_right (r,quelle, ziel) auf Veranlassung von Subjekt su wird schutzsystemintern (d.h. ohne zusätzliche Prüfung) delete_right ((revoke_right, r,quelle,ziel),su') durchgeführt (für alle su' ∈ SU, da das betreffende Recht zwischenzeitlich propagiert sein könnte). Sollte sich der Rückruf rekursiv über mehrere Rechtemengen fortsetzen und das bezogene Recht r nicht noch aus anderen Quellen in die betroffenen Rechtemengen gelangt sein (erkennbar anhand der Rechtedarstellungen), so sind auch auf den "Zwischenstufen" die revoke-Rechte zu beseitigen.

Beispiel: Es liege die Situation aus Abb. 3-18 vor. A gibt r an
B, B an C weiter. Beide Weitergaben mögen die Erzeugung entsprechender revoke-Rechte bewirken (in R(A)
und in R(B)). Ruft A das Recht r von B zurück, so hat
dies nach 3.2.5.5 einen impliziten Rückruf von r von
C nach B zur Folge. Daher ist nicht nur das revoke-
Recht in R(A), sondern auch das in R(B) zu löschen.
Anders liegt der Fall, wenn r auch durch D nach R(B)
gekommen ist: da nunmehr trotz revoke_right(r,B,C)
eine Darstellung von r in R(C) verbleibt, muß auch
(revoke_right,r,C,B) in R(B) bleiben.

Selbstverständlich gilt weiter, daß mit (revoke_right, ...)
auch die sich darauf beziehenden Rechte für alle R-Operatoren
gelöscht werden. Außerdem mache man sich klar, daß auch mit den
jetzt eingeführten Modifikationen R-Operatoren (einschließlich
revoke_right) ausschließlich mit Rechten zu tun haben. Rechtedarstellungen bleiben an der Schnittstelle des Schutzsystems
vollkommen verdeckt.

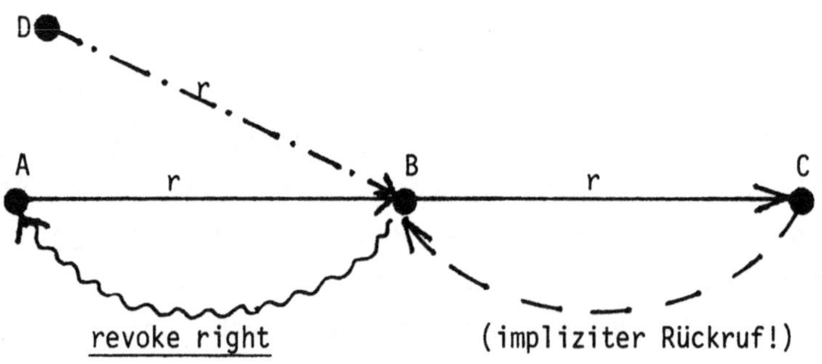

Abb. 3-18:   Konsequenzen Rückruf (Bsp.)

3.4.3   Sonstige Sicherungsmaßnahmen

Außer für die R-Operatoren sind wegen der Absicherung des gesamten Schutzsystems auch für die S-, T- und U-Operatoren Rechte erforderlich. Allerdings treten hier keine ähnlichen Probleme wie in 3.4.2 auf, da diese Operatoren keine Rechte als Parameter haben. Rechte für STU-Operationen können damit wie Rechte für Subsystemoperationen behandelt werden (Stufe 0).

Neben der impliziten Erzeugung/Vernichtung von Rechten im Zuge der Operationen define_subsystem/drop___subsystem ist damit lediglich ein zusätzlicher Sachverhalt zu betrachten: ein Recht zur Vernichtung eines Subsystems ist nur sinnvoll, wenn das Subsystem vorher erzeugt wurde. Aus diesem Grund wird zusätzlich festgelegt, daß bei define_subsystem (name, type, level) außer den bisher genannten auch das Recht r = (delete_subsystem,name) in der Rechtemenge des die Erzeugung wünschenden Subjekts erzeugt wird. Sich auf r beziehende Rechte für R-Operatoren werden wiederum bis zu der Stufe erzeugt, die im define_subsystem-Aufruf genannt ist.

Schließlich sei hier noch auf folgende Tatsache hingewiesen. Um einen Systembetrieb überhaupt beginnen zu können, muß es **zumindest** ein "Anfangssubjekt" (und damit einen Benutzer, ein Subsystem) und für dieses eine initiale Rechteausstattung geben, so daß daraus das System in der gewünschten Weise erzeugt werden kann. Mit diesen Festlegungen ist die künftige Betriebsweise des Zielsystems schon in Umrissen vorgezeichnet. Gehört etwa (define_subsystem,...) nicht zur initialen Rechteausstattung, kann das Zielsystem niemals dynamisch um neue Schutzobjekte erweitert werden. In jedem Fall ist die sinnvolle und sachgerechte Festlegung der initialen Bestandteile von den einzelnen Anwendungen des Schutzkonzepts abhängig und daher an dieser Stelle nicht weiter zu diskutieren. Technisch kann sie bewältigt werden, indem man den nunmehr UPC-internen Operator create__right für die Phase des Systemstarts wieder zugänglich macht, seinen Gebrauch anschließend aber ein für allemal verbietet.

3.4.4   Zusammenstellung

Der besseren Übersicht wegen werden hier nochmals die wesentlichsten Aspekte der Sicherung des Schutzsystems stichwortartig zusammengestellt. Für eine genauere Zusammenfassung des Gesamtschutzkonzepts wird erneut auf 3.5 verwiesen.

- Alle STUR-Operationen des Schutzsystems unterliegen einer Überprüfung und sind damit hinsichtlich Zulässigkeit/Verbot durch Rechteverteilung zu steuern.
- Bei define_subsystem(name,type,level) werden für das die Erzeugung wünschende Subjekt erzeugt: alle Rechte für Operationen des neuen Subsystems, (drop_subsystem,name) sowie Rechte bis Stufe = level zur Weitergabe und Vernichtung der erzeugten Rechte der Stufe 0.
- Bei drop_subsystem(name) werden in allen Rechtemengen alle Rechte gelöscht, die sich direkt oder indirekt auf dieses Subsystem beziehen.
- Bei copy_right und transfer_right werden die entsprechenden revoke-Rechte beim "Absender" erzeugt, außerdem die Rechte für R-Operationen daran bis zur gewünschten Stufe.
- Bei delete_right(r,su) werden außer r selbst alle Rechte höherer Stufe in R(su) gelöscht, die sich auf r beziehen; außerdem alle r' = (revoke_right,r,su,su'), r' & R(su'') für alle betroffenen su',su'' sowie diejenigen Rechte, die sich auf r' beziehen usw. (rekursive Wirkung von delete_right).
- Nach einem revoke_right verliert das aufrufende Subjekt das eben noch benötigte Recht zu diesem Aufruf. Außerdem werden die entsprechenden Rechte bei anderen Subjekten gelöscht, die von der rekursiven Wirkung des Rückrufs betroffen sind. Zusätzlich sind alle Rechte zu löschen, die sich auf die eben gelöschten Rückrufrechte beziehen.
- Eine initiale Rechteverteilung ist erforderlich.

3.5 Gesamtübersicht

Hinweis: Für die lokalen Operatoren des Schutzsystems wurden
zur besseren Unterscheidung Umbenennungen vorgenommen.

Bezeichnungen:

Subsysteme	s, s_i
Benutzer	u, u_j
Subjekte	$su, su_k = (u_m, s_n)$

Rechte $\quad\quad x, z$

$$(s_j, op_k, p_1, \ldots, p_n), \quad p_i \in M(p_i)$$

Rechtemengen $\quad r, r_l$

$$(s_j, op_m, m_1, \ldots, m_n), \quad m_i \subseteq M(p_i)$$

$$(s_j, op_k, \square)$$
$$(s_j, \square)$$

$$R(su)$$

$$OR_{su}(s_i, op_j)$$
$$CAP_{su}(s_i)$$

Operatoren_des_Schutzsystems

Als Parametertypen werden verwendet

RIGHT	Wertemenge der aufgrund der jeweiligen Schnittstellen wohlgeformten Rechte
R_SET	Wertemenge der aufgrund der jeweiligen Schnittstellen wohlgeformten Rechtemengen
SUBJECT	Wertemenge der (je nach Implementierung) zulässigen Subjekte
S_NAME	Wertemenge der (je nach Implementierung) zulässigen Subsystemnamen
T_NAME	Wertemenge der (je nach Implementierung) zulässigen Subsystemtypnamen

```
T_DESCRIPTION     Wertemenge der wohlgeformten Typbeschreibungen
                  (je nach Implementierung und Schnittstelle)
U_IDENTIFICATION Wertemenge der  zugelassenen  Benutzerkennungen
                  (je nach Implementierung)
PAR_LIST          Wertemenge  der  wohlgeformten  Parameterlisten
                  für Aufrufe/Rücksprünge von  Subsystemoperatio-
                  nen (je nach Implementierung und Schnittstelle)
CARDINAL          {0,1,...,MAX} mit MAX je nach Implementierung
RESULT            {POS, NEG}
```

interne_(lokale)_Schutzsystemoperatoren:

```
i_create_right  (r: R_SET, su: SUBJECT, level: CARDINAL)
i_delete_right  (r: R_SET, su: SUBJECT)
```

Schnittstellenoperatoren_des_Schutzsystems

```
define_subsystem(name: S_NAME, type: T_NAME, level: CARDINAL)
drop_subsystem  (name: S_NAME)

define_type     (name: T_NAME, dec: T_DESCRIPTION)
drop_type       (name: T_NAME)

define_user     (id: U_IDENTIFICATION)
drop_user       (id: U_IDENTIFICATION)

check           (in  su: SUBJECT, otc: PAR_LIST,
                 out res: RESULT)

specify_subject (u: U_IDENTIFICATION, s: S_NAME)

delete_right    (r: R_SET, su: SUBJECT)
copy_right      (r: R_SET, quelle: SUBJECT, ziel: SUBJECT,
                 level: CARDINAL)
transfer_right  (r: R_SET, quelle: SUBJECT, ziel: SUBJECT,
                 level:CARDINAL)
revoke_right    (r: R_SET, quelle: SUBJECT, ziel: SUBJECT)
```

Spezifikation der Detailwirkung der Operationen (hinsichtlich Schutzzustand)

```
i_create_right (r: R_SET, su: SUBJECT, level: CARDINAL)

var HR: R_SET,
     i: CARDINAL;
 R(su):= R(su)∪ r;
 i    := 1;
 HR   := r;
 while i≤ level do  HR     :=  (copy_right,HR,*,*,*)
                               ∪(transfer_right,HR,*,*,*)
                               ∪(delete_right,HR,*);
                    R(su) := R(su)∪ HR;
                    i      := i+1
```

```
*********************************************************************
```

```
i_delete_right (r: R_SET, su: SUBJECT)

var HR: R_SET;
 HR := R(su) ∪ r;
 if HR ≠ 0
 then  R(su):= R(su) − HR;
       i_delete_right((copy_right,HR,*,*,*),su);
       i_delete_right((transfer_right,HR,*,*,*),su);
       i_delete_right((delete_right,HR,*),su);

       for each su₁ ∈ SU
       do  i_delete_right((revoke_right,HR,su,*),su₁)
```

```
*********************************************************************
```

```
delete_right (r: R_SET, su: SUBJECT)

|if r ⊆ R(su) then i_delete_right (r,su)|
```

beachte: Gelöscht wird nur, wenn **alle** durch r betroffenen
a-Rechte in R(su) angetroffen werden.

****

```
copy_right (r:  R_SET,  quelle:  SUBJECT,  ziel: SUBJECT, level:
            CARDINAL)

|var l: CARDINAL;
 if r ⊆ R(quelle)
 then |R(ziel):= R(ziel) ∪ r;
       l        := <stufe von r>;
       if l < level
       then i_create_right((revoke_right,r,ziel,quelle),
                            su, level-l-1)||
```

Annahme: Aufruf erfolgte durch su

****

```
transfer_right (r:  R_SET,  quelle:  SUBJECT,  ziel:  SUBJECT,
                level: CARDINAL)

|var l: CARDINAL;
 if r ⊆ R(quelle)
 then |R(ziel)  := R(ziel)  ∪ r;
       R(quelle):= R(quelle) - r;
       l        :=  <stufe von r>;
       if l < level
       then i_create_right((revoke_right,r,ziel,quelle),
                            su, level-l-1)||
```

Annahme: Aufruf erfolgte durch su

****

```
revoke_right (r: R_SET, quelle: SUBJECT, ziel: SUBJECT)

    % für die benutzten Rechtedarstellungen gelten die
    % Festlegungen aus 3.2.5.5

⌈for each x ∈ r
 do⌈h_revoke(x, quelle, ziel, 1, [ziel]);
    for each su ∈ SU
    do i_delete_right((revoke_right, x, quelle, ziel),su)⌋⌋
```

```
mit: h_revoke (z: RIGHT, quelle: SUBJECT, ziel: SUBJECT,
               k: CARDINAL, ende: k-END)
```

$$\begin{aligned}
&\lceil \underline{for\ each}\ \ su \in SU,\ su \ne quelle \\
&\quad \underline{such\ that}\ d(z) \in R(su) \wedge e_{k+1}(d(z)) = ende^\frown quelle \\
&\quad \underline{do}\ h_revoke(z,su,quelle,k+1,e_{k+1}(d(z)));
\end{aligned}$$

$$\begin{aligned}
&\quad \underline{for\ each}\ \ d(z) \in R(quelle) \\
&\quad \underline{such\ that}\ e_k(d(z)) = ende \\
&\quad \underline{do}\ \lceil R(ziel)\ \ := R(ziel)\ \ \cup \{d^-(z)\}; \\
&\qquad\quad R(quelle) := R(quelle) - \{d(z)\}\rceil
\end{aligned}$$

```
    if z ∉ R(quelle) then
    for each su ∈ SU
    do i_delete_right((revoke_right,z,quelle,ziel),su)⌋
```

```
**********************************************************************
```

```
define_subsystem (name: S_NAME, type: T_name, level: CARDINAL)

    % nur Auswirkungen auf Schutzzustand; Aufrufer su

⌈i_create_right((name, □ ),su,level);
 i_create_right((drop_subsystem,name),su,level)⌋
```

```
**********************************************************************
```

<u>delete_subsystem</u> (name: S_NAME)

   % nur Auswirkungen auf Schutzzustand

```
┌for each su ∈ SU
  do ┌i_delete_right (CAP_su(name), su);
     i_delete_right ((drop_subsystem,name),su)┘
```

✳✳✳

Vorstehende Programmstücke sind wie erwähnt als Spezifikation
der Wirkung der einzelnen Schutzsystemoperatoren auf den
Schutzzustand anzusehen. Demzufolge ist eine Prüfung auf
Korrektheit nicht möglich. Die Plausibilität der Spezifikationen
ergibt sich aus der Herleitung in 3.2.5 und 3.4. Sie soll durch
das nachfolgende umfangreichere Beispiel, das mehrere Schutzsystemoperationen im Zusammenhang zeigt, nocheinmal unterstrichen
werden.

<u>Startsituation</u>:

● Subjekte: $SU = \{su_1, su_2, su_3\}$

● gegeben ein Subsystemtyp T1 mit Operatoren
      $O1(x: \{1,2\}, y: \{1,2\})$
      $O2(u: \{a,b\}, v: \{c,d\})$

● (<u>define_subsystem</u>, □) <u>⊆</u> R(*,*)

● $R(su_1) = R(su_2) = R(su_3) = \emptyset$

● Globalrechtemengen künftig nicht weiter betrachtet.

$$su_1: \boxed{\underline{define\_subsystem}\ (S1,T1,\emptyset)}$$

$$R(su_1) = (S1, \square\ ) \cup \{(\underline{drop\_subsystem},S1)\}$$
$$= \{(S1,01,1,1),(S1,01,1,2),(S1,01,2,1),(S1,01,2,2),$$
$$(S1,02,a,c),(S1,02,a,d),(S1,02,b,c),(S1,02,b,d),$$
$$(\underline{drop\_subsystem},S1)\}$$

. Aufrufe der Operatoren 01, 02 von S1 mit beliebigen (der überhaupt möglichen) Parameterkombinationen durch su_1 möglich

. keine Weitergaben, keine Vernichtung der vorhandenen Rechte in $R(su_1)$ möglich (da Rechte ($\underline{copy\_right}$, ...) etc. in $R(su_1)$ oder anderswo nicht vorhanden)

. Vernichten (genauer: abmelden) von S1 durch su_1 möglich

$$su_1: \boxed{\underline{drop\_subsystem}\ (S1)}$$

$\underline{Detailablauf}$:

wegen $SU = \{su_1, su_2, su_3\}$ ergeben sich Aufrufe

(1) $\underline{i\_delete\_right}\ (CAP_{su_1}(S1),\ su_1)$

(2) $\underline{i\_delete\_right}\ (\underline{drop\_subsystem},\ su_1)$

(3) $\underline{i\_delete\_right}\ (CAP_{su_2}(S1),\ su_2)$

(4) $\underline{i\_delete\_right}\ (\underline{drop\_subsystem},\ su_2)$

(5) $\underline{i\_delete\_right}\ (CAP_{su_3}(S1),\ su_3)$

(6) $\underline{i\_delete\_right}\ (\underline{drop\_subsystem},\ su_3)$

Dabei gilt (wegen $R(su_2) = R(su_3) = \emptyset$, $R(su_1)$ wie oben):

$$CAP_{su_1}(S1) = (S1, \square\ )$$
$$CAP_{su_2}(S1) = \emptyset$$
$$CAP_{su_3}(S1) = \emptyset$$

Ablauf (1): . $R(su_1) \cap (S1, \square) = (S_1, \square)$

         . $R(su_1) := \{(\underline{drop\_subsystem}, S1)\}$

         . die nachfolgenden rekursiven Aufrufe von $\underline{i\_delete\_right}$ führen jeweils zu $HR = \emptyset$, wodurch keine weitere Rekursion erforderlich ist

Ablauf (2): . $R(su_1) \cap \{\underline{drop\_subsystem}, S1)\}$

         $= \{(\underline{drop\text{-}subsystem}, S1)\}$

         . $R(su_1) := \emptyset$

         . gleiches Argument wie bei (1)

Ablauf (3): . sofortiges Ende, da $HR = \emptyset$

Ablauf (4): . wie bei (3)

Ablauf (5): . wie bei (3)

Ablauf (6): . wie bei (3)

su_1: $\boxed{\underline{define\_subsystem} \ (S1, T1, 1)}$

Aufbau von $R(su_1)$ in folgenden Schritten:

$R(su_1) := (S1, \square) \cup \{(\underline{drop\_subsystem}, S1)\}$

$R(su_1)$

  $:= R(su_1)$

    $\cup (\underline{copy\_right}, (S_1, \square) \cup \{(\underline{drop\_subsystem}, S1)\}, *, *, *)$

    $\cup (\underline{transfer\_right}, (S_1, \square) \cup \{(\underline{drop\_subsystem}, S1)\}, *, *, *)$

    $\cup (\underline{delete\_right}, (S_1, \square) \cup \{(\underline{drop\_subsystem}, S1)\}, *)$

. nunmehr auch Weitergeben von Rechten aus $R(su_1)$ möglich: solcher der Teilmenge $(S1, \square) \cup \{(\underline{drop\_subsystem}, S1)\}$

su_1: | __copy_right__ ({(S1,O1,1,1),(S1,O2,b,c)}, su_1, su_2, 1) |

. Prüfungen im Überwachungssystem:

- (__copy_right__,(S1,O1,1,1),su_1,su_2,1) $\in$ R(su_1)?
- (__copy_right__,(S1,O2,b,c),su_1,su_2,1) $\in$ R(su_1)?
- su_1 $\in$ SU?
- su_2 $\in$ SU?

Da alle Prüfungen positiv verlaufen, wird __copy__right__
durchgeführt

. R(su_2):= {(S1,O1,1,1), (S1,O2,b,c)}
. R(su_1)
   := R(su_1)
      $\cup$(__revoke_right__,{(S1,O1,1,1),(S2,O2,b,c)},su_2,su_1)

su_1: | __delete_right__ ({(S1,O1,1,1)}, su_1) |

. zulässig, da
  (__delete_right__, (S1,O1,1,1), su_1)
   $\in$ (__delete_right__, (S1,$\square$)$\cup${__drop_subsystem__,S1)},*)

. {(S1,O1,1,1)} $\subseteq$ (S_1, $\square$) $\subseteq$ R(su_1)
. betroffene Rechtemenge ist ausschließlich R(su_1);
  anschließend gilt
  R(su_1) =
  x $\cup$ {(__drop_subsystem__,S1)}
     $\cup$ (__copy_right__,x,*,*,*)
     $\cup$ (__transfer_right__,x,*,*,*)
     $\cup$ (__delete_right__,x,*)
     $\cup$ (__revoke_right__, {(S1,O1,1,1),(S2,O2,b,c)},su_2,su_1)

  mit x = (S_1,$\square$) − {(S1,O1,1,1)}

su_1: ⎢ revoke_right $((S_1,O_1,\square),\ su_2,\ su_1)$ ⎢

   . wird vom Überwachungssystem abgelehnt, da (u.a.)

     (revoke_right,$(S1,O1,1,2),su_2,su_1) \notin R(su_1)$

su_1: ⎢ revoke_right $((S1,O1,1,1),su_2,su_1)$ ⎢

   . Operation zulässig (man beachte, daß dies möglich ist, obwohl mittlerweile $(S1,O1,1,1) \notin R(su_1)$!)

   . anschließend gilt:

$$R(su_1) = (S1,\ \square)\ \cup\ \{(\underline{drop\_subsystem},S1)\}$$
$$\cup\ (\underline{copy\_right},x,*,*,*)$$
$$\cup\ (\underline{transfer\_right},x,*,*,*)$$
$$\cup\ (\underline{delete\_right},x,*)$$
$$\cup\ \{(\underline{revoke\_right},\ (S2,O2,b,c),\ su_2,\ su_1)\}$$

   mit x wie oben

$$R(su_2) = \{(S1,O2,b,c)\}$$

   . man beachte, daß su_1 aufgrund des zwischenzeitlichen delete__right-Aufrufs zwar nun wieder über $(S1,O1,1,1)$ verfügt, dieses Recht aber nicht mehr wie früher weitergeben etc. kann.

Die abschließende Bemerkung zu der letzten Operation mag Anlaß zur Diskussion geben. Je nach eigenen Vorstellungen könnte der Leser die Erwartung haben, daß der Rückruf von $r=(S1,01,1,1)$ wegen der vorhergehenden Beseitigung von r in $R(su_1)$ dieses Recht lediglich aus $R(su_2)$ entfernt, nicht aber erneut nach $R(su_1)$ bringt. Man sieht daran, daß es durchaus verschiedene plausible Möglichkeiten für die Detailgestaltung der Autorisierungsfunktionen gibt. Welche davon die "natürlichste", für den Benutzer am einfachsten verständliche ist, läßt sich kaum ex cathedra entscheiden. Für UPC wurde angestrebt, Einzelaktionen wie hier Rückruf und Löschung nicht zu verquicken, solange es nicht zwingend erforderlich ist (wie etwa das Löschen von Rechten höherer Stufe etc.). Dies dient wiederum dem Ziel, durch die angebotenen Mechanismen eine möglichst breite Strategienklasse zuzulassen.

Man erkennt hier aber auch, daß die Konsequenzen von Autorisierungsoperationen in einem Benutzerhandbuch – etwa unter Zuhilfenahme von Beispielen – genau erklärt werden müssen. Zwar liefert dies keine Information, die nicht schon in der Spezifikation der Operatoren enthalten wäre, es bewahrt aber vor leicht unterlaufenden Mißverständnissen. Glücklicherweise liefert für UPC und ähnliche Schutzkonzepte nur die Semantik des Rechterückrufs Anlaß für Überlegungen wie oben angestellt ([GW 76], [FAG 78]). Über die Bedeutung aller anderen Operatoren gibt es kaum unterschiedliche Meinungen.

4 Zusammenhänge_mit_dem_Zielsystem

Das im letzten Kapitel entworfene Schutzsystem ist ohne die Erfüllung bestimmter Voraussetzungen im Zielsystem nicht in der Lage, die getroffenen Schutzregelungen durchzusetzen. Wir gehen daher in diesem Kapitel zusammenfassend auf die Zusammenhänge zwischen UPC und dem jeweiligen Zielsystem ein.

4.1 Kopplung_von_UPC_und_Zielsystem

Unter dem Begriff "Kopplung" werden alle Voraussetzungen und Aufgaben zusammengefaßt, die vom Zielsystem erfüllt werden müssen, um schutzgerechten Betrieb zu erzwingen. Die Kopplung ist nicht als ein bestimmter Modul aufzufassen; vielmehr geht es darum, Schutzsystem und Zielsystem so zusammenzubauen, daß insgesamt ein sicheres System erreicht wird.

Während UPC von Implementierungsunterschieden abgesehen für alle Zielsysteme gleich ist, muß die Kopplung für jeden Anwendungsfall neu überdacht werden. Sie muß folgendes leisten:

1. **Realisierung_des_Subsystemkonzepts**
   Da sich Schutz auf Subsysteme bezieht, muß das Zielsystem ein Konzept realisieren, das die in 3.2.1 diskutierten Eigenschaften aufweist. Insbesondere gehört dazu

   - die Isolation verschiedener Subsysteme voneinander,
   - die Festlegung der Einstiegspunkte für die Operatoren,
   - die Möglichkeit zur dynamischen Erzeugung/Vernichtung von Subsystemen.

2. **Korrekte__und__vollständige__An-/Abmeldung_von_Subsystemen_und Subsystemtypen**
   Jedes neu erzeugte Subsystem ist dem Schutzsystem durch Aufruf der Funktion define_subsystem bekannt zu machen. Analog sind Subsystemtypen mittels define_type anzumelden.

Wird die Anmeldung eines Subsystems unterlassen, können keine Privilegien dafür vergeben werden; Überprüfungen gewünschter Operationen damit führen zu einem negativen Ergebnis. Unkorrekte Angabe des Typs bei _define_subsystem_ führt in den meisten Fällen zu Fehlern bei Autorisierung und Prüfung. Nur in seltenen Zufallssituationen ist eine Beeinträchtigung der Sicherheit zu befürchten, wenn (korrekte) Autorisierungs- und Prüfwünsche auch unter Zugrundelegung des falschen Typs Sinn ergeben und dann womöglich zu falschen Entscheidungen führen.

Hingegen kann fälschliches Unterlassen der Abmeldung eines vernichteten Subsystems (mittels _drop_subsystem_) schutzkritische Konsequenzen haben: Rechte dafür bleiben erhalten und sind somit auch für ein später erzeugtes neues Subsystem gleichen Namens vorhanden, **ohne** daß dieses angemeldet worden wäre. Für Subsystemtypen gelten gleichartige Aussagen.

③ Korrekte_und_vollständige_An-/Abmeldung_von_Benutzern
In Analogie zu ② muß das Schutzsystem informiert werden, wenn ein neuer Benutzer zur Verwendung des Zielsystems zugelassen wurde. Erst dann sind Autorisierungen für Subjekte möglich, bei denen dieser Benutzer Bestandteil ist. Bei der Abmeldung von Benutzern gelten hinsichtlich des Einflusses auf die Sicherheit die Aussagen für die Abmeldung von Subsystemen.

④ Protokollgerechte_Steuerung_aller_Subsystemwechsel
Da das Schutzsystem allein nur Überprüfungen durchführt, muß die Kopplung mit dem Zielsystem dafür sorgen, daß auch tatsächlich in allen notwendigen Fällen eine Prüfung verlangt und ihr Ergebnis respektiert wird. Dies bedeutet, daß bei Aufruf einer Operation eines anderen Subsystems sowie bei der Rückkehr jeweils ein ganz bestimmtes Protokoll eingehalten werden muß. Wegen der eben geforderten Isolation von Subsystemen untereinander heißt dies auch, daß die Kopplung den Subsystemwechsel durchzuführen, d.h. Operatoren _call_ und _return_ (Intersubsystemwechsel, -rückkehr) zu realisieren hat. Die Protokolle für die beiden Fälle lauten wie folgt:

$\underline{call}(s_i, op_j, p_1, \ldots, p_k, p_{k+1}, \ldots, p_n)$

```
⌈su := <aufrufendes Subjekt (u,s)>;
 check(su, (s_i,op_j,p_1,...,p_k), res);
 if res = POS then <Subsystemwechsel;  Parameter  übergeben;
                    Aktivitäten mit op_j in s_i fortsetzen>
               else <Fehlermitteilung an Aufrufer,  Aktivitäten
                    hinter call in s fortsetzen>⌋
```

$\underline{return}(p_{k+1}, \ldots, p_n)$

```
⌈su := <Subjekt (u,s), von dem zugehöriges call ausging>;
 check(su, (s_i,op_j,p_1,...,p_k,p_{k+1},...,p_n), res);

    % s_i, op_j, p_1, ..., p_k aus zugehörigem call

 if res = POS then <Subsystemwechsel; Ausgabeparameter über-
                    geben, Aktivitäten hinter call in s
                    fortsetzen>
               else <Fehlermitteilung an Aufrufer,  Aktivitäten
                    hinter call in s fortsetzen>⌋
```

Außer dem Zurückhalten der Ausgabeparameter (und einer Fehlermitteilung) sind für eine schutzgerechte Anwendung des Schutzsystems bei res = NEG in $\underline{return}$ keine weiteren Aktionen erforderlich. Es bleibt der Ausgestaltung von Kopplung und Zielsystem vorbehalten, ob eventuell durch ein Rücksetzen der zum $\underline{return}$-Zeitpunkt ja bereits abgelaufenen Operation im System ein Zustand produziert werden kann, als hätte die nunmehr als unzulässig erkannte Operation nie stattgefunden. Auch weniger aufwendige Lösungen sind möglich. Der abgeschlossene Entwurf von UPC wie hier praktiziert bietet den Vorteil, Fragen wie diese separat behandeln zu können.

Für eine korrekte Ermittlung von Subjekten muß eine sichere Identifikation im Zielsystem vorausgesetzt werden. Sie wird in dieser Arbeit stets als gewährleistet angenommen.

5 Korrekte_Schnittstellenabbildung

Autorisierungswünsche müssen von den Subsystemen korrekt an die Schnittstelle des Schutzsystems weitergegeben/darauf abgebildet werden. Hierzu gehört insbesondere der korrekte und vollständige Einsatz der specify_subject-Funktion.

Damit stellt UPC eine Art Sicherheitskern wie in der Literatur beschrieben ([PK 78], [BRÜ 80A]) dar. Die Aufgaben der Kopplung sind als "vertrauenswürdige Systembestandteile" (in Analogie zu "trusted processes") zu realisieren; sie werden bei anderen Ansätzen zu großen Teilen noch dem Sicherheitskern zugeschlagen.

4.2   Aussagen_über_Sicherheitseigenschaften

Über den funktionalen Leistungsumfang hinaus interessiert man sich bei einem Schutzkonzept auch dafür, den zugrunde liegenden Sicherheitsbegriff präzise zu fassen und seine Gültigkeit nachzuweisen. Hierzu sind eine Reihe von Aussagen anzugeben, die bei korrekter Implementierung und korrekter Kopplung mit dem Zielsystem zu jedem Zeitpunkt wahr sind und die Eigenschaften von UPC hinsichtlich Sicherheit beschreiben. Der Nutzen solcher Aussagen liegt darin, daß sie die Sicherheitseigenschaften in kompakter Form beschreiben und man sich nicht die Wirkungen der Einzeloperationen des Schutzsystems und ihre Zusammenarbeit im Detail klarmachen muß. Sie können einem Benutzer u.a. dazu dienen, ein System auf seine Eignung für einen speziellen Anwendungsbereich hin zu beurteilen.

Prinzipiell ist man stets an möglichst "scharfen" Sicherheitsaussagen interessiert. Solche sind jedoch nur für einzelne Strategien, d.h. bestimmten, reglementierten Verwendungsweisen von Schutzmechanismen möglich. UPC läßt eine breite Klasse von Strategien zu. Dementsprechend können für UPC als Ganzes auch nur recht allgemeine Sicherheitsaussagen formuliert werden, von denen wir einige angeben.

Sicherheitsaussagen haben nur dann einen Sinn, wenn nachgewiesen wird, daß sie von den Mechanismen des vorliegenden Schutzsystems erfüllt werden. Für einen Korrektheitsbeweis im strengen mathematischen Sinne treten dabei zweierlei Teilaufgaben auf:

(1) Modellbildung für das betrachtete Schutzsystem,
(2) Beweis der Sicherheitsaussagen gegenüber dem Modell.

Schritt (1) bedeutet, daß die relevanten Bestandteile des Schutzsystems in einer mathematischen Theorie ausgedrückt werden müssen, um die anschließenden Beweise in dieser Theorie führen zu können. Die Schutzsystemeigenschaften sind Theoreme der zugrunde gelegten Theorie. In der Literatur treten in erster Linie folgende Modelle von Schutzsystemen auf:

- zustandsorientierte Modelle ([BEL 73], [HRU 76]),
- mengenorientierte Modelle ([HAR 75], HH 76]),
- graphentheoretische Modelle ([SNY 81]),
- verbandstheoretische Modelle ([DEN 76]).

Nach [HRU 76] ist es selbst unter stark vereinfachenden Annahmen unmöglich, Sicherheitsnachweise generell für **alle** bestimmten Voraussetzungen genügenden Schutzsysteme zu führen. Jedes konkrete Schutzsystem muß demnach gesondert betrachtet werden. Auch dies ist nach heutigem Stand der Wissenschaft nur für Konzepte möglich, deren funktionale Leistungsfähigkeit weit geringer als die von UPC ist (vergleiche hierzu obige Literaturhinweise). Wir müssen uns daher für unser Konzept mit Plausibilitätsbetrachtungen für die einzelnen Sicherheitsaussagen anstelle formaler Nachweise bescheiden.

Außer Betracht bleiben stets die durch initiale Rechteverteilung bei Systemstart gewährten Privilegien, da sie nicht allgemein bekannt sind, sondern je nach Anwendung des Konzepts vergeben werden. Zudem sehen wir zur Vereinfachung von den Globalrechtemengen R(*,*), R(u,*), R(*,s) ab. Korrekte Implementierung der UPC-Operatoren und korrekte Kopplung werden vorausgesetzt.

Schließlich führen wir zur Formulierung der Sicherheitsaussagen folgende Sprechweisen ein:

- "Benutzung eines Subsystems": Ausführen von Operatoren dieses
  Subsystems,
- "Erzeuger eines Subsystems": Subjekt, das mittels _specify_
  subject als Urheber der Opera-
  tion _define_subsystem_ für
  dieses Subsystem genannt wurde.

Damit gelten für UPC als Ganzes folgende Sicherheitsaussagen:

A. Eine Operation eines Subsystems kann nur durchgeführt
werden, wenn das die Ausführung veranlassende Subjekt ein
Recht dazu besitzt.

Plausibilitätsbetrachtung:

Die korrekte Kopplung von Schutz- und Zielsystem sorgt
nach [4] in 4.1 für eine protokollgerechte Abwicklung
aller Subsystemwechsel. Insbesondere gilt:

- dem Schutzsystem werden stets die aktuellen (eine Aktivität
  verlangenden) Subjekte korrekt mitgeteilt,
- das Schutzsystem erfährt korrekt und vollständig von allen
  beabsichtigten Operationen,
- der Prüfentscheid des Schutzsystems wird respektiert.

Die Überprüfung durch das Schutzsystem stellt gerade fest,
ob das für die gewünschte Operation benötigte Recht augenblicklich in der dem jeweiligen Subjekt zugeordneten Rechtemenge vorhanden ist oder nicht und fällt eine entsprechende
Entscheidung hinsichtlich Zulässigkeit der Operation.

B. Ein Subjekt su = (u,s) besitzt ein Recht r an einem Subsystem
s' höchstens dann, wenn eine der folgenden Aussagen wahr ist:

a) su ist Erzeuger von s'
b) Ein Subjekt su' $\neq$ su hat su das Recht r gewährt.
c) Ein Subjekt su'' $\neq$ su hat su ein Recht zur Beschaffung
   von r gewährt, mit dem sich su das Recht r selbst beschafft hat.

Als zusätzliche Voraussetzung ist unterstellt, daß r sich auf ein existierendes Subsystem bezieht.

<u>Plausibilitätsbetrachtung:</u>

Der wichtigste Aspekt dieser Aussage liegt darin, daß a), b) und c) die **einzigen** Möglichkeiten sind, zu Rechten zu kommen. Betrachten wir hierzu die Auswirkungen der einzelnen Operatoren des Schutzsystems auf den Schutzzustand (durch einfache Inspektion der Spezifikationen aus Abschnitt 3.5):

Operation	Vergrößerung von Rechtemengen ($\cup$)	Verkleinerung von Rechtemengen ($-$)
<u>define_user</u>	nein	nein
<u>drop_user</u>	nein	ja
<u>define_subsystem</u>	ja	nein
<u>drop_subsystem</u>	nein	ja
<u>delete_right</u>	nein	ja
<u>copy_right</u>	ja	nein
<u>transfer_right</u>	ja	ja
<u>revoke_right</u>	ja	ja

Unter Zuhilfenahme dieser Operatoren können einem Subjekt also ausschließlich durch <u>define_subsystem</u>, <u>copy_right</u>, <u>transfer_right</u> und <u>revoke_right</u> Rechte verschafft werden. Greifen wir ein spezielles Subjekt su_0 heraus, so ergibt sich eine Situation wie in Abb. 4-1. Die dort auf der rechten Seite des su_0-Knotens dargestellten <u>copy_right</u>- und <u>transfer_right</u>-Operationen bringen eine Rechtevermehrung für andere Subjekte als das betrachtete su_0. <u>revoke_right</u>-Operationen können gänzlich unberücksichtigt bleiben, da sie die Rechtemenge eines Subjekts entweder überhaupt nicht (rückgerufenes Recht ohnehin noch vorhanden) oder nur um solche

Rechte vermehren, die zu einem früheren Zeitpunkt dort schon einmal existierten. Somit verbleiben

(i)   von su_0 durchgeführte <u>define_subsystem</u>-Operationen,
(ii) <u>copy_right</u>-/<u>transfer_right</u>-Operationen mit su_0 als Ziel.

(i) spiegelt gerade Teil a) von Aussage B. wider. (ii) spiegelt die verbleibenden Fälle wider, je nachdem ob su_0 selbst (Fall c)) oder ein anderes Subjekt (Fall b)) die Weitergabe durchführt. Auch die Operatoren des Schutzsystems sind durch Rechte abgesichert . Damit ist c) nur möglich, wenn su_0 von einem anderen Subjekt zur Beschaffung von r privilegiert wurde (su_0 soll hier nicht selbst der Subsystem-erzeuger sein). Insgesamt ist es su_0 mit Benutzung der Operatoren des Schutzsystems nicht möglich, sich r unerlaub-terweise zu beschaffen.

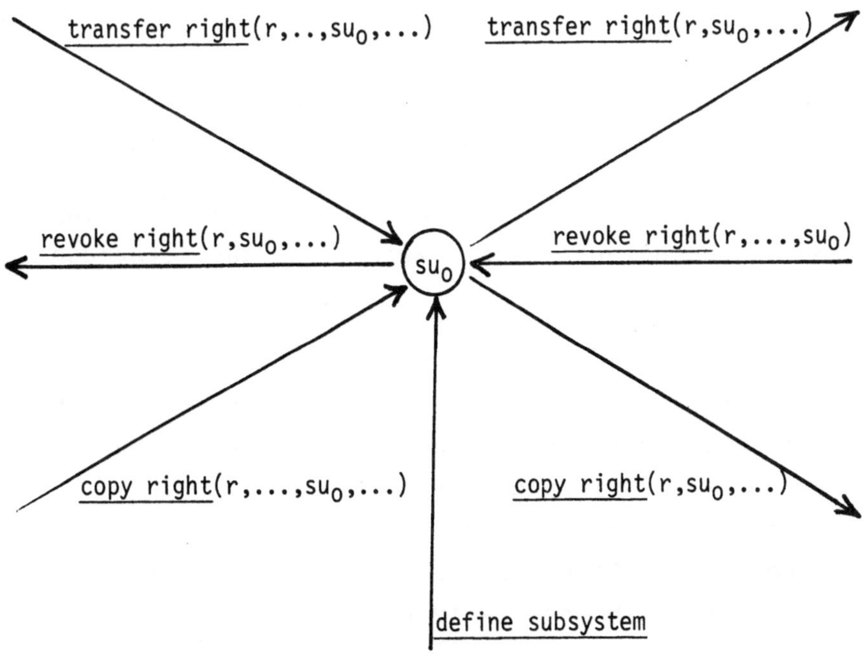

<u>Abb. 4-1:</u>   Rechteerwerb/-verlust eines bestimmten Subjekts
(————➤: Rechtefluß)

Darüberhinaus gilt aber auch:

- Änderungen des Schutzzustandes **ohne** Benutzung der Schutzsystemoperatoren sind ausgeschlossen: das Schutzsystem wurde
gerade so konstruiert, daß seine Operatoren die alleinige
Schnittstelle nach "außen" bilden; bei korrekter Implementierung kann sie nicht umgangen werden.
- Eine "eigenmächtige" Autorisierung durch das Schutzsystem
selbst findet nicht statt: wiederum korrekte Implementierung vorausgesetzt, leistet das Schutzsystem **genau** das
durch die operationale Schnittstelle Spezifizierte.
- "Versehentliche" Autorisierung durch verbliebene Restinfor-
mation ("sensitive residue"; [HOF 77]) ist ausgeschlossen:
bei korrekter und vollständiger An-/Abmeldung von Benutzern
und Subsystemen ist es nicht möglich, daß Rechte für ein
"früheres" Subjekt versehentlich an ein neues übergehen:
die zugehörigen Rechtemengen werden gelöscht und für neue
Subjekte stets als leere Mengen neu angelegt.

Insgesamt verbleiben für su_0 damit nur die in a), b) und c)
aufgezählten Wege, zu einem Recht r zu gelangen.

[C.] Ein Subjekt su = (u,s) verliert ein Recht r an einem Subsystem s' höchstens dann, wenn eine der folgenden Aussagen
wahr ist:

a) r verliert seinen Sinn (d.h. s' wird vernichtet)
b) Ein Subjekt su' $\neq$ su, das vom Erzeuger direkt oder
   indirekt (d.h. via andere Subjekte) dazu in die Lage
   versetzt wurde, sorgt für den Verlust,
c) su selbst wünscht den Verlust,
d) Alle ursprünglichen Sender-Subjekte wünschen den Verlust
   oder werden ihrerseits zu einer Rücknahme von r veranlaßt.

Als zusätzliche Voraussetzung ist natürlich unterstellt, daß
r $\in$ R(su) gegolten hat.

<u>Plausibilitätsbetrachtung:</u>

Analog zu B. , wobei bei b), c) <u>transfer_right</u> und <u>delete_right</u> mit su als Quellsubjekt zu betrachten sind (einmal durch su selbst, einmal durch ein anderes Subjekt aufgerufen) und d) die Bedeutung von <u>revoke_right</u> beinhaltet.

D. Sei su = (u,s) Erzeuger eines Subsystems s'. Dann gilt: Rechte für die Benutzung von s' können Subjekte su' ≠ su höchstens dann besitzen, wenn sie diese von su direkt oder indirekt (über dritte Subjekte) erhalten haben.

<u>Plausibilitätsbetrachtung:</u>

Die Aussage bedeutet, daß ohne Zutun des Subsystemerzeugers niemand Rechte an einem Subsystem haben kann. Abb. 4-2 verdeutlicht den Sachverhalt. Knoten repräsentieren Subjekte. In der unteren Zeile steht eine Kante für die Weitergabe eines Rechts r von einem Quell- an ein Zielsubjekt. In der oberen Zeile sind diejenigen Subjekte dargestellt, die eine solche Weitergabe auslösen, d.h. die entsprechende <u>copy_right</u> - oder <u>transfer_right</u>-Operation aufrufen.

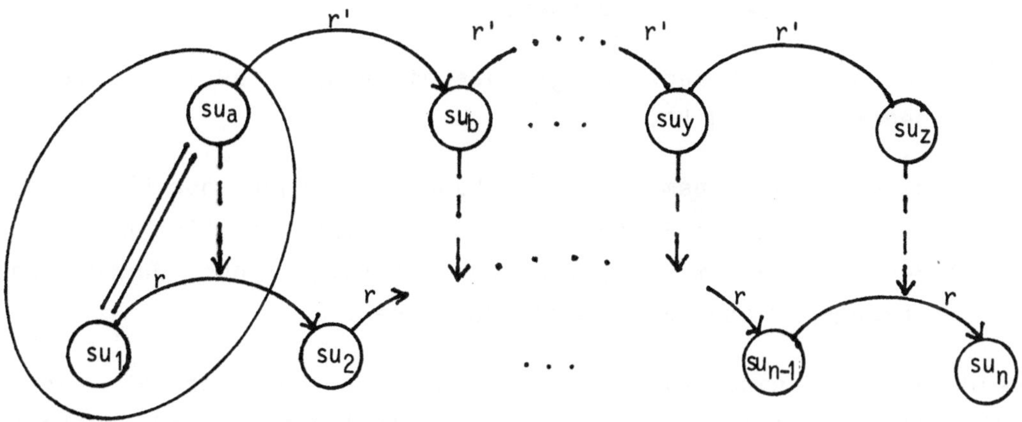

<u>Abb. 4-2:</u>   beteiligte Subjekte bei Rechteweitergabe

Nun gilt per Konstruktion des Schutzsystems: Rechte für Subsysteme entstehen einzig bei der Erzeugung des Subsystems. Der Erzeuger ist unmittelbar nach Subsystemerzeugung das einzige Subjekt, das Rechte besitzt, die sich auf die Subsystemrechte beziehen (falls nicht ohnehin bei _define_ _subsystem_ <level>=0 angegeben wurde). Aus diesem Grund fallen su_1 und su_a zusammen, wenn man su_1 als Erzeuger annimmt. Anschließend können - notwendige Stufenzahl vorausgesetzt - Subsystemrechte und sich darauf beziehende Rechte getrennt weitergegeben werden. Da aber eben anfangs ausschließlich der Subsystemerzeuger Rechte an dem Subsystem besitzt, kann ein beliebiges Subjekt su bestenfalls dann über ein solches Recht verfügen, wenn es in einem Graphen der bis zu einem Zeitpunkt erfolgten Weitergaben (wie in der **unteren** Hälfte von Abb. 4-2) einen Weg vom Erzeuger zu su gibt. Da Veränderungen an diesem Graphen nur solchen Subjekten möglich sind, die entsprechende Weitergaberechte haben und da diese selbst auch wieder nur vom Subsystemerzeuger stammen können, gilt die obige Aussage.

Schließlich sei an einem Beispiel gezeigt, wie schärfere Aussagen möglich sind, wenn man das allgemeine Konzept einschränkende Strategien verwendet:

$\boxed{\text{E.}}$ Werden alle Rechteerzeugungen nur bis einschließlich Stufe 1 vorgenommen, so gilt:

    a) Rechte an einem Subsystem kann ein Subjekt nur besitzen, wenn es sie vom Subsystemerzeuger selbst erhalten hat.
    b) Rechte an einem Subsystem kann ein Subjekt nur durch den Erzeuger dieses Subsystems verlieren.

Beide Aussagen sind unmittelbar plausibel. Der Vorteil einer solch stark eingeschränkten Strategie liegt darin, daß nunmehr sehr einfache Verhältnisse herrschen: ein Subjekt hat jeweils genau einen "Ansprechpartner", der ihm ein bestimmtes Recht gewähren und auch wieder entziehen kann. Auf diese Weise läßt sich ungewünschte Verbreitung von Privilegien verhindern: Wege im Weitergabegraphen haben stets die maximale Länge 1. Eine weitere interessante Strategie läge übrigens darin, zu verlangen, daß ein Subjekt su stets nur diejenigen Rechte manipulieren darf, die in R(su) anzutreffen sind (eine "Fremdbestimmung" wie im allgemeinen Konzept also nicht mehr möglich ist). In diesem Fall degeneriert obiger Graph zur unteren Zeile, wobei jeweils das Quellsubjekt auch die Weitergabe auslöst.

4.3   Schutzstrategien im Zielsystem

Unabhängig von Sicherheitsaussagen und ihrem Nachweis zählen wir zum Abschluß dieses Kapitels einige weitere Strategien zur Verwendung von UPC auf. Wir wollen damit einen Eindruck von den vielfältigen Möglichkeiten zur Reglementierung der Verwendung der UPC-Mechanismen geben. Dem Konstrukteur eines Zielsystems bleibt es vorbehalten, sich je nach den gestellten Anforderungen für eine bestimmte dieser (oder weiterer) Strategien zu entscheiden oder die uneingeschränkte Anwendung der UPC-Mechanismen zuzulassen. Darüberhinaus steht es dem Systembenutzer natürlich frei, die ihm angebotenen Mechanismen **vom sich aus** nur gemäß einer bestimmten Strategie zu benutzen und so womöglich einen besseren Überblick über die von ihm zu verantwortenden Schutzregelungen zu behalten.

- Subjekte haben an Subsystemen entweder alle Rechte oder gar keine (objektbezogene "alles oder nichts"-Strategie). Hierzu dürfen alle R-Operationen nur mit $CAP(s_i)$ für Subsysteme s_i als Rechteparameter ausgeführt werden.
- Zentrale Autorisierung. Im Zielsystem (bzw. in der Kopplung Ziel-/Schutzsystem) ist eine spezielle Instanz (z.B. ein Subsystem) einzurichten, die

  . über sämtliche Rechte verfügt,
  . als einzige die R-Operatoren von UPC aufrufen darf.

Sie selbst kann je nach Bedarf eine eigene Autorisierungsschnittstelle anbieten, an der Wünsche für Rechteweitergabe etc. entgegengenommen werden. Dieses Vorgehen läßt sich noch damit koppeln, daß auch nur ein spezieller Benutzer ("Schutzadministrator") diese Zusatzinstanz (oder dann auch gleich die R-Operatoren) aufrufen darf, womit Autorisierungswünsche der allgemeinen Benutzer und die Entscheidung darüber aus dem Rechensystem herausgenommen werden.

- Eine bestimmte Operation darf zu jedem Zeitpunkt nur von einem einzigen Subjekt durchgeführt werden können. Dazu wird die Weitergabe von Rechten für diese Operation grundsätzlich nur mittels <u>transfer_right</u> zugelassen (zusätzlich ist ein entsprechender initialer Schutzzustand zu garantieren).

- Eigentümerprinzip für Subsysteme (wir begreifen einen Eigentümer als ein Subjekt, das als einziges Rechte für das betroffene Subsystem weitergeben kann; im Gegensatz zu zentraler Autorisierung werden verschiedene Subsysteme in der Regel unterschiedliche Eigentümer haben). Sei RM1 die Menge aller Rechte zur Durchführung von <u>copy_right</u> und <u>transfer_right</u> für Rechte an dem in Frage stehenden Subsystem. Zur Realisierung des Eigentümerprinzips muß dann entweder RM1 grundsätzlich beim Subsystemerzeuger verbleiben (<u>define__subsystem</u> mit <level> = 1; der Erzeuger ist zunächst stets Eigentümer) oder die Weitergabe von RM1 **als Ganzes** und ausschließlich per <u>transfer_right</u> erfolgen.

- Das für zentrale Autorisierung benutzte Verfahren der Einschaltung einer "Zwischeninstanz", die als einzige direkt die R-Operatoren des Schutzsystems aufruft, ist der generelle Weg, weitere gewünschte Strategien durchzusetzen. Hierbei wird die durch die R-Operatoren gebotene Möglichkeit ausgenutzt, per Programmierung die erforderlichen Autorisierungen in der notwendigen Art und Weise vorzunehmen. Dies kann einerseits in jedem beliebigen Subsystem durchgeführt werden und liegt dann im Ermessen des jeweiligen Subsystemkonstrukteurs. Bei Einbau in eine zentrale, vom Hersteller des Rechensystems vorgesehene Zwischeninstanz kann die jeweilige Strategie systemweit erzwungen werden.

5 Anwendung

In Kapitel 3 wurde eine möglichst universelle Einsetzbarkeit
des dort entwickelten Konzepts dadurch angestrebt, daß

- es funktional so gestaltet wurde, daß eine breite Vielfalt
  von Schutzstrategien damit realisiert werden kann,
- sein Entwurf durch Trennung zielsystemabhängiger und -unabhän-
  giger Teile kein konkretes Zielsystem unterstellt hat.

Die vielfältigen Aufgaben der Kopplung (siehe 4.1) zeigen, daß
der Zusammenhang mit dem jeweiligen Zielsystem recht eng ist.
Von der konkreten Gestaltung dieses Zusammenhangs hängt es
sogar in ganz entscheidendem Maße ab, ob das Schutzsystem den
von ihm gewünschten Zweck erfüllt oder nicht.

In diesem Kapitel wird exemplarisch erläutert, wie der Zusammen-
bau mit einem Zielsystem und der Einsatz des Konzepts in
Zielsystemen unterschiedlicher Aufgabenbereiche und Architektur
aussieht. Dabei stehen wiederum die Prinzipien im Vordergrund,
die für alle Vertreter der jeweiligen Systemklasse zutreffen.

5.1 Verwendung in Betriebssytemen

Betrachtet man ein Rechensystem als eine Hierarchie zusammenwir-
kender Teilsysteme wie in Kapitel 1, so sollten Schutzmechanismen so "tief" wie möglich angesiedelt werden. Sie können in
diesem Fall nicht nur von allen "höheren" Schichten eingesetzt
werden, sondern machen es potentiellen Schutzverletzern auch
schwer, sie zu umgehen ([DIT 81]). Da konventionelle Hardware
keine Schutzmechanismen wie in Kapitel 3 entwickelt enthält,
ist ihre Aufnahme in die erste Softwareschicht, das Betriebssystem, der nächstliegende Vorschlag.

5.1.1 Integrierter Entwurf Betriebs-/Schutzsystem

Werden Betriebs- und Schutzsystem in einem Zuge entworfen, so können alle erforderlichen Kopplungsmaßnahmen in der vorgeschriebenen Weise berücksichtigt werden. Wir betrachten zunächst die zentralen Betriebssystemkomponenten (wie Prozessorverwaltung, Speicherverwaltung etc.) und das Schutzsystem zusammen als **eine** Einheit, die natürlich auch die Kopplung enthält. In einem solchen Szenario wirft die Beachtung der Forderungen [7], [3] und [5] aus Abschnitt 4.1 keine sonderlichen Probleme auf. Wir konzentrieren uns daher auf die Realisierung des Subsystemkonzepts und verbunden damit auf den Subsystemwechsel. Dabei gehen wir zunächst von einer festen Zahl statisch vorgegebener Subsystemtypen aus. Nach einigen Gedanken zur Verwendung der Schutzmaßnahmen an der Betriebssystemschnittstelle zeigen wir anschließend, wie bereits das Betriebssystem selbst vom Subsystemkonzept und damit von den Schutzmaßnahmen Gebrauch machen kann. In einem weiteren Schritt sehen wir schließlich zusätzlich die dynamische Erzeugbarkeit von Subsystemtypen vor, wie sie den vollen Fähigkeiten des Schutzkonzepts entspricht. Ausgeklammert bleibt vorerst der Aufgabenkomplex Dateiverwaltung, der im nächsten Abschnitt gesondert besprochen wird.

5.1.1.1 Realisierung des Subsystemkonzepts

Der Einfachheit halber sei die augenblicklich als Monolith angenommene Komponente aus Betriebs- und Schutzsystem POS (protection/operating system) genannt. Realisierung des Subsystemkonzepts bedeutet dann, daß POS Objekte "Subsystem" wie in Kapitel 3 beschrieben zur Verfügung stellen, d.h. ihre Erzeugung, Vernichtung und ihr Zusammenwirken ermöglichen muß.

Legen wir eine feste Menge vordefinierter Subsystemtypen zugrunde, so kann man alle über diese Typen benötigten Informationen als zu POS gehörig betrachten. Hierunter fallen

- die Schnittstellenbeschreibung (Operatoren, Parameter),
- die Vereinbarung für die Subsystemdatenobjekte (Information zur Speicherplatzbeschaffung etc.),
- die Vereinbarungen für die lokalen Datenobjekte der einzelnen Operatoren,
- die Implementierungen der einzelnen Operatoren (ausführbare Programme).

Für die aus den Typen erzeugten Subsystemexemplare müssen bekanntlich folgende Bedingungen erfüllt sein:

(a) auf $SDO(s_i)$ darf nur aus den Operatorimplementierungen von s_i heraus zugegriffen werden, und zwar von allen Prozessen, die einen solchen Operator ausführen,

(b) auf $LDO(op_j)$ eines Operators op_j eines Subsystems darf nur aus der Implementierung von op_j heraus zugegriffen werden, wobei jeder Prozeß eigene (von denen anderer Prozesse isolierte) solche Datenobjekte besitzen muß,

(c) von "außerhalb" eines Subsystems können ausschließlich dessen Operatoren aufgerufen werden,

(d) außer subsystemlokalen Programmteilen können aus den Operatorimplementierungen heraus lediglich die von POS angebotenen Operatoren aufgerufen werden (eine funktionale POS-Schnittstelle sei vorausgesetzt).

Die naheliegendste Methode zur Erzielung dieser Isolation besteht bei konventioneller Hardware darin, die vom Betriebssystem den einzelnen Prozessen zur Verfügung zu stellenden Adreßräume (logische oder "virtuelle" Adreßräume) einzusetzen. Das Prinzip lautet, daß ein Prozeß nur auf diejenigen Speicherplätze zugreifen darf, die zu "seinem" jeweiligen Adreßraum gehören. Das Betriebssystem verwaltet alle existierenden Adreßräume, legt sie an und vernichtet sie wieder.

Will man nicht von vornherein je Subsystem einen Prozeß einsetzen und sich damit letztlich wegen Schutzgesichtspunkten eine bestimmte Prozeßstruktur aufzwingen lassen, so muß man von der üblichen 1:1-Zuordnung von Prozessen und Adreßräumen abgehen, um den Anforderungen (a) bis (d) gerecht werden zu können. Folgende Vorgehensweise bietet sich an:

- Jeder Prozeß erhält für jedes Subsystem, in dem er tätig wird, einen eigenen Adreßraum.
- Ein solcher Adreßraum enthält die Bestandteile des betreffenden Subsystems (Subsystemdatenobjekte, Operatorprogramme) sowie die prozeßspezifischen lokalen Datenobjekte.
- Verschiedene Prozesse, die im selben Subsystem tätig sind, haben dieselben Subsystembestandteile in ihren Adreßräumen, jedoch verschiedene LDO. Damit werden (a), (b) erfüllt.
- Anläßlich eines gewünschten Subsystemwechsels muß der betreffende Prozeß einen "neuen" Adreßraum erhalten. Da POS diesen "Adreßraumumbau" vornimmt, muß es in **jeden** Adreßraum eingeschlossen werden.
- Zur Abschirmung von POS gegenüber dem anderen Teil jedes Adreßraums werden die üblichen Techniken (Ringe, Trennregister etc.; siehe Kapitel 2) eingesetzt. Damit ist (d) erfüllt, wenn man entsprechende wohldefinierte "Einstiegspunkte" bei den POS-Schnittstellenoperatoren vorsieht (z.B. via SVCs o.ä.; privilegierte Befehle müssen ohnehin POS vorbehalten bleiben, um Isolation wie gewünscht durchsetzen zu können).
- Da Subsystemwechsel von POS vorgenommen werden, kann dort anhand der Typinformation dafür gesorgt werden, daß Aktivitäten im neuen Subsystem nur derart möglich sind, daß der Code eines der Schnittstellenoperatoren (von Anfang an) ausgeführt wird (Punkt (c) erfüllt).
- Insbesondere die letzte Bemerkung verdeutlicht, daß die Subsysteme nicht ihrerseits vor Fehlverhalten von POS geschützt werden können. Korrektes Arbeiten von POS ist daher unabdingbare Voraussetzung dafür, daß unkorrektes Arbeiten von und mit Subsystemen ausgeschlossen werden kann.

Mit diesen Kenntnissen über die Vorgehensweise können die einzelnen POS-Funktionen zur Erzeugung und Vernichtung von Subsystemen sowie zum Subsystemwechsel erläutert werden.

Erzeugen eines Subsystems

create_subsystem (name: S_NAME, type: T_NAME, level: CARDINAL)

Anhand der Typangabe können die zugehörigen Typinformationen beschafft werden. Damit ist es möglich, den für den späteren Einbau in Adreßräume benötigten Subsystemanteil (Code der Operatoren, Subsystemdatenobjekte) aufzubauen. Hierzu wird der erforderliche Speicher beschafft und initialisiert (Datenbereiche gelöscht). Ist Subjekt su Aufrufer von create_subsystem, so wird durch (nunmehr POS-**interner**) Aufrufe der Operationen

    specify_subject(su);
    define_subsystem(name, type, level)

die erforderliche Veränderung des Schutzzustands veranlaßt.

Vernichten_eines_Subsystems

delete_subsystem (name: S_NAME)

Mittels   specify_subject(su);
            drop_subsystem(name)

wird der Schutzzustand angepaßt. Anschließend kann der anläßlich create__subsystem aufgebaute Adreßraumteil abgebaut, d.h. der von ihm eingenommene Speicherplatz freigegeben werden. Ist ein solcher Adreßraumteil augenblicklich in einem Prozeßadreßraum eingebaut, sind geeignete Maßnahmen zu treffen (Zwangsabbruch des betroffenen Prozesses oder — lokal für diesen Prozeß — Verzögerung der physischen Subsystemvernichtung bis zum Ende seiner Aktivitäten in diesem Subsystem).

Subsystemwechsel

call/return wie in 3.2.1

Die Protokolle für call und return sind wie in 4.1, [4] zu gestalten. Beide Richtungen eines Subsystemwechsels veranlassen POS zu einem Adreßraumumbau für den betroffenen Prozeß. Während der Subsystemanteil des aufrufenden Subsystems im Speicher erhalten bleiben muß (das Subsystem wird ja keineswegs vernich-

tet), ist er logisch gesehen aus dem Adreßraum auszugliedern.
Entsprechend ist der schon anderweitig erzeugte Anteil des
aufgerufenen Subsystems in den Adreßraum einzugliedern. Zusätzlich muß beim Aufruf Speicherplatz für die lokalen Datenobjekte
des gewünschten Operators beschafft und ebenfalls in den
Adreßraum aufgenommen werden. Die erforderliche Quantität kann
aus der Beschreibungsinformation des zugrundeliegenden Typs
ermittelt werden. Beim Rücksprung kann der Speicherplatz für
die lokalen Datenobjekte wieder freigegeben werden. Wegen der
Prozeduralität von Subsystemaufrufen müssen diese LDO jedoch
zwischen Aufruf und Rücksprung bei zwischenzeitlich weiteren
Subsystemwechseln aufbewahrt werden, wenn auch zeitweise
außerhalb von Prozeßadreßräumen. Sie sind dann ähnlich wie die
Subsystemanteile aus- und wieder einzubauen.

Beispiel: Die Aufruffolge in Abb. 5-1 möge gemäß Kantennumerie-
rung lauten. LDO aus Subsystem s_2 bleiben dann auch
während der Aktivitäten des Prozesses in s_3, s_4, s_5,
s_6 unverändert erhalten und werden erst bei Rückkehr
nach s_1 vernichtet. Im Prozeßadreßraum befinden sie
sich jedoch nur während Aktivität in s_2.

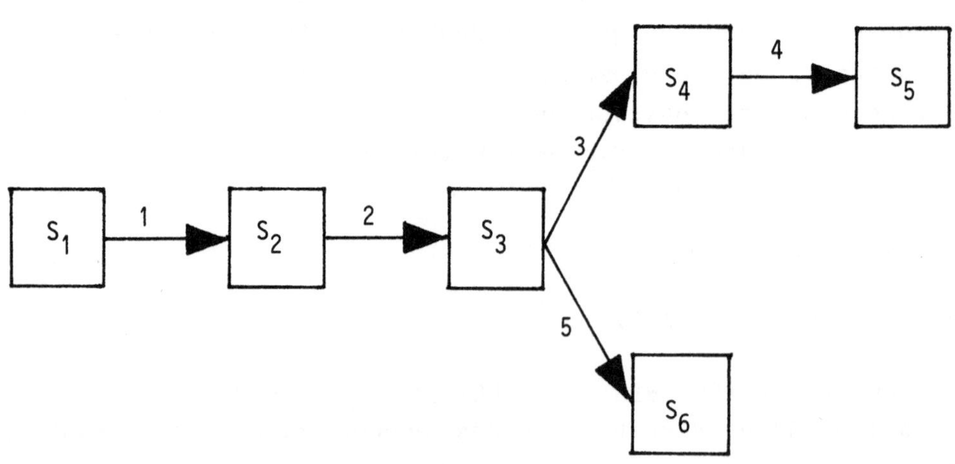

Abb. 5-1:   Beispiel zur Lebensdauer lokaler Datenobjekte

Ein Prozeßadreßraum hat damit folgenden Aufbau:

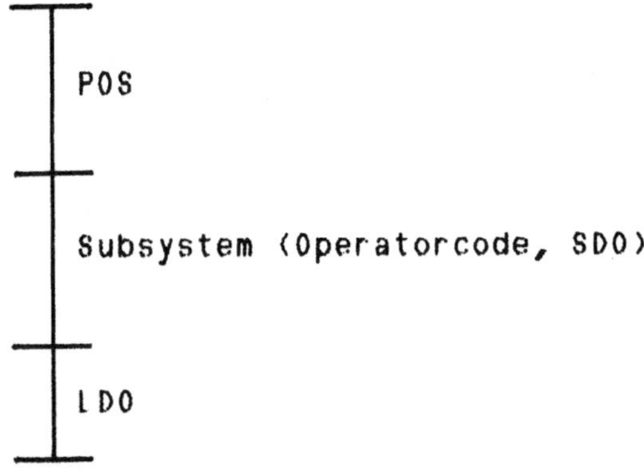

Für die Übergabe von Parametern bei Subsystemwechseln gelten die Randbedingungen

i)   "alter" und "neuer" Adreßraum haben nur den POS-Teil gemeinsam,

ii) Zugriffe vom Subsystemcode auf POS sind nur in Form von Aufrufen der Schnittstellenoperatoren möglich,

iii) aktuelle Aufrufparameter sind prozeßspezifisch.

Aus diesen Gründen müssen die Parameterwerte vor dem Adreßraum-umbau von POS aus dem LDO des alten Subsystems in den eigenen Adreßraumanteil kopiert und nach erfolgtem Umbau in die LDO des neuen Subsystems zurückkopiert werden.

5.1.1.2   Anwendung an der Benutzerschnittstelle

Damit das Schutzkonzept an der Betriebssystemschnittstelle zur Verfügung steht, ist wiederum zweierlei zu leisten:

1) Das Subsystemkonzept ist - zumindest in seinen wesentlichen Teilen - an der Schnittstelle sichtbar zu machen.
2) Die Operatoren zur Autorisierung sind an der Schnittstelle bereitzustellen.

Punkt 2) kann in der direkten Übernahme der Operatoren aus Kapitel 3 bestehen. Man kann an dieser Stelle aber auch zusätzliche oder andere Autorisierungsoperatoren vorsehen, die auf den vorliegenden aufbauen.

Bei Punkt 1) gehen wir zunächst immer noch von einer festen Anzahl statisch vorgegebener Typen aus. An der Schnittstelle benötigt man die Operatoren, um daraus Subsysteme zu erzeugen, zu vernichten, sowie Subsystemwechsel zwischen ihnen zu veranlassen. Wir überlegen in groben Zügen, welche Subsystemtypen zur Durchführung eines üblichen Rechenbetriebs von POS angeboten werden sollten.

Ein Betriebssystem muß Aufträge bearbeiten, die von den Benutzern angeliefert werden. Die Erledigung eines Auftrags besteht aus der Ausführung von Programmen, die im allgemeinen in Form von Dateien vorliegende Eingabedaten verarbeiten und wiederum in Dateien abzulegende Ausgabedaten produzieren. Es ist daher zu klären, wie Programme und Dateien mit dem vorliegenden Subsystemkonzept harmonieren.

Dateien

Dateien dienen der längerfristigen, d.h. über einen Auftrag hinausgehenden Aufbewahrung von Daten. In UPC bleiben Subsystemdatenobjekte von der Erschaffung des jeweiligen Subsystems bis zu seiner expliziten Vernichtung erhalten, ihre Lebensdauer ist also unabhängig von einzelnen Aufträgen. Unterschiedliche Dateiformen ergeben sich durch die sogenannten Zugriffsmethoden. Dahinter verbirgt sich die Menge der Operatoren, mit denen eine Datei beschrieben, gelesen und verändert werden kann. Damit ist aber eine bestimmte Dateiform gerade durch einen Subsystemtyp repräsentierbar. Im Betriebssystem sind demnach Subsystemtypen für die gewünschten Zugriffsmethoden (z.B. direkt, sequentiell, indexsequentiell) vorzusehen, aus denen Subsysteme (die eigentlichen Dateien) erzeugt werden können.

Eine bei konventioneller Vorgehensweise häufig anzutreffende Freizügigkeit geht allerdings verloren. Durch die Typbindung sind mit der Erzeugung eines Subsystems **ein für allemal** sämtliche damit möglichen Operationen festgelegt. Damit kann aber nicht während der Lebensdauer einer Datei die Zugriffsmethode gewechselt werden. Will man mit mehreren verschiedenen Zugriffsmethoden auf eine Datei zugreifen können, so muß ein entsprechender Subsystemtyp zur Verfügung stehen (der quasi eine Vereinigung der gewünschten einzelnen Zugriffsmethoden realisiert; man vergleiche den Unterschied funktionaler Modul – Subsystem in Kapitel 3.2.1). Bereits bei der Dateierzeugung hat man sich für diesen **oder** für einen der "Einzeltypen" zu entscheiden. Durch Einsatz der Rechte kann trotzdem dafür gesorgt werden, daß bestimmten Subjekten jeweils nur eine der möglichen Zugriffsmethoden angeboten wird.

Programme

Versucht man, Benutzerprogramme üblicher Prägung auf die hier angebotenen Subsysteme abzubilden, so liegt folgender Spezialfall vor:

- Programme besitzen keine Datenobjekte, die über ihre Ausführung hinaus existieren oder voneinander unabhängigen Ausführungen gemeinsam sind. Es werden also keine Subsystemdatenobjekte, sondern nur lokale Datenobjekte benötigt.
- Programme sollen ausgeführt werden. Man kann einheitlich für alle Programme von einem (einzigen) Operator (<u>execute</u>) ausgehen.

Im Augenblick unterliegen wir noch der Einschränkung, nur über fest vorgegebene Subsystemtypen zu verfügen, obwohl natürlich **beliebige** Benutzerprogramme mit Hilfe des Betriebssystems ausgeführt werden müssen. Es kann also nicht jedes Programm als ein eigener Subsystemtyp behandelt werden. Folgende Vorgehensweise leistet das Gewünschte:

- Ausführbare Programme werden als Subsystem**daten** bestimmter Subsysteme abgelegt.

- Der entsprechende vorzugebende Subsystemtyp (nennen wir ihn PROGRAM) besitzt außer _execute_ noch einen Operator _load_, mit dem der Programmcode eingebracht werden kann.
- Die _execute_-Implementierung enthält alle Aktionen, die für die Ausführung des als Subsystemdaten vorliegenden Codes erforderlich sind.
- Für jedes Programm wird bei Ausführungswunsch ein Subsystem vom Typ PROGRAM erzeugt. Nach dem Laden des Codes steht es bis zu seiner Vernichtung für beliebig häufige Ausführung (_execute_-Aufrufe) zur Verfügung. Erzeugung eines entsprechenden PROGRAM-Subsystems und Ausführung des _load_-Operators können unmittelbares Ergebnis fehlerfreier Übersetzungs-/Bindevorgänge sein.
- Damit ein Recht zur Ausführung von _execute_ eines PROGRAM-Subsystems nicht "unter der Hand" die Ausführung eines anderen Programmes ermöglicht, wird (wiederum durch entsprechenden Einsatz von Rechten) dafür gesorgt, daß nur ein einmaliges Einbringen von Programmcode möglich ist. Programmänderungen bedingen das Anlegen eines neuen Subsystems.

5.1.1.3   Anwendung_im_Betriebssystem_selbst

Die Existenz des Subsystemkonzepts wirft die Frage auf, ob es nicht bereits für das Betriebssystem selbst (d.h. zur Aufspaltung der hier als Monolith betrachteten Komponente POS) herangezogen werden kann. Der Vorteil solchen Vorgehens läge darin, daß damit auch **innerhalb** des Betriebssystems Schutz und Isolation einzelner Komponenten mit den gleichen Mitteln wie für die aufgesetzten Bestandteile realisiert werden könnte.

Ein Systemaufbau aus **ausschließlich** Subsystemen ist nicht möglich. Es muß stets eine Restkomponente verbleiben, die den Wechsel zwischen Subsystemen (samt Prüfungen) steuert und damit zwangsläufig nicht selbst ein Subsystem sein kann (auch wenn sie ebenfalls über eine funktionale Schnittstelle, permanente Datenobjekte etc. verfügt). Wir nennen diesen Grundbestandteil jeder Subsystemarchitektur den _Systemkern_ oder einfach den _Kern_.

In einem ersten Schritt kann man das Betriebssystem wie folgt aufteilen. Im Kern verbleiben alle Bestandteile, die zur Realisierung von geschützten Subsystemen erforderlich sind. Neben UPC selbst gehören hierzu etwa die Speicher- und die Prozeßverwaltung. Alle anderen Komponenten können als Subsysteme gestaltet werden, also zum Beispiel die Auftragsverwaltung, das Dialogsystem und selbstverständlich Dienstleistungen wie Editoren, Sprachübersetzer etc.

Der Kern ist bei einer solchen Aufteilung immer noch ein stattliches Gebilde, das man zur Verbesserung der Zuverlässigkeit unbedingt weiter strukturieren muß. Dies kann einmal so geschehen, daß intern (wie dies für alle Subsysteme möglich ist) eine weitere, für das System transparente Modularisierung vorgenommen wird. Zum anderen kann aber erneut auf Subsysteme zurückgegriffen werden, die Teile der Aufgaben des Kerns übernehmen.

Hierzu ist es erforderlich, daß der dann verbleibende Kern nicht nur die Aufrufe von Subsystemen untereinander vermittelt, sondern auch **von sich aus** die Leistungen bestimmter Subsysteme in Anspruch nehmen kann. Hinsichtlich Schutz können solche <u>Kern-Subsystem-Aufrufe</u> konzeptuell gleich behandelt werden. Für die Subjekte (u,s) ist dann statt $s \in S$ auf $s \in S \cup \{Kern\}$ zu erweitern. Für die Überprüfung eines Kern-Subsystem-Aufrufes können dieselben Mechanismen und Protokolle wie für einen Intersubsystemaufruf herangezogen werden. Der Unterschied liegt darin, daß der Kern hier seine eigenen Aktivitäten überprüft und nicht die anderer Instanzen (ähnlich wie dies für UPC in 3.4 dargestellt wurde). Auf die Korrektheit der Arbeitsweise des Kerns muß man sich aus Sicht des restlichen Systems verlassen können. Daß man Kern-Subsystem-Aufrufe trotzdem nicht ungeprüft durchführt ist eine Maßnahme, auch innerhalb des Kerns den "sicherheitskritischen" Teil noch zu reduzieren.

Speicherverwaltung, Prozeßverwaltung etc. können damit ebenfalls in Subsystemen durchgeführt werden. Für den Kern verbleiben insbesondere Schutzsystem und Steuerung von Subsystemwechseln (außerdem alle Aktivitäten, die Privilegierung erfordern).

<u>Beispiel</u>: Aufruf der Speicherverwaltung im Zuge eines Intersubsystemwechsels (z.B. zur Beschaffung von Speicherplatz für lokale Datenobjekte). Ablauf gemäß Abb. 5-2:

1   S_1 wünscht Aufruf eines S_2-Operators (<u>call</u>)

2   Kern-Subsystem-Aufruf an die Speicherverwaltung (Kern übergibt Ablaufkontrolle an die entsprechende Einsprungstelle)

3   Rückkehr (<u>return</u>)

4   Kern übergibt Ablaufkontrolle an Einsprungstelle für gewünschten S_2-Operator

Schließlich sei noch darauf hingewiesen, daß alle Subsysteme, die nach obiger Aufspaltung für die dynamische Erzeugung anderer Subsysteme direkt oder indirekt benötigt werden, nicht selbst dynamisch entstehen können. Sie müssen bei Systemstart fest vorgegeben werden.

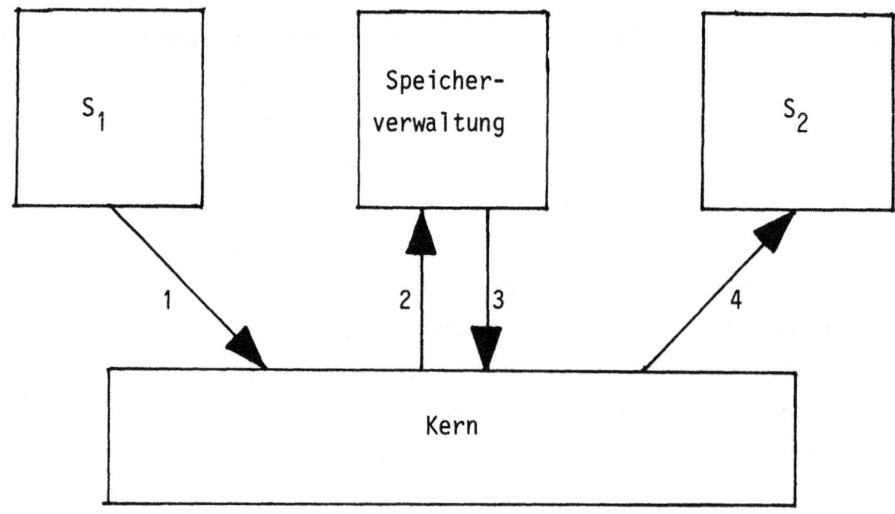

<u>Abb. 5-2:</u>   Beispiel Kern-Subsystem-Aufruf

5.1.1.4 Repräsentation und Behandlung von Subsystemtypen

Die Leistungsfähigkeit des vorgestellten Schutzkonzepts kommt erst dann zur Geltung, wenn auch neue Subsystemtypen von den Benutzern eingebracht (und bei Bedarf wieder vernichtet) werden können. Erst damit kann man mit einiger Berechtigung von **Information**sschutz sprechen, da Daten und ihre Verwendungsweise durch Programme jederzeit so gekoppelt werden können, wie es der jeweiligen Aufgabenstellung entspricht. Unsere Aufgabe besteht darin, die einen Typ repräsentierende Information (siehe 5.1.1.1) so zu organisieren, daß sie ebenso dynamisch wie andere Daten eingebracht und vernichtet werden kann.

Zur Unterbringung der Typinformation kommen entweder der Kern oder wiederum Subsysteme in Frage. Wir skizzieren eine Lösung nach dem letztgenannten Ansatz, da sie direkt an die Vorgehensweise in 5.1.1.3 anschließt.

Subsysteme zur Unterbringung von Typinformation (Typsubsysteme) müssen selbst von einem bestimmten Typ sein. An Funktionen muß dieser insbesondere die folgenden beiden aufweisen:

- eine Funktion zum Einbringen der Typinformation (put),
- eine Funktion zum Lesen der Typinformation, damit sie für den Aufbau von Subsystemen herangezogen werden kann (get).

Wir führen also für die Aufbewahrung von Typinformation einen zusätzlichen Subsystemtyp mit obigen Eigenschaften ein und nennen ihn TYPE. Da die Typinformation für TYPE selbst auf dieselbe Weise wie die für andere Subsystemtypen im System repräsentiert werden soll, benötigen wir genau ein Subsystem mit folgenden Eigenschaften:

- es ist vom Typ TYPE,
- es enthält die Typinformation für den Typ TYPE.

Man erkennt unschwer, daß dieses Subsystem nicht selbst dynamisch erzeugbar ist, sondern bei Systemstart bereits vorliegen muß. Wir nennen es daher Urtypsubsystem und erhalten eine

dreistufige Einteilung der Subsysteme wie in Abb. 5-3 (schema-
tisch). Bei allen eingezeichneten Objekten handelt es sich um
Subsysteme, auf den Ebenen 0 und 1 um Typsubsysteme, auf Ebene
0 um das (einzige) Urtypsubsystem.

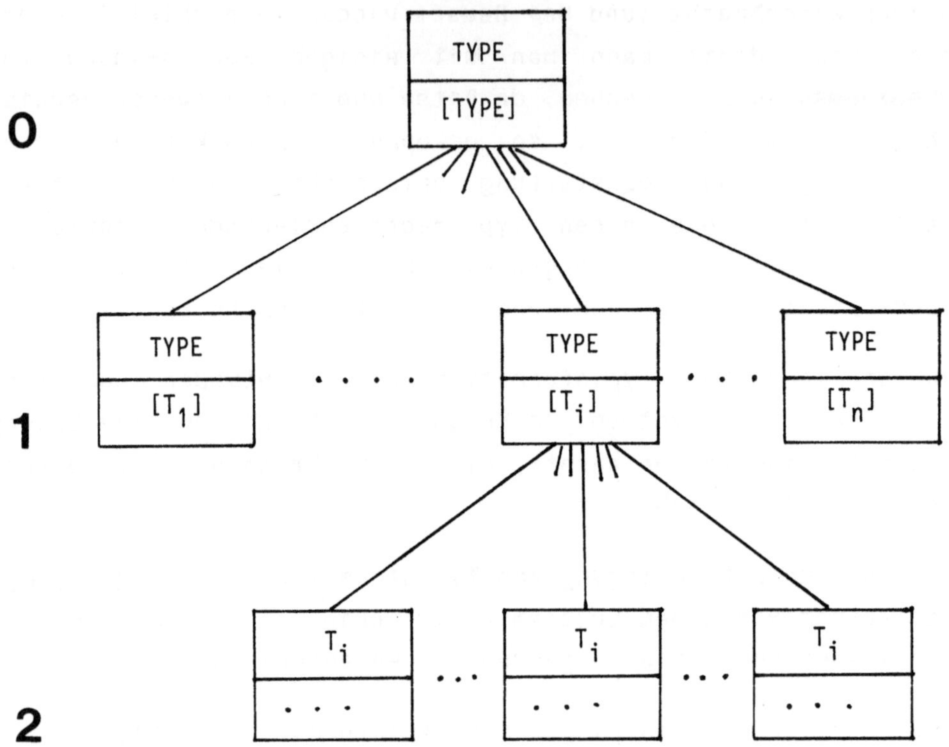

A: Typ des Subsystems

B: "Inhalt" des Subsystems (SDO)

[T]: Typinformation zu Typ T

<u>Abb. 5-3:</u>   Subsystemhierarchie

Wir repräsentieren somit einen Typ gerade durch ein Subsystem des Typs TYPE. Der Einfachheit halber setzen wir Typname und Name des entsprechenden Typsubsystems gleich. Demzufolge sind zwei durch unterschiedliche Typsubsysteme repräsentierte Typen grundsätzlich verschieden, selbst wenn ihre Typinformationen identisch sein sollten. Andererseits verlangen wir, daß hinter einer Bezeichnung stets derselbe Typ steht und lassen mit Hilfe geeigneter Rechtevergabe nach dem Beschreiben eines Typsubsystems ausschließlich Lesevorgänge damit zu.

Der Aufbau eines Betriebssystems sieht dann im allgemeinen (vom Kern abgesehen) wie folgt aus. Der Betriebssystemkonstrukteur gibt eine Reihe von Subsystemen vor (die nicht Typsubsysteme sind), die unmittelbar zur Benutzung zur Verfügung stehen. Daneben werden einige Typsubsysteme angeboten, aus denen sich die Benutzer selbst Subsysteme erzeugen können. Schließlich steht das Urtypsubsystem zur Verfügung, so daß Benutzer eigene Typen einbringen und anschließend daraus Subsysteme erzeugen können. Da für die gesamte Vorgehensweise ausschließlich das Subsystemkonzept selbst verwendet wurde, können auch die UPC-Schutzmaßnahmen an allen Stellen eingesetzt werden.

<u>Beispiel</u>: Möglicher Grobablauf der Erzeugung eines Subsystems eines "neuen" Typs.

    <u>Annahmen</u>:
- Ein fest vorgegebenes Subsystem SSM übernimmt die Erzeugung von Subsystemen (im Sinne der Aufteilung von Betriebssystemaufgaben, 5.1.1.3) und bietet den Operator <u>create__subsystem</u> an (wir abstrahieren davon, daß SSM seinerseits weitere Komponenten wie etwa die Speicherverwaltung benötigen wird).
- COMP sei ein Subsystem, das einen Operator <u>compile</u> zur Übersetzung von in bestimmter Form vorliegenden Subsystemtypbeschreibungen (Programmen) in die zur Erzeugung benötigte Darstellung anbietet. Parameter sind (u.a.) der Name eines Subsystems vom Typ (beispielsweise) "sequentielle Datei", wo der Quellcode zu finden ist, sowie der Name eines Typsubsystems, das nach erfolgreicher Übersetzung

die Typinformation für den neu definierten Typ
enthalten soll.
- Der neu definierte Subsystemtyp bietet einen
  Operator op_x an.
- Ein (Benutzer-) Subsystem SO veranlaßt und steuert
  alle Aktivitäten.

Der_Grobablauf_ist_dann_wie_folgt_(Abb._5-4):

1   Erzeugungswunsch für Typsubsystem mit Namen T1
1'   Beschaffung der Typinformation für Typsubsysteme
1''   Anlegen von T1
2   Übersetzungswunsch für im Subsystem SOURCE
         vorliegenden Quellcode; erzeugter Typ soll in
         T1 untergebracht werden
2'   Lesen des Quellcodes
2''   Einbringen der Typinformation
3   Erzeugungswunsch für Subsystem S1 vom Typ T1
3'   Beschaffung der Typinformation für T1
3''   Anlegen von S1
4   Aufruf einer S1-Operation

Art und Weise, in der Typinformationen in den Typsubsystemen
vorliegen müssen, sind systemeinheitlich festzulegen. Damit
können in Erweiterung zu 5.1.1.2 tatsächlich **beliebige** Subsystemtypen eingebracht werden, also nicht nur konventionellen
Programmen mit **einem** Operator entsprechende. Dies sollte durch
"passende" Programmiersprachen unterstützt werden, die das
Subsystemkonzept widerspiegeln. Wege zu diesem Ziel sind

- der Entwurf neuer Programmiersprachen,
- die Verwendung geeigneter existierender Programmiersprachen,
  für die zusätzliche Einschränkungen hinsichtlich der Programm-
  formulierung festgelegt und entsprechende Übersetzeränderungen
  durchgeführt werden (Beispiel: man realisiere in ADA ([ADA
  80]) einen Subsystemtyp als ein package; ein für unsere
  Zwecke geeignetes Übersetzungssystem akzeptiert gerade
  packages als vollständige Programmeinheiten; Möglichkeiten
  zum Schreiben "generischer Subsystemtypen" stellen sicher
  eine Erleichterung für den Programmierer dar).

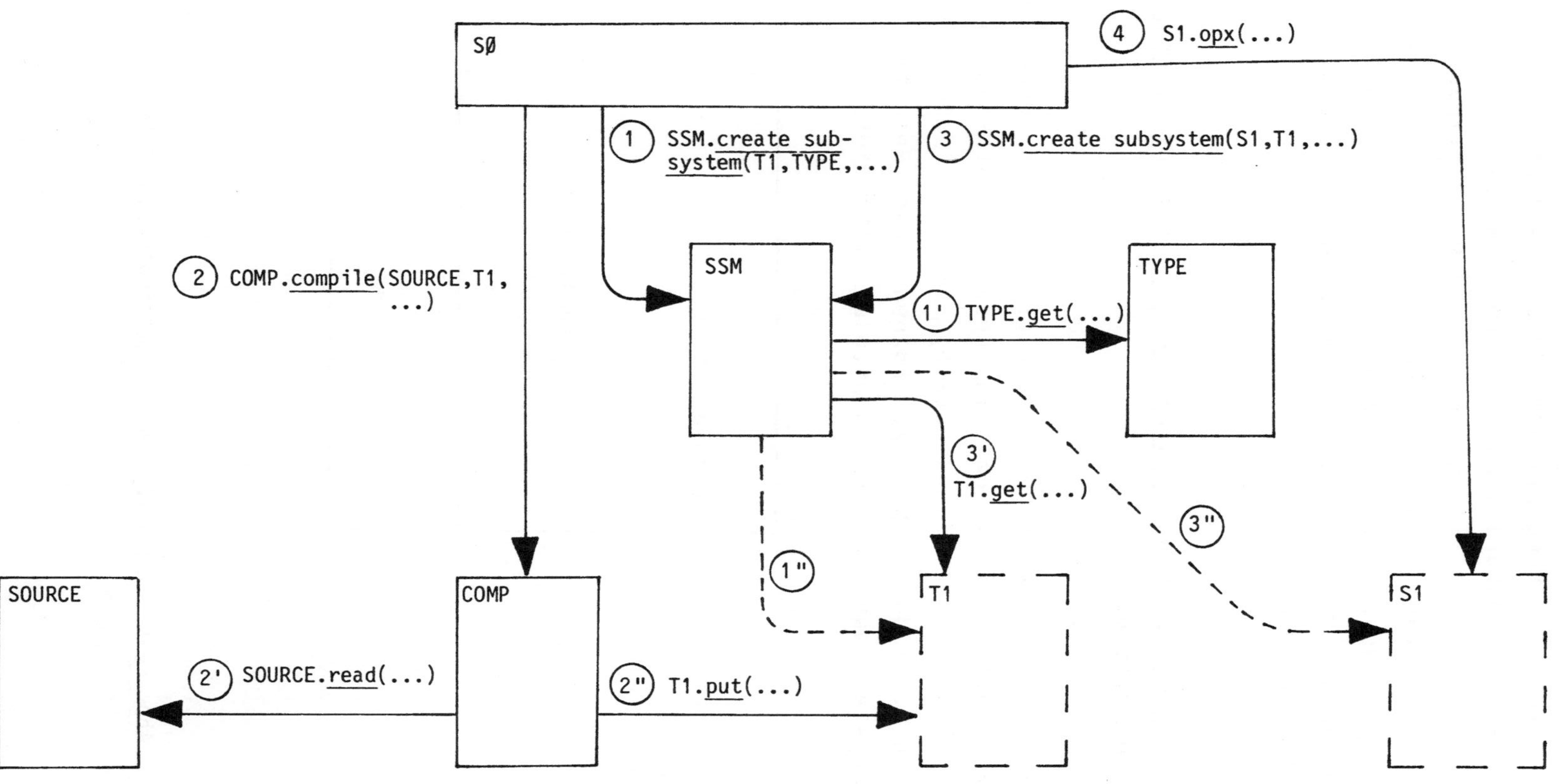

Abb. 5-4:   Beispiel einer Subsystemerzeugung aus einem neuen Subsystemtyp

Andererseits können Programmiersprachen weiter verwendet
werden, die keim Modularisierungskonzept im benötigten Sinn
aufweisen. Mit ihnen sind jedoch nur PROGRAM-Subsysteme gemäß
5.1.1.2 möglich, es kann also nicht der gesamte Spielraum des
Subsystemkonzepts ausgeschöpft werden. Vorliegende Übersetzer
müssen so abgeändert werden, daß sie die festgelegten Konventio-
nen für die Typerzeugung beachten.

5.1.2 Kombination des Schutzsystems mit einem existierenden Betriebssystem

Wirtschaftliche Erwägungen verbieten es oft, allein wegen des
Wunsches nach einem Schutzsystem ein neues Betriebssystem zu
produzieren. Dies war aber Voraussetzung, um einen integrierten
Entwurf wie in 5.1.1 durchführen zu können. Das Resultat war
ein Betriebssystem, das UPC bereits enthielt (Abb. 5-5).

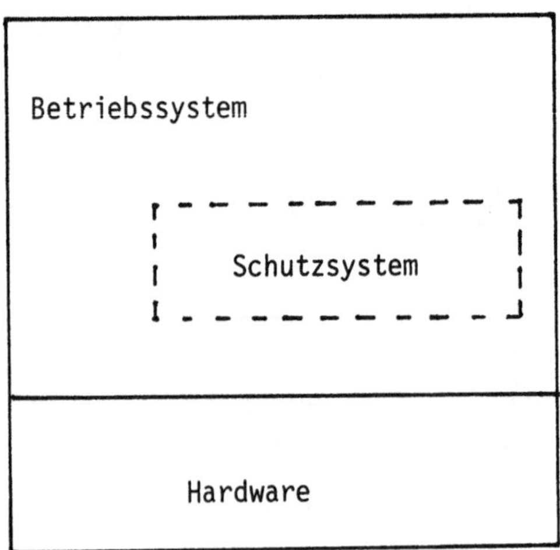

Abb. 5-5:   Schutzsystem als Betriebssystembestandteil

Welche Möglichkeiten gibt es, UPC in ein bereits existierendes Betriebssystem (eOS) einzubeziehen? Eine erste Idee könnte lauten, UPC so in eOS "einzuarbeiten", daß letztlich ein zum Vorgehen in 5.1.1 äquivalentes Endprodukt entsteht. Dies scheitert jedoch aus verschiedenen Gründen:

- Abhängigkeiten und Wechselwirkungen zwischen eOS und UPC sind nach 4.1 und 5.1.1 an einer Vielzahl von Stellen vorhanden.
- Existierende Betriebssysteme, besonders kommerziell erhältliche, weisen meist eine wenig modulare Struktur auf. Dies erschwert nachträgliche Änderungen nicht-lokaler Art ganz erheblich. Überdies sind eOS häufig unter Verletzung jeglicher möglicherweise ursprünglich vorhandenen Modularisierung stark optimiert und/oder weiterentwickelt worden.
- Selbst wenn eine Modulstruktur in eOS vorhanden ist, kann ihre Verträglichkeit mit dem Subsystemkonzept nicht a priori unterstellt werden.
- Die Eignung der Dokumentation von eOS für Zwecke größerer (globaler) Änderungen wie das Einarbeiten eines Schutzsystems muß zumindest bezweifelt werden.

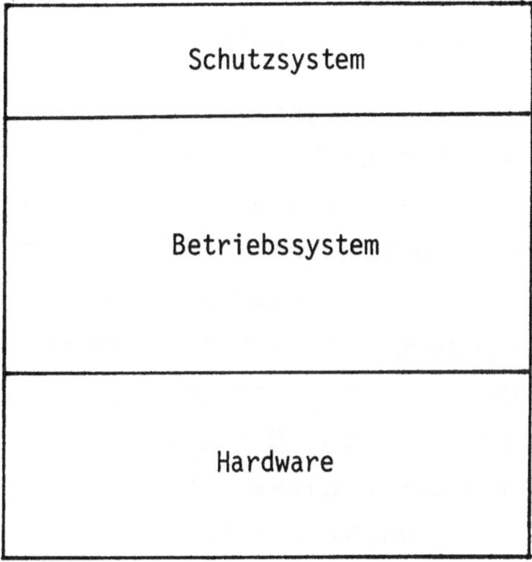

Abb. 5-6: aufgesetztes Schutzsystem

Dies alles führt dazu, daß eine Einarbeitung von UPC (wie auch jeden anderen leistungsfähigen Schutzkonzepts) in ein eOS einen Aufwand verursachen würde, der dem für vollständige Neuentwicklung gemäß 5.1.1 nahe kommt.

Es verbleibt die Möglichkeit, eOS weitestgehend unangetastet zu lassen und UPC darauf "aufzusetzen" (Abb. 5-6). Zu diesem Zweck müssen wiederum die Forderungen $\boxed{1}$ bis $\boxed{5}$ aus Abschnitt 4.1 erfüllt werden. Wir wollen nur die gravierendsten der dabei zu bewältigenden Schwierigkeiten ansprechen:

- Ausgangspunkt für die Realisierung von UPC und seiner Kopplung mit eOS ist die von eOS angebotene Schnittstelle. Sie ist in der Regel nicht geeignet, die für das Subsystemkonzept erforderlichen Isolations-, Speicherverwaltungs-, Einstiegs- punktfragen etc. unmittelbar und einfach zu übernehmen. Beispielsweise findet man in eOS häufig eine 1:1-Zuordnung zwischen Adreßräumen und Prozessen, womit bei einem Subsystem- wechsel jedesmal auch ein Prozeßwechsel organisiert werden muß. Als Konsequenz sind eine ganze Reihe von Betriebssystem- fragen in UPC bzw. in seiner Kopplung mit eOS erneut zu lösen, da in eOS keine geeigneten Mechanismen dazu vorliegen oder diese an der Schnittstelle nicht zugänglich sind.

- Schutzmaßnahmen müssen unumgehbar sein ($\boxed{2}$, $\boxed{3}$, $\boxed{4}$ in 4.1). Sind sie also nicht in der tiefsten Schicht des Rechensystems untergebracht, müssen die Schnittstellen zwischen je zwei Schichten besonders kritisch betrachtet werden. Der Übergang Hardware – Betriebssystem spielt in dieser Hinsicht auch bei Unterbringung der Schutzmaßnahmen im Betriebssystem selbst eine Rolle. Hier kann aber noch mit vergleichsweise einfachen organisatorischen Mitteln sicher erreicht werden, daß kein Mißbrauch durch direkte Benutzung der Hardware ohne Einschal- tung des Betriebssystems möglich ist. Eine Stufe höher ist dies weitaus schwieriger. Die Aufgabe lautet aber, jede Benutzung des Systems über ausschließlich die aufgesetzte Schutzsystemschnittstelle zu erzwingen. Dies verlangt u.a., **alle** Eingaben für die Betriebssystemschnittstelle abzufangen. Damit sind neben organisatorischen Maßnahmen wieder Eingriffe in das eOS erforderlich, wenn auch jetzt nur in Teile davon.

Insgesamt muß man feststellen, daß derartige "add on"-Maßnahmen im Gegensatz zu integrierten Ansätzen (wie auch in der Literatur gelegentlich angesprochen, vgl. [HOF 77])

- nur bedingt unumgehbar sind (man benötigt organisatorische und damit aus dem Rechensystem herausreichende, von diesem nicht mehr überwachbare Hilfsmaßnahmen),
- mehr Kosten (z.B. in Form von Rechenzeit) verursachen, da manche Teilaufgaben sowohl im Betriebssystem als auch im Schutzsystem durchgeführt werden (müssen).

Das Ziel muß daher in der Tat lauten, Schutzmaßnahmen integral mit dem zu schützenden Zielsystem zu entwickeln. Bei entsprechendem Sicherheitsbedürfnis ist der damit verbundene Aufwand nicht zu vermeiden. Nur als Notbehelf sind "aufgesetzte Lösungen" zu akzeptieren (nach dem Motto "besser die als gar keine"). In diesem Sinne sind auch kommerziell angebotene Schutzprodukte wie etwa RACF (resource access control facility, [IBM 78]) zu verstehen, die allerdings bei weitem bescheidenere als die hier vorgeschlagenen Mechanismen umfassen.

5.2 Verwendung für langfristige Datenhaltung

Subsysteme existieren bis zu ihrer expliziten Vernichtung, also unabhängig von der Dauer irgendwelcher Benutzeraufträge oder Prozesse. Insoweit ist es klar, daß Daten mit Hilfe von Subsystemen langfristig aufbewahrt werden können. Wir skizzieren hier, in welcher Weise unser Schutzkonzept für die beiden gängigen Datenverwaltungsformen Dateisysteme und Datenbanksysteme Anwendung finden kann. Unsere Annahmen sind folgende:

- Dateisysteme werden wie üblich als Bestandteil eines Betriebssystems realisiert. UPC sei hierzu bereits integraler Bestandteil des Betriebssystems.

- Bei einem auf ein Betriebssystem aufgesetzten Datenbanksystem können folgende beiden Situationen auftreten (Abb. 5-7).

a) Das Schutzsystem ist bereits im zugrunde liegenden Betriebssystem realisiert und kann vom Datenbanksystem benutzt
   werden.
b) Das Betriebssystem bietet kein Schutzsystem an. In diesem
   Fall ist es - ganz analog wie in 5.1.2 geschildert, insbesondere mit den dort genannten Problemen - als Basismechanismus
   im Datenbanksystem selbst zu realisieren.

Für die Art der Verwendung spielt der Ort der Realisierung
keine entscheidende Rolle. Wir nehmen daher Fall a) an.

- Sowohl für Datei- als auch für Datenbanksysteme weist das
  Betriebssystem alle in 5.1.1 entwickelten Möglichkeiten auf.

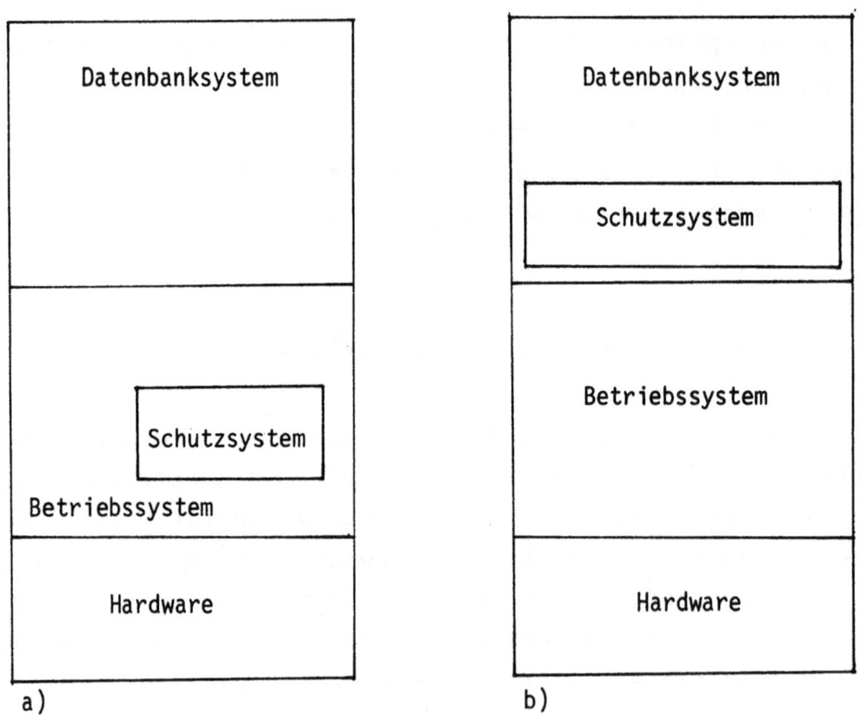

Abb. 5-7:   Datenbanksystem und Schutzsystem

5.2.1 Dateisysteme

Dateien können nach 5.1.1.2 als Subsysteme realisiert werden. Der zugrunde liegende Typ macht die jeweilige Zugriffsmethode aus. Aufgrund der funktionalen Schnittstelle von Subsystemen werden die bei konventioneller Realisierung erforderlichen Puffer, Dateisteuerblöcke etc. in diesen "Dateisubsystemen" verborgen. Der traditionelle Dateikatalog fällt als Teil eines umfassenden Subsystemkatalogs ab.

Anhand einiger Beispiele sei erläutert, wie aufgrund dieser Organisation Schutz von Dateien betrieben werden kann.

● Der Erzeuger eines Dateisubsystems d erhält alle Rechte zum Umgang damit. Die Weitergabe von Rechten kann selektiv an einzelne andere Subjekte erfolgen. Dabei können Privilegien zum beliebigen Umgang (m-Recht (d,□)) oder für einzelne Operatoren vergeben werden.

● Je nach detaillierter Gestaltung der Schnittstellen der Dateisubsystemtypen können Rechte bis auf Parameterniveau eingesetzt werden. Gibt es etwa eine schlüsselorientierte Zugriffsmethode mit natürlichem Schlüssel, so ist bei einem Operator

getkey(k: CARDINAL,...)

eine Vergabe des Rechts (d,getkey,[1000..2000],...) mit [..] ein abgeschlossenes Intervall möglich. Stellt der Schlüssel beispielsweise die Personalnummer in einem Mitarbeiterdatenbestand dar, kann ein Sachbearbieter auf die Verwendung einer bestimmten Teilmenge der Mitarbeiterdaten beschränkt werden.

● Einfache Formen inhaltsorientierten Schutzes sind möglich, wenn die Schnittstelle mit "passenden" Ausgabeparametern ausgestaltet wird wie etwa in

getvalue(in k: CARDINAL, out v: CARDINAL, ...).

Mittels Gewährung von (d,_getvalue_,*,[0..4000],...) wird dem betreffenden Subjekt der Erhalt solcher Informationen zugestanden, für die der v-Wert 4000 nicht übersteigt.

● Dank des gewählten Subjektbegriffs können bestimmte Verwendungsarten der in Dateisubsystemen abgelegten Information erzwungen werden, ohne daß deren Schnittstelle diese unmittelbar als Operatoren enthält. So erlaubt es folgende Rechteverteilung, daß Benutzer U2 die Datei D "direkt" liest, während U1 lediglich mit Hilfe eines "Statistiksubsystems" SSS bestimmte aggregierende Auswertungen der D-Daten vornehmen darf (Abb. 5-8):

```
R(U1,?)     = {(SSS, execute, ...)}
R(U1,SSS)   = {(D, read, ...)}
R(U2,?)     = {(D, read, ...)}
```

Auf diese Weise können durch "Zwischenschalten" spezieller Subsysteme beliebige Auswerteformen für Dateien geboten werden, die nicht in den von den Betriebssystembauern zur Verfügung gestellten (und daher allgemein gehaltenen) Zugriffsmethoden zur Verfügung stehen.

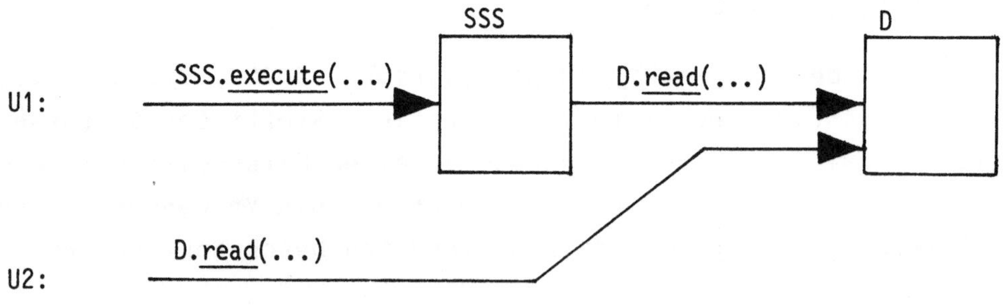

Abb. 5-8:   Beispiel Dateischutz

Gleiches Vorgehen bietet sich an, um auf der Basis einer angebotenen direkten Blockzugriffsmethode "höhere" satzorientierte Zugriffsmethoden zu realisieren. Außerdem läßt sich auf diese Weise ein Teil der "verarbeitungsorientierter Datenschutz" genannten Probleme im Methodenbankbereich lösen ([HL 78]).

Auch auf andere Weise läßt sich mit dem vorgestellten Konzept ein Dateisystem realisieren. Hierzu faßt man das **gesamte** Dateisystem als **ein** Subsystem auf. Ein Katalog ist dann unabhängig vom Subsystemkatalog vorzusehen, da die Interna des Dateisystem-Subsystems dem restlichen System verborgen bleiben. Differenzierter Schutz der Einzeldateien kann durch Ausnutzung der Parameterprüfung erfolgen: der Name der für eine Operation gewünschten Datei muß als Parameter mitgeliefert werden. Durch Rechtevergabe nur für bestimmte Werte dieses Parameters wird das Gewünschte erreicht.

Trotzdem hat diese Vorgehensweise Nachteile gegenüber der bisher diskutierten:

- Isolation **innerhalb** des Dateisystems wird nicht mehr durch die systemweit verwendeten Mechanismen gewährleistet.

- Das Einbringen neuer Zugriffsmethoden - vorher durch Hinzunahme weiterer Subsystemtypen leicht möglich - bedeutet nun eine Änderung des Subsystemtyps "Dateisystem".

Mischformen sind ebenfalls denkbar; hierbei kann es neben eigenständigen "Unterdateisystemen" (jeweils ein Subsystem) Einzeldateien (ebenfalls je ein Subsystem) geben. Steuerung und Verwaltung des Gesamtkomplexes wären in diesem Fall - außer natürlich durch die Subsystemverwaltung - durch ein zusätzliches Dateiverwaltungssubsystem wahrzunehmen, das u.a. den Katalog enthält. Je nach gewünschter Isolation könnte bei Anlegen einer Datei ausgewählt werden, wie sie realisiert werden soll. Eine Reihe von Standarddateien mit geringen Schutzbedürfnissen (beispielsweise auch temporäre Dateien) könnte man in **einem** Subsystem unterbringen. Auf der anderen Seite könnten mühelos neue Zugriffsmethoden aufgenommen werden. Abb. 5-9 zeigt die Prinzipien der genannten Realisierungsformen.

a) Datei ≙ Subsystem

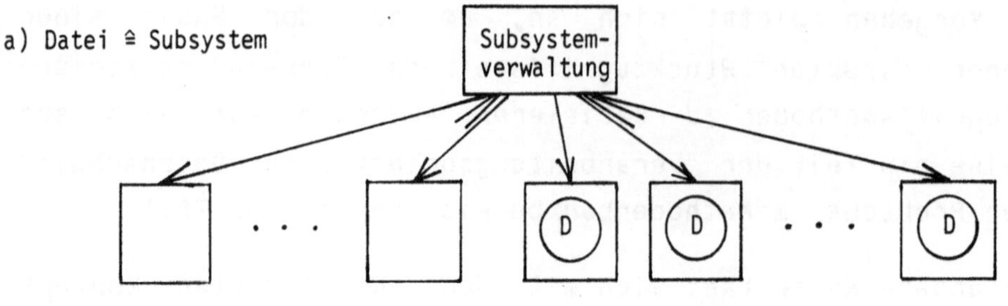

b) Dateisystem ≙ Subsystem

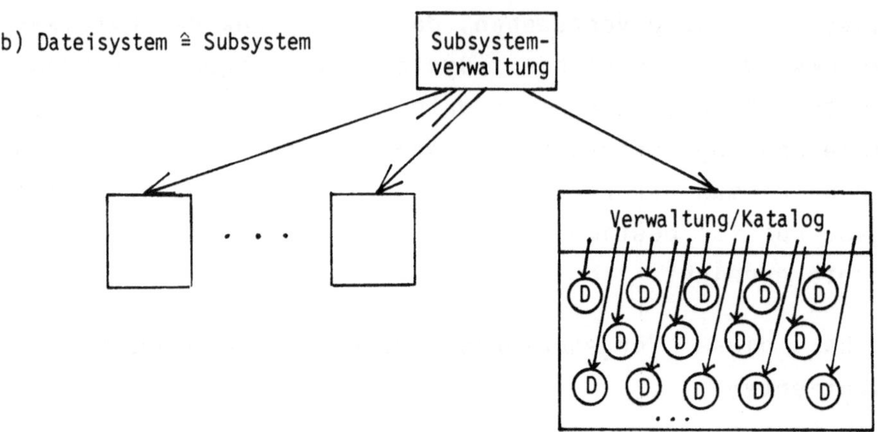

c) Mischform

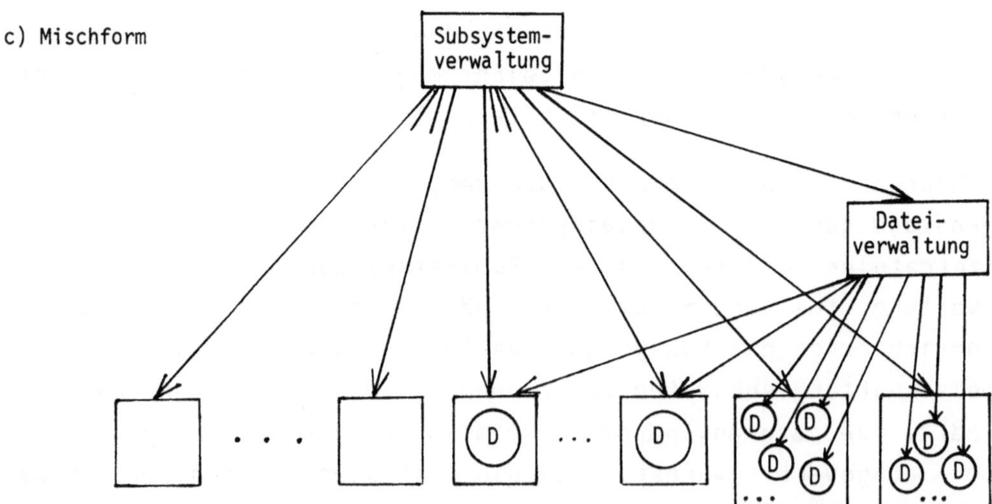

<u>Abb. 5-9:</u>   Dateien und Subsysteme

"verwaltet" (Buchführung etc.)
D Datei
   Subsystem

5.2.2 Datenbanksysteme

Datenbanken weisen eine Vielzahl von Schutzproblemen auf, denen mit den verschiedensten Mitteln begegnet werden kann (vgl. etwa [FSW 81], [FW 80], [WFS 80]). Der Einsatz von UPC ist sicher nicht für all diese Problemstellungen auf sinnvolle Weise möglich, aber auch von den möglichen Fällen kann hier nur ein kleiner Teil beispielhaft herausgegriffen werden.

Die Architektur von Datenbanksystemen läßt sich als eine Folge von Schichten auffassen, von denen jede einen Teil der Abbildung von der Benutzer- zur Maschinenschnittstelle realisiert ([HÄR 83]). Schutzregelungen werden bezüglich der Benutzerschnittstelle getroffen und müssen damit an die dortigen Konzepte anknüpfen. Mechanismen zu ihrer Durchsetzung können jedoch auf mehrere Schichten verteilt werden (hierarchische Schutzsystemstruktur nach [DIT 81]).

Auf den unteren Schichten stehen die Schutzmechanismen des unterliegenden Betriebssystems zur Verfügung. So kann etwa auf folgende Weise verhindert werden, daß eine vom Datenbanksystem benutzte Datei anderweitig manipuliert und damit eine Umgehung der Schutzmaßnahmen des Datenbanksystems ermöglicht wird. Wir nehmen dazu der Einfachheit halber an, daß das Datenbanksystem als ein einziges Subsystem "dbs" realisiert ist. Indem Rechte zur Benutzung von Datenbankdateien nur der Rechtemenge R(*,dbs) überlassen werden, können unter Einschaltung des Datenbanksystems beliebige, aus anderen Subsystemen heraus jedoch keine Benutzer entsprechende Zugriffe durchführen.

In den oberen Schichten, die nach [HÄR 83] die satz- und die mengenorientierte Schnittstelle zur Verfügung stellen, müssen sich die angebotenen Schutzmaßnahmen nach den dort verwendeten Datenmodellen richten. Entsprechende Konzepte für die gängigen Datenmodelle (Relationen-, Netzwerkmodell) finden sich etwa in [OLL 78], [GW 76] oder [SW 74].

Unsere Aufgabe soll es vernünftigerweise nicht sein, diesen existierenden weitere Schutzkonzepte für die Datenbanksystemschnittstelle hinzuzufügen. Vielmehr geht es darum, wie man zu einer Realisierung der existierenden Datenbankschutzmaßnahmen kommt, die nicht wie bisher üblich vollständig durch das Datenbanksystem geleistet werden muß, sondern das in dieser Arbeit entwickelte Schutzkonzept (es möge im Betriebssystem angeboten werden) benutzt. Wir wollen hier an Beispielen die Idee vermitteln, wie dies für eine mengenorientierte und für eine satzorientierte Schnittstelle auf der Basis eines relationalen Datenmodells aussehen könnte. Ein detaillierter Entwurf für ein konkretes Datenbanksystem muß weiteren Arbeiten vorbehalten bleiben. Einige Überlegungen dazu und Vergleiche mit dem Einsatz anderer Schutzkonzepte finden sich in [SCH 81].

Eine Relation läßt sich auf ähnliche Weise wie eine Datei durch ein Subsystem realisieren. An Operatoren des Subsystems wären etwa Lesen, Ändern, Einfügen und Löschen eines Tupels vorzusehen. Anlegen und Beseitigen der Relation entsprechen Erzeugung und Vernichtung des Subsystems.

Das Hauptaugenmerk ist auf die Ausgestaltung der Subsystemoperatoren zu legen, wobei wir exemplarisch den Leseoperator herausgreifen. Bei einer **satzorientierten Schnittstelle** liefert er pro Aufruf höchstens ein Tupel als Ergebnis.

Sei R1 eine Relation (das zugehörige Subsystem heiße ebenfalls R1), $R1 \subseteq D_1 \times \ldots \times D_n$, D_i, $i=1,\ldots,n$ Attribute, D_1 Schlüsselattribut, so bietet sich als Leseoperator

$$\underline{read} \ (\underline{in} \ D_1, \ \underline{out} \ D_2, \ \ldots, \ D_n)$$

an, wobei die D_i als Bezeichner für die Attribute stehen mögen. Ein Tupel sei durch seinen D_1-Wert eindeutig identifizierbar. Schutz kann beispielsweise dadurch erzielt werden, daß

- ein Subjekt nur Rechte für ganz bestimmte Werte von D_1 erhält,
- zusätzlich oder stattdessen die erlaubten Werte für die Ausgabeattribute eingeschränkt werden; legt man etwa für D_2 (numerische Typen unterstellt) $\leq$ 3000 fest, so können nur solche Tupel erhalten werden, für die $D_2 \leq 3000$ gilt.

Natürlich kann auch auf Operatorebene privilegiert, also etwa
read erlaubt, alle Änderungsoperatoren aber verboten werden.

Geht man von der Voraussetzung eindeutiger Tupelidentifizierbar-
keit durch die in-Attribute ab, so muß der Leseoperator bei
einer "tupel at a time"-Schnittstelle Eigenschaften zum sequen-
tiellen Herausgeben der Ergebnismenge enthalten. Durch Einschränkung von out-Attributen kann sogar Einfluß auf die
tatsächlich gelieferte Ergebnismenge genommen werden.

Beispiel: R2:

Pers#	Abt#	Gehalt	Kinderzahl
10	2	3000	2
21	3	3000	0
34	3	4000	2
42	3	4000	6
53	3	4000	4

Operator: reads (in Abt#, Gehalt,
                   out Pers#, Kinderzahl)

vorliegende Rechte: (R2, reads, *, *, *, $\leq$ 4)

Dann liefert eine Folge von Aufrufen (bis zu einer
beliebig realisierten Anzeige über das Erschöpfen
der Menge sich qualifizierender Tupel)

    R2.reads (3, 4000, x_1, x_2)

die Tupel mit Pers# = 34 und Pers# = 53, nicht aber
das Tupel mit Pers# = 42. An seiner Stelle erhält
man einen Fehler wegen nicht autorisierter Operation
(den man an der Schnittstelle des Datenbanksystems
falls gewünscht verbergen kann, so daß dort einfach
die erlaubten Tupel erscheinen).

Für eine **mengenorientierte Schnittstelle** müßte ein Leseoperator folgendes Aussehen haben:

$$\underline{readm}\ (\underline{in}\ s\text{-}att_1,\ ...,\ s\text{-}att_k,\ \underline{out}\ tm).$$

$s\text{-}att_1,\ ...,\ s\text{-}att_k$ seien dabei diejenigen Attribute, die zur Selektion der Ergebnistupel herangezogen werden. Als Ergebnis ist jetzt eine Menge von Tupeln vorzusehen.

Da über Typen von Operatorparametern in UPC nichts festgelegt wurde, kann eine Implementierung so erfolgen, daß tm tatsächlich eine Tupelmenge darstellt. Diese Menge ist aus Sicht des Schutzsystems als Einheit zu sehen, deren Substruktur (Mengenelemente, einzelne Tupel) verborgen bleibt. Daher können für die Formulierung der für tm zugelassenen Werte auch nicht einzelne Tupelkomponenten herangezogen werden. Es verbliebe eine Aufzählung aller zugelassenen Ergebnismengen, was eine sinnvolle Detailautorisierung unmöglich macht. Somit kommen pragmatisch betrachtet nur Autorisierungen in Frage, die für tm Globalautorisierung * vorsehen.

Das Problem läßt sich dadurch lösen, daß man wie schon mehrmals mit "aufgesetzten" Subsystemen arbeitet. Dies liegt hier umso näher, als ohnehin im Datenbanksystem die mengenorientierte Schnittstelle gewöhnlich auf einer satzorientierten Schnittstelle realisiert ist. Das Vorgehen ist wie folgt:

Die eigentliche Relation bildet zusammen mit der satzorientierten Schnittstelle ein Subsystem R1. Dieses weist u.a. einen Operator wie oben $\underline{reads}$ auf. Die Mengenschnittstelle wird durch ein weiteres Subsystem SI mit (u.a.) einem Operator wie oben $\underline{readm}$ gebildet (Abb. 5-10).

Datenbanksystembenutzer arbeiten mit der mengenorientierten Schnittstelle. Einem betrachteten Subjekt (u,?) sind also Rechte zu gewähren, um $\underline{readm}$ in SI aufzurufen. Die $\underline{readm}$-Implementierung in SI ermittelt durch eine Aufruffolge an R1 die Ergebnismenge. Hierzu müssen an R(u,SI) entsprechende Rechte für die $\underline{reads}$-Anwendung auf R1 vergeben werden. Dabei können Einschränkungen hinsichtlich der Ergebnistupel Berücksichtigung finden, die möglicherweise an der Autorisierungsschnittstelle des Datenbanksystems formuliert worden sind. Auf keinen Fall finden sich Rechte an R1 in R(u,?). Übrigens können Sichten (Views; [CGT 75]) auf analoge Weise durch aufgesetzte Subsysteme behandelt werden.

Bleibt die Frage zu beantworten, wie man bei gegebener Schnittstelle eines Datenbanksystems zu den in den Beispielen benutzten Subsystemen kommt und wie die entsprechende Rechteverteilung vorgenommen wird.

Sicherlich können nicht alle erforderlichen Subsystemtypen vom Datenbanksystemkonstrukteur vorgegeben werden; andererseits kann auch der Datenbankbenutzer nicht für ihre Programmierung verantwortlich gemacht werden. Es bietet sich daher folgender Weg an. Der Aufbau einer Datenbank (hier aus Relationen, Views etc.) wird an der Schnittstelle bekanntlich durch Schemata festgelegt. Die überhaupt möglichen Operatoren stehen bei einem konkreten

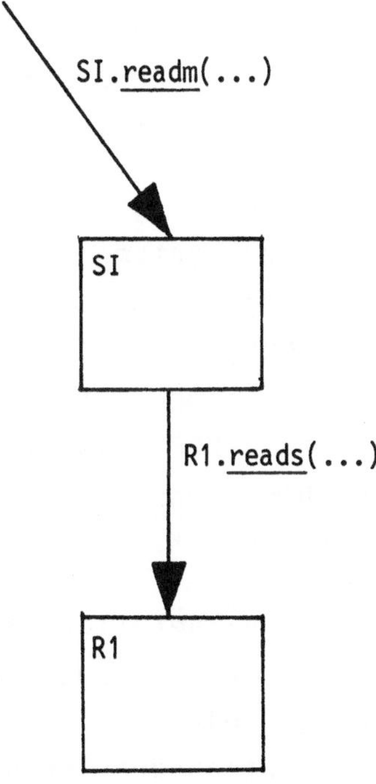

Abb. 5-10:   Relation und satzorientierte Schnittstelle

Datenbanksystem ebenfalls fest. Sie sind jedoch als sogenannte generische Operatoren ([GG 77]) zu betrachten, d.h. der Typ ihrer Parameter steht noch nicht endgültig fest. Damit kann man die benötigten Subsystemtypen automatisch generieren. Diese Aufgabe ist vom Datenbankverwaltungssystem zu erledigen, welches auch die Rechteverteilung anhand der Spezifikation an der Datenbanksystemschnittstelle vornimmt. Die automatische Generierung von Subsystemtypen auf der Basis bestimmter vorliegender Informationen (z.B. Schemata) und vorgefertigter Operatorimplementierungen (bei denen lediglich die Parametertypen noch auszufüllen sind) realisiert letztlich "parametrisierte Datentypen" ([FHR 81]), während das Schutzkonzept selbst ausschließlich mit konkreten Datentypen arbeitet.

Ohne dies hier genauer ausführen zu können sei festgestellt, daß man etwa das Schutzkonzept von System R ([GW 76]) entlang der aufgezeigten Linien unter weitgehender Ausnutzung unserer Schutzmechanismen realisieren kann. Die Vorgehensweise dabei lautet grob wie folgt (Kenntnis von [GW 76] wird vorausgesetzt):

- Wir fassen das Datenbankverwaltungssystem selbst als ein Subsystem dbs auf; seine Benutzer werden zur Verwendung der Schnittstelle entsprechend privilegiert.

- dbs verfügt über vorgefertigte Bausteine für Relationssubsystemtypen und Sichtensubsysteme. Dies sind Programmfragmente, aus denen bei Bekanntgabe der gewünschten Attribute etc. Subsystemtypbeschreibungen der benötigten Form generiert werden können. An Operatoren stehen READ, INSERT, DELETE und UPDATE zur Verfügung. DROP zum Vernichten einer Relation oder Sicht wird nicht eigens benötigt, da es dem Vernichten eines Subsystems entspricht.

- Erzeugung einer neuen Relation R1: dbs generiert einen entsprechenden Subsystemtyp aus obigen Bausteinen und erzeugt anschließend ein Subsystem davon mit Namen R1. Die dabei in R(u,dbs) entstehenden Rechte (R1,□) werden von dbs an R(u,*) weitergegeben (u sei der Benutzer, der die Erzeugung veranlaßt hat).

● Analog verläuft die Erzeugung einer neuen Sicht V1.

● Abbildung von Autorisierungsoperationen: Ruft u die dbs-Autorisierungsoperation

$$GRANT\ \langle operator\rangle\ ON\ \langle relation\rangle\ TO\ \langle user\rangle$$

auf, wobei <relation> ein Relations($\triangleq$Subsystem-)name und <user> eine Benutzerkennung ist, so wird dies durch dbs in die UPC-Operation

$$\underline{copy\_right}((\langle relation\rangle,\langle operator\rangle,\ \square\ ),(u,*),(\langle user\rangle,*),1)$$

umgesetzt. (u,dbs) muß hierzu bei Relationserzeugung mit den erforderlichen Rechten höherer Stufe ausgestattet werden.

5.3 <u>Verwendung_in_verteilten_Systemen</u>

Unter einem verteilten System versteht man ein Rechensystem, das die funktionale Verteilung und zusammenwirkende Ausführung ihm gestellter Aufgaben in mehreren, in einem Kommunikationsnetzwerk miteinander verbundenen Rechnerknoten übernimmt (CCHA 80]). Der Einsatz unseres Schutzkonzepts richtet sich nach den speziell zu lösenden Aufgaben (die keine signifikanten Unterschiede zu solchen in zentralisierten System aufweisen) und braucht nicht weiter diskutiert zu werden. Untersuchenswert ist hingegen die Frage, wie das Schutzkonzept architekturmäßig in einem verteilten System unterzubringen ist.

Als Voraussetzung nehmen wir an, daß jedes Subsystem vollständig an einem Knoten des Netzes angesiedelt ist. Die Überwachung der Zusammenarbeit zwischen Subsystemen kann dann zentralisiert oder dezentralisiert erfolgen.

a) Zentralisierte Überwachung

Das Schutzsystem wird vollständig in einem ausgezeichneten Netzknoten installiert. Jeder Subsystemwechsel (auch ein "lokaler", zwischen Subsystemen **eines** Knotens stattfindender) erfordert die Einschaltung dieses "Schutzknotens" SK. Je nach Auslegung des Netzes sieht ein Subsystemwechsel von S_1 in Knoten K_1 nach S_2 in Knoten K_2 wie folgt aus (Abb. 5-11):

Fall 1: Die Knoten können untereinander beliebig kommunizieren. K_1 fragt bei SK an (1), ob ein gewünschter Subsystemwechsel zulässig ist. Bei positiver Antwort (2) wird K_1 den Subsystemwechsel durchführen (3). Die Kopplung von Schutz- und Zielsystem obliegt weitestgehend den beteiligten Einzelknoten.

Fall 2: Kommunikation ist nur sternförmig über SK möglich. Ein gewünschter Subsystemwechsel ist SK mitzuteilen (1) und wird bei erfolgreicher Prüfung sofort von SK vermittelt (2). Damit entspricht SK weitgehend dem Kern aus 5.1.1.3, dem die Kopplung Schutz-/Zielsystem obliegt. Es wird die natürliche Isolation der einzelnen Knoten ausgenutzt.

Aus Schutzsicht ist Fall 2 vorzuziehen, da hier weniger Möglichkeiten zu ungeprüften Aktivitäten bestehen. Beide Lösungen widersprechen aber der Tendenz, möglichst keine Zentralinstanzen in Rechnernetzen vorzusehen. Nachteile entstehen hierbei nämlich u.a. bezüglich

- Nachrichtenaufkommen (es ist sehr viel Kommunikation zu betreiben, um SK einzuschalten etc.),
- Ausfallsicherheit (fällt SK aus, ist gesamtes Netz "tot"),
- Leistungsfähigkeit (SK kann zu Engpaß werden).

Einsatzmöglichkeiten für diesen Ansatz bestehen jedoch dann, wenn etwa für SK ein speziell für die dort anfallenden Aufgaben geeigneter Rechner zur Verfügung steht. Dies ist beispielsweise in manchen (als verteilte Systeme auffaßbaren) Datenbankmaschinen der Fall ([BBH 78]).

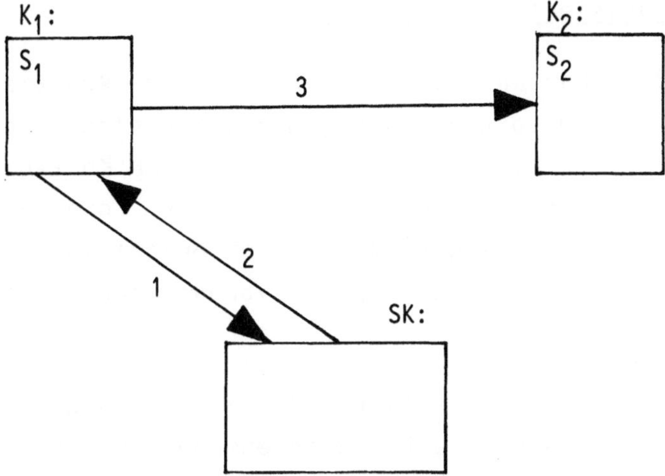

Fall 1

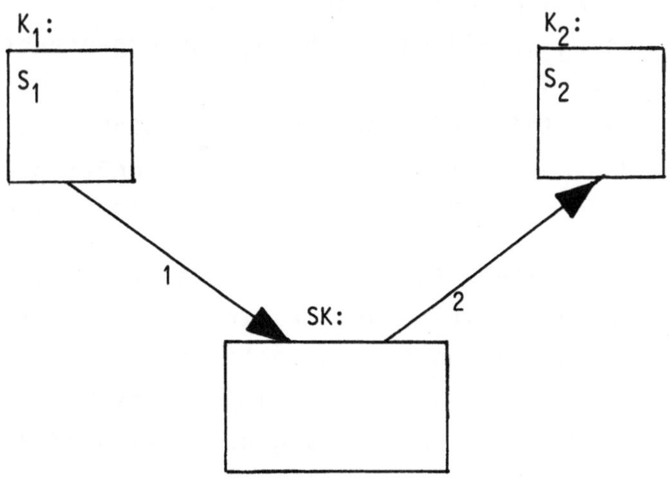

Fall 2

<u>Abb. 5-11:</u> Zentralisierte Überwachung

b) Dezentralisierte_Überwachung

In jedem Knoten wird ein Exemplar des Schutzsystems eingebaut, so daß lokale Prüfungen möglich sind. Die Schutzinformation ist so zu verteilen, daß an jedem Knoten die für die
dortigen Prüfungen benötigten Teile lokal vorhanden sind.
Damit eröffnen sich wiederum zwei prinzipielle Möglichkeiten
(S_k: Menge der im Knoten k vorhandenen Subsysteme ($S = \bigcup\limits_{alle\ k} S_k$)):

Fall_1: (ausgangsorientierte Partitionierung)
> In k werden alle Rechtemengen $R(u,s)$ mit $s \in S_k$
> vollständig untergebracht. Damit muß in k jeder
> Wunsch nach Subsystemwechsel geprüft werden, **bevor**
> er den Knoten verläßt. Der Zielknoten geht davon
> aus, daß alle ankommenden Aufrufe zulässig sind.

Fall_2: (eingangsorientierte Partitionierung)
> In k werden alle in beliebigen $R(u,s)$ enthaltenen
> $CAP_{(u,s)}(s')$ mit $s' \in S_k$ untergebracht. k enthält
> also die Rechte aller Subjekte an Subsystemen, die
> sich in k befinden. Subsystemaufrufe werden stets an
> den Zielknoten gesandt. Dieser prüft die Zulässigkeit
> und weist unzulässige Anforderungen zurück.

Schutzinformationen für lokale Subsystemwechsel liegen in
beiden Fällen lokal vor. Wiewohl die zweite Lösung etwas
höheren Kommunikationsaufwand erfordert (im Falle unzulässiger Aufrufe) ist sie vorzuziehen, da hier die natürliche
Isolation der Knoten so ausgenutzt wird, daß jeder autonom
entscheiden kann, welche Aktivitäten bei ihm durchgeführt
werden und welche nicht. Fehlerhaftes Verhalten eines
Knotens beeinflußt direkt nur die Subsysteme dieses Knotens.

Selbstverständlich bestehen weitere Schutzprobleme in verteilten
Systemen, die für den Einsatz von UPC (aber auch jeden anderen
Schutzkonzepts) entscheidend sind, jedoch auf andere Weise
gelöst werden müssen. Dazu gehören etwa folgende:

- Werden Subsysteme redundant in mehreren Knoten gehalten, muß für Konsistenz der Schutzinformation gesorgt werden.
- Die Identität der beteiligten Knoten ist bei allen Kommunikationen festzustellen (Identifikation, Authentisierung).
- Nachrichten müssen unverfälscht und "abhörsicher" transportiert werden (Einsatz kryptographischer Verfahren, Nachrichtenauthentisierung).
- Autorisierungen können nun auch zwischen Knoten erfolgen. Hierbei ist der eben genannte Punkt besonders zu beachten.

6.   Implementierungsgesichtspunkte

Obgleich Implementierungen von UPC keine grundlegenden Probleme
aufwerfen, erfordert die Lösung einiger Teilaufgaben Anstrengungen, um ein hinsichtlich Laufzeit- und Speicherplatzbedarf
günstiges Produkt zu erhalten. Wir besprechen in diesem Kapitel
einige Gesichtspunkte einer konkret durchgeführten Implementierung im Rahmen des Betriebssytemprojekts OSKAR. Da hierbei
neben Schutz auch eine Reihe anderer Zielsetzungen bestehen,
mußte von einer vollständigen Realisierung des Schutzkonzepts
abgesehen werden. Einschränkungen ergeben sich aus [O-2] sowie
[DIT 82] und werden nachfolgend fallweise genannt. Sie liegen
vorwiegend im Bereich des Autorisierungssystems, stellen jedoch
insgesamt nur eine vergleichsweise kleine Reduktion seiner
funktionalen Leistungsfähigkeit dar.

Wir geben zunächst eine kurze Übersicht über den allgemeinen
Aufbau von OSKAR, um das Verständnis der schutzrelevanten
Eigenheiten zu ermöglichen. Anschließend skizzieren wir die
gewählten Lösungen für die Implementierung von Subsystemen und
deren Isolation sowie für Überwachungs- und Autorisierungssystem. Außerdem gehen wir auf die Verwaltung der benötigten
Schutzinformation ein. Für ausführlichere Darstellungen wird
auf die Projektdokumentation ([O-1]-[O-5], [GOT 82]) verwiesen.

6.1   Allgemeiner Systemaufbau

In OSKAR liegt ein integrierter Entwurf Betriebs-/Schutzsystem
mit Aufteilung in Systemkern und (Betriebssystem-) Subsysteme
(5.1.1.3) vor. Der Kern wurde möglichst klein gehalten und
Aufgaben soweit möglich in Subsysteme ausgelagert. Für ihn
verbleiben insbesondere das Schutzsystem (mit einer noch zu
diskutierenden Ausnahme) sowie alle Aufgaben, die privilegierte
Befehle der zugrunde liegenden Hardware (die Implementierung

erfolgt für Rechner der Serie Siemens 7.000 ([SJE 79A]))
benötigen. Solche Aufgaben (beispielsweise das Starten von
Ein-/Ausgaben) werden als Funktionen der Kernschnittstelle
realisiert.

Da hier keine vollständige Beschreibung von OSKAR gegeben
werden kann, zählen wir nur die wichtigsten der beteiligten
Subsysteme auf:

- Prozeßverwaltung_(PMM):
  realisiert Prozeßumschaltstrategie, bietet Synchronisations-
  primitive an

- physikalische_Plattengeräte_(PDD):
  beinhalten Programme zum Betreiben von Plattenlaufwerken,
  bieten Lese-/Schreibfunktionen für die aufliegenden Magnetplatten (je Laufwerk existiert ein solches Subsystem)

- Plattenverwaltung_(DMD):
  führt Buch über Belegung der verwendeten Magnetplatten, nimmt
  Anforderungen und Freigaben von Plattenbehältern entgegen

- Logisches_Plattengerät_(LDD):
  stellt einen linearen Behälteradreßraum zur Verfügung, bei
  dem alle Details der zugrunde liegenden physikalischen Geräte
  verdeckt werden; nimmt Anforderungen und Freigaben sowie
  Lese- und Schreibwünsche für diese logischen Behälter entgegen

- Verwaltung_virtueller_Speicher_(VMM):
  realisiert virtuelle Adreßräume, implementiert Seitentausch-
  strategie usw.

- Subsystemkatalog_(SSC):
  führt Buch über die jeweils vorhandenen Subsysteme

- Logische_Behälterverwaltung_(LCM):
  übernimmt Zuteilung der (bei LDD angeforderten) Behälter an
  die einzelnen Subsysteme

- <u>Subsystemverwaltung (MSM)</u>:
  übernimmt Erzeugen/Vernichten von Subsystemen, veranlaßt
  zugehörigen Adreßraumauf-/-abbau etc. [Hinweis: das in
  5.1.1.4 verwendete Subsystem SSM ist in OSKAR nochmals
  zerlegt worden in die Subsysteme MSM, LCM und SSC]

- <u>Urtypsubsystem (IIS)</u>:
  gemäß 5.1.1.4

Außer bei PDD handelt es sich jeweils um genau ein Subsystem
eines entsprechenden Subsystemtyps. Die potentiellen Aufrufbeziehungen zwischen den Subsystemen sind in Abb. 6-1 dargestellt
(der Einfachheit halber wird ein einziges PDD verwendet).
Detailliertere Erläuterungen finden sich in [O-1] und [O-3].

Prozesse fungieren in OSKAR ausschließlich als Einheiten des
dynamischen Ablaufs, dienen also nicht wie anderswo (etwa in
[JS 77]) dem modularen Systemaufbau. Jeder Prozeß beginnt seine
Aktivitäten in einem <u>Ausgangssubsystem</u> (für Benutzerprozesse
ist dies die hier nicht weiter erläuterte Auftragsverwaltung)
und wird, je nach vorliegendem Programm, eine Reihe von anderen
Subsystemen prozedural durchlaufen und schließlich in sein
Ausgangssubsystem zurückkehren. Selbstverständlich liegen
zwischen den Aktivitäten eines Prozesses in zwei verschiedenen
Subsystemen stets solche im Kern, um den Subsystemwechsel zu
bewerkstelligen.

Die Programmierung des Kerns und der OSKAR-Subsysteme erfolgt
in der Sprache LIS ([SIE 78]). Trotz reichhaltiger Strukturie-
rungsmöglichkeiten gibt es dort keine Möglichkeit der direkten
Repräsentation von Subsystemtypen. Aus diesem Grund wurden
Programmierrichtlinien erlassen, die die Abfassung eines
Subsytemtyps genau vorschreiben ([HM 81]). Die für eine Be-
triebssystemimplementierung notwendige und in LIS kontrolliert
mögliche Verwendung von Maschinenbefehlen wurde auf das Mindest-
maß beschränkt und findet sich vorwiegend im Kern.

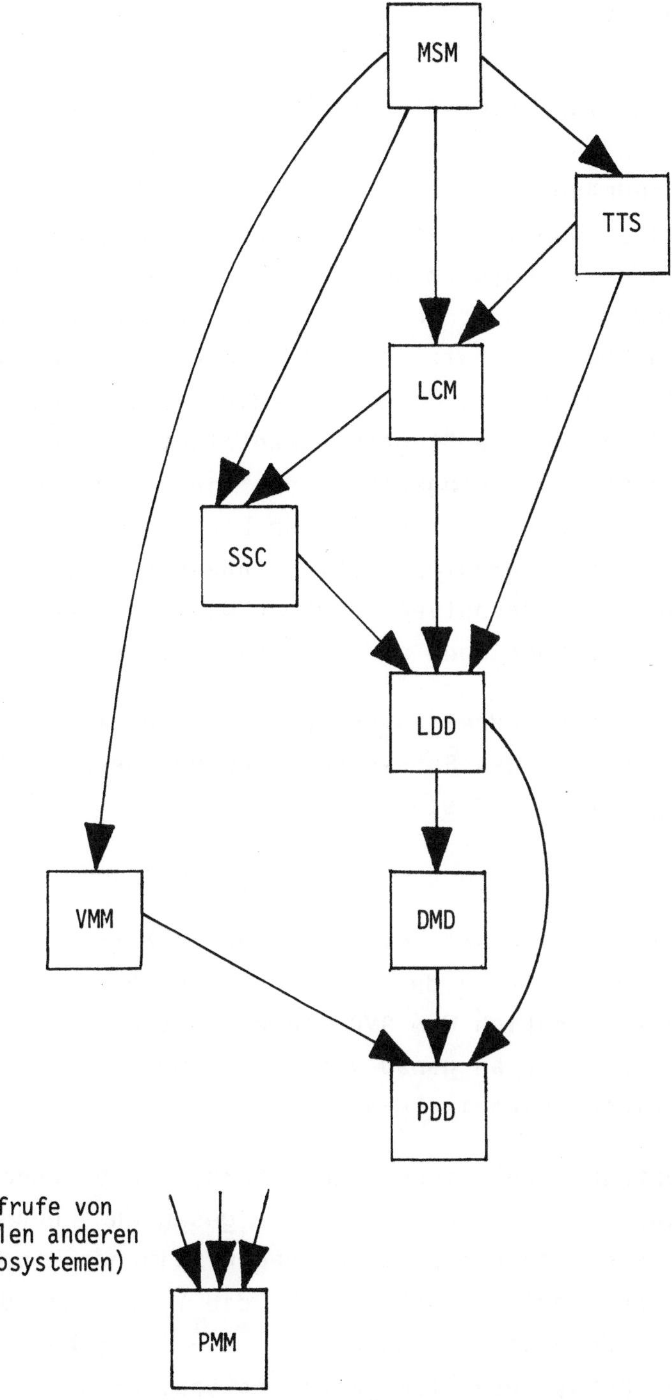

Abb. 6-1:   wichtigste Subsysteme/Aufrufbeziehungen bei OSKAR

6.2   Subsysteme_und_Isolation

Für die Realisierung von Subsystemen werden hardwareseitig
angebotene Mechanismen wie virtuelle Adreßräume und Ringschutz
eingesetzt. OSKAR-Adreßräume sind nach dem in 5.1.1.1 angegebenen Schema aufgebaut, wobei statt POS der Kern auftritt.
Adreßräume sind prozeß-/subsystemspezifisch, die verschiedenen
Adreßraumanteile werden getrennt verwaltet. Bei Erzeugung eines
neuen Subsystems wird Speicherplatz für seinen Code und für die
Subsystemdatenobjekte beschafft, die für die Verwendung in
einem virtuellen Adreßraum benötigten Umsetztabellen werden
aufgebaut. Für die lokalen Datenobjekte einer einzelnen Opera-
torausführung wird der Laufzeitkeller des LIS-Systems eingesetzt, während die Subsystemdatenobjekte außerhalb dieses
Kellers angelegt werden. Selbstverständlich wird bei mehreren
Subsystemen desselben Typs der Code nur einmalig geführt.

Zum Schutz des in allen Adreßräumen auftretenden Kerns vor
unerlaubter Manipulation aus den Subsystemen heraus werden die
Hardwareringe so eingesetzt, daß stets

$$\text{Ringnummer (Kern)} < \text{Ringnummer (Subsysteme)}$$

gilt. Das (erlaubte) "Betreten" des Kerns durch Aufruf einer
Kernfunktion wird mittels Einsatz des sogenannten CALN-Mechanis-
mus ([SIF 79A]; dient - ähnlich dem SVC - dem Einstieg in einen
ausgezeichneten Adreßraumteil an genau vorgeschriebener Stelle)
ermöglicht. Näheres findet sich in [D-4].

Da die Adreßraumbestandteile eines Subsystems, insbesondere
also auch seine Datenobjekte, während seiner gesamten Lebensdauer aufbewahrt werden und Ein-/Auslagerungen zwischen Haupt-
und Hintergrundspeicher automatisch durch die Verwaltung des
virtuellen Speichers erfolgen, könnte man die Aufgabe der
Implementierung von Subsystemen für gelöst halten. Kapazitäts-
probleme zweierlei Art, wie sie sich bei konventioneller
Hardware ergeben, erfordern jedoch zusätzliche Maßnahmen. Beide
hängen damit zusammen, daß Subsysteme auch an die Stelle von
Dateien herkömmlicher Rechensysteme treten.

Zunächst läßt die von der jeweiligen Zentraleinheit verwendete Adreßbreite nur virtuelle Adreßräume bis zu einer festen Maximallänge zu. Wenngleich diese heute üblicherweise bei mehreren Megabyte liegt (Zielmaschine der OSKAR-Implementierung: 16 MB), zöge sie doch zu enge Grenzen für den Maximalumfang von Subsystemdatenobjekten. Dies macht es erforderlich, Subsystemdatenobjekte auch außerhalb virtueller Adreßräume, d.h. explizit im Hintergrundspeicher unterzubringen (Vergleich: in Multics, wo ausschließlich mit virtuellen Adreßräumen gearbeitet wird und die Hardware entsprechend darauf abgestimmt ist, beträgt die Maximallänge nach [BCT 72] 2^{36} Worte = 65 536 Megaworte!).

Damit erweitert sich die Realisierung des Subsystemkonzepts wie folgt: Subsystemdatenobjekte können sowohl im virtuellen als auch im Hintergrundspeicher untergebracht werden; die Aufteilung hat der Programmierer eines Subsystemtyps vorzunehmen. Hintergrundspeicherplatz ist explizit (bei LCM) anzufordern und freizugeben. Manipulation der im Hintergrundspeicher untergebrachten Subsystemdatenobjekten ist nur möglich, wenn diese zuvor in den virtuellen Speicher gebracht worden sind. Dort müssen passende Übertragungsbereiche vorgesehen werden, womit insgesamt wie bei üblicher Dateiein-/-ausgabe vorzugehen ist.

Nach dieser Erweiterung reichen die bisherigen Isolationsmechanismen nicht mehr aus; auch die im Hintergrundspeicher untergebrachten Subsystemdatenobjekte verschiedener Subsysteme müssen gegeneinander abgeschottet werden. Hierzu lassen sich die schon existierenden Schutzmöglichkeiten einsetzen. Wird von einem Subsystem s aus bei LCM ein Speicherbehälter angefordert, so sorgt LCM dafür, daß in R(*,s) und nur dort Rechte eingebracht werden, die zum Lesen/Schreiben genau dieses Behälters autorisieren. Korrektes Arbeiten von LCM (und der von dort direkt oder indirekt aufzurufenden Subsysteme) vorausgesetzt garantiert das Schutzsystem, daß nur das jeweilige "Eigentümersubsystem" auf die zugeordneten Behälter zugreifen kann. Die Möglichkeit zur Weitergabe der entsprechenden Rechte aus R(*,s) heraus muß hierzu unterbunden werden.

Ein zweiter Problemkreis erwächst aus der potentiell großen Zahl gleichzeitig existierender Subsysteme. Für jedes davon müssen vom Kern eine Reihe von Angaben geführt werden; insbesondere sind dort (siehe [0-3]) alle Adreßraumtafeln für die Subsystembestandteile unterzubringen. Da der Kern aus pragmatischen Gründen resident implementiert wurde und auch eine teilweise Auslagerung von Adreßraumtabellen problematisch ist, kann ein derart hoher Speicherplatzaufwand nicht getragen werden. Hinzu kommt, daß von den vorhandenen Subsystemen

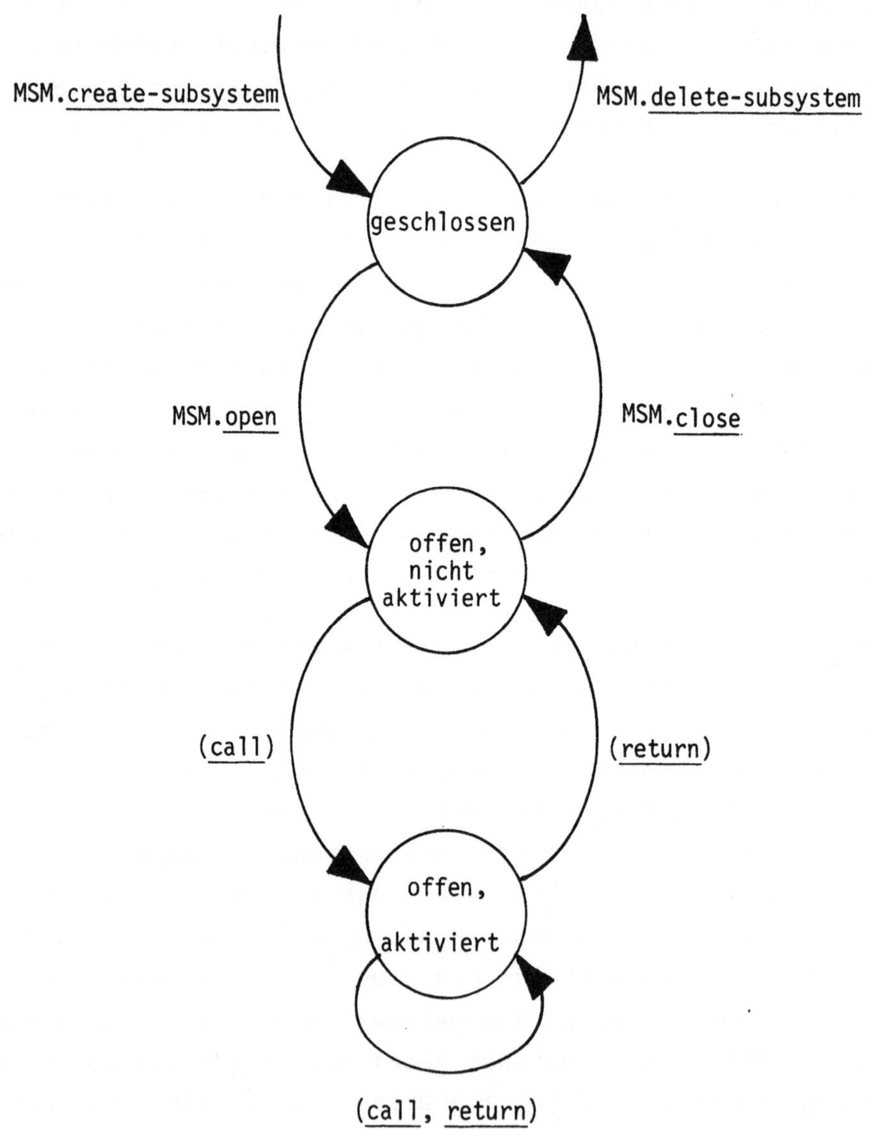

Abb. 6-2:   Zustände von Subsystemen

aktuell jeweils nur ein kleiner Teil zur Durchführung von Operationen benötigt wird, ähnlich wie die meisten Dateien eines konventionellen Rechensystems nur vergleichsweise selten gelesen oder beschrieben werden.

Wir lösen das Problem, indem wir einen aus der Dateiverwaltung bekannten Mechanismus für Subsysteme übernehmen. Hierzu unterscheiden wir die <u>Subsystemzustände</u> "offen" und "geschlossen": nur offene Subsysteme sind ablaufbereit, stehen also zum Aufruf ihrer Operatoren zur Verfügung. Damit brauchen auch nur für offene Subsysteme die genannten Informationen im Kern bereitzustehen. Für geschlossene Subsysteme werden sämtliche benötigten Informationen durch die Subsystemverwaltung aufbewahrt. Selbstverständlich müssen dazu MSM usw. **stets** offen sein. Öffnen und Schließen eines Subsystems sind Operationen, die von MSM angeboten werden.

Unterteilt man den Zustand "offen" noch in "offen/nicht aktiviert" (d.h. kein Prozeß befindet sich "im" Subsystem, hat also ein <u>call</u> dorthin durchgeführt, ohne daß das zugehörige <u>return</u> bereits stattgefunden hat) und "offen/aktiviert", so verdeutlicht das Zustandsdiagramm in Abb. 6-2 die Situation. Ein Automatismus ähnlich dem virtuellen Speicher mit implizitem Öffnen von Subsystemen bei Aufruf eines ihrer Operatoren und implizitem Schließen bei Speicherengpässen im Kern ist denkbar, jedoch in OSKAR nicht implementiert.

6.3   <u>Autorisierungs- und Überwachungssystem</u>

Das Überwachungssystem kann entlang der Leitlinien aus 3.2.4, 4.1 und 5.1.1.1 implementiert werden. Kritisch hinsichtlich der effizienten Überprüfung ist das Aufsuchen eines benötigten Rechts in $R(u,s) \cup R(u,*) \cup R(*,s) \cup R(*,*)$. Da man bei Erfolg die Suche abbrechen kann, ist die Reihenfolge der Inspektion der beteiligten Teilmengen von Interesse. Für eine Entscheidung spielen folgende Überlegungen eine Rolle:

(1) Bei Verzicht auf differenzierte Verwendung der angebotenen
    Schutzmaßnahmen sollen entsprechend geringere Laufzeitkosten
    entstehen. Ein solcher Verzicht besteht insbesondere darin,
    Globalautorisierung mithilfe der *-Rechtemengen vorzunehmen.
(2) Für die Subsysteme des Betriebssystems selbst wird die
    Autorisierung häufig unabhängig vom betroffenen Benutzer
    sein. Entsprechende Rechte finden sich also in R(*,*) oder
    in R(*,s) für verschiedene Subsysteme s. Gleichzeitig ist
    aber davon auszugehen, daß gerade Operationen der Betriebs-
    systemsubsysteme besonders häufig ausgeführt werden müssen.

Damit ist die Entscheidung gerechtfertigt, die beteiligten
Rechtemengen in der Reihenfolge R(*,*), R(*,s), R(u,*), R(u,s)
zu untersuchen. Die in 3.2.4 definierte Menge IR (angepaßt an
den erweiterten Schutzumgebungsbegriff) wird natürlich nicht
vor Beginn der Überprüfung vollständig ermittelt, da sonst
tatsächlich alle vier Rechtemengen ganz zu durchsuchen wären.
Vielmehr wird bei einem <u>call</u> lediglich nach dem ersten auffind-
baren Element von IR gesucht. Der Kern merkt sich, "wie weit"
er mit seiner Suche in der betreffenden Schutzumgebung fortge-
schritten ist. Stellt sich beim zugehörigen <u>return</u> heraus, daß
aufgrund der Ausgabewerte der betreffenden Operation das bei
<u>call</u> gefundene nicht das endgültig benötigte Recht war, so wird
die Suche an der Stelle fortgesetzt, wo beim <u>call</u> abgebrochen
wurde. Der Kern muß also prozeßspezifisch über den Stand der
jeweiligen Überprüfungen Buch führen.

Übrigens zeigt sich hier ein großer Vorteil der positiven
Repräsentation von Privilegien. Würde man als Schutzinformation
Angaben über verbotene Aktivitäten führen, wäre die Erlaubnis
einer Operation erst nach vollständiger Durchsicht feststellbar.
In unserem Fall ist nur beim Ausführungsversuch nicht autori-
sierter Operationen eine Inspektion der gesamten jeweiligen
Schutzumgebung erforderlich. Der höhere Aufwand entsteht also
dort, wo man ihn sicherlich eher zu tragen gewillt ist.

Das Autorisierungssystem realisiert die R-Operatoren gemäß
Abschnitt 3.2.5, wobei die Sicherungsmaßnahmen aus 3.4 und die
vereinfachte Handhabung aus 3.3 berücksichtigt werden. An
dieser Stelle wurden wie erwähnt aus projektinternen Gründen

einige Einschränkungen vorgenommen, die die Implementierung des Schutzkonzepts vereinfachen (eine etwas geringere Flexibilität beim Einsatz des Konzepts läßt sich dadurch nicht vermeiden):

(a) Nur "eigene" (d.h. in seinem Besitz befindliche) Rechte können von einem Subjekt weitergegeben oder vernichtet werden. Damit kann der <quelle>-Parameter bei copy_right und transfer_right sowie der <su>-Parameter bei delete_right wegfallen; bei Aufruf durch (u,s) wird zunächst geprüft, ob dieses Subjekt über das fragliche Recht verfügt. Entsprechend darf ein Recht nur dorthin zurückgerufen werden, wo es vormals abgesandt worden ist (<ziel>-Parameter bei revoke_right kann entfallen).

(b) Rechterückruf wird nur für solche Rechte zugelassen, die vom Empfänger nicht seinerseits weitergegeben werden können. Ein Rückruf kann damit lokal bei dem davon betroffenen Subjekt abgewickelt werden, eine Rekursion wie im Algorithmus in 3.2.5.5 tritt nicht mehr auf. Für die Anwendung muß man als Sender eines Rechts entscheiden, ob es über mehrere Subjekte hinweg weitergebbar sein soll **oder** ob man sich einen Rückruf vorbehält. Beides gleichzeitig ist nicht möglich.

(c) Rechte für Subsystemoperationen etc. (solche der Stufe 0 nach 3.4.2.2) und Rechte zum Umgang damit sind in folgender Weise gekoppelt. Zu jedem Stufe 0-Recht existiert je ein Indikator für die R-Operatoren. Bei gesetztem Indikator darf die betreffende R-Operation mit diesem Recht ausgeführt werden. Ein gesetzter copy_right-Indikator eines Rechts r in einer Rechtemenge R(u,s) drückt somit das m-Recht aus, r von R(u,s) in eine beliebige andere Rechtemenge zu kopieren. Es ist also nur noch eine pauschale Autorisierung für R-Operationen möglich, die Weitergabe eines Rechts kann nicht auf einzelne Empfänger eingeschränkt werden. Gleichzeitig wird auch die getrennte Handhabung von Rechten und zugehörigen R-Rechten aufgehoben: Rechte für die R-Operationen mit einem Recht werden zusammen mit dem Recht selbst weitergegeben, vernichtet oder zurückgerufen. Immerhin muß aber der Absender eines Rechts entscheiden können, ob der

Empfänger nur das Recht oder auch die Möglichkeit, dieses seinerseits weiterzugeben etc. erhalten soll. Zu diesem Zweck werden die R-Operatoren wie im folgenden für <u>copy_right</u> angedeutet erweitert, womit eine implizite Behandlung der Rechte für R-Operatoren zustande kommt:

<u>copy_right</u>(r:R_SET,ziel:SUBJECT,c_i,t_i,d_i,r_i:INDICATOR)

Ein <quelle>-Parameter ist nach (a) nicht mehr erforderlich; ebenso wird für die vereinfachte Vorgehensweise keine Stufenangabe mehr benötigt. Die vier Indikatoren (Wertevorrat {+,-}) geben an, welche Manipulationsmöglichkeiten für r das <ziel>-Subjekt erhalten soll:

c_i = + : r samt erneuter Kopiermöglichkeit
t_i = + : r samt Übergabemöglichkeit
d_i = + : r samt Löschmöglichkeit (in **seiner** Rechtemenge!)
r_i = + : Sender möchte r zurückrufen können (nach (b) nur möglich, wenn c_i = t_i = -). c_i, t_i und d_i können nur dann den Wert + bei einem <u>copy_right</u>-Aufruf haben, wenn der Absender selbst r **mit** dem jeweiligen Indikator besitzt.

Mit diesen Modifikationen kann die konzeptuell dem Überwachungssystem übertragene Prüfung von R-Operationen in der Implementierung dem Autorisierungssystem selbst zugeschlagen werden: das Überwachungssystem läßt Aufrufe von R-Operatoren grundsätzlich ungeprüft passieren, die Untersuchung auf Zulässigkeit (einschließlich der auf Einhaltung obiger Punkte (a) bis (c)) wird als Bestandteil der R-Operatoren vor Durchführung der eigentlichen Weitergabe, Vernichtung etc. anhand der Indikatoren der betroffenen Rechte vorgenommen.

6.4 <u>Verwaltung_von_Schutzinformation</u>

Aus dreierlei Gründen ist es erforderlich, der Implementierung der Schutzinformation besondere Sorgfalt zu widmen:

(1) Gegenüber einem "schutzlosen" System verursacht vor allem die Tätigkeit des Überwachungssystems regelmäßig Laufzeitaufwand; es sollte daher seine Aufgabe so schnell wie möglich erledigen. Demgegenüber werden gleiche Ansprüche an das Autorisierungssystem zurückstehen müssen. Eine schnelle Prüfung hängt aber von einer geeigneten Struktur der Schutzinformation ab.

(2) In einem Rechensystem mit vielen Benutzern und Subsystemen ist bei ausgiebiger Nutzung der Schutzmöglichkeiten Schutzinformation in beträchtlichem Umfang zu führen. Sie kann damit nicht mehr vollständig in einem wie in diesem Kapitel implementierten Kern untergebracht werden.

(3) Gleichwohl ist zu garantieren, daß ausschließlich Überwachungs- und Autorisierungssystem auf die Schutzinformation zugreifen können.

Ausführlich wird die Verwaltung von Schutzinformation in [GOT 82] behandelt. Wir gehen hier kurz auf die wichtigsten Gesichtspunkte ein.

Zunächst ist zu entscheiden, wie Rechte (m-Rechte; a-Rechte fallen als Spezialfall ohnehin ab) und Rechtemengen überhaupt im System repräsentiert werden. Dazu muß man vorab überlegen, welcher Typenvorrat für die Parameter von Subsystemoperationen zur Verfügung gestellt wird. Wünschenswert im Sinne größtmöglicher Flexibilität wäre es, hierfür beliebige Typen zuzulassen. Da die Parametertypen nicht nur außerhalb des Kerns (für die Definition neuer Subsystemtypen, Aufrufe existierender Subsysteme), sondern eben auch innerhalb (für die Rechtedarstellung und für die Überprüfungen) eine Rolle spielen, muß der Kern alle notwendigen Informationen über die möglichen Typen mitgeteilt bekommen. Sie sind wie bereits erwähnt den Schnittstellenbeschreibungen der Subsystemtypen zu entnehmen. Gibt es eine feste Anzahl vordefinierter Typen, können diese beim Kernentwurf berücksichtigt werden; es genügt zur Verständigung die Angabe des Typbezeichners (z.B. INTEGER). Andernfalls müßte dem Kern bei Neudefinition eines Parametertyps eine vollständige Beschreibung einschließlich Wertevorrat und Operatoren (d.h. ausführbare Programme!) für die Prüfungen übergeben werden. Da sich dies als aufwendig und zudem gefährlich erweist (dem

schutzkritischen Kern müßte – potentiell falscher! – Code
"einverleibt" werden), wird man mit einer Reihe vorzugebender
Parametertypen auskommen müssen. Diese werden durch die Kernim-
plementierung festgelegt; die Verfasser von Subsystemtypen
müssen sich danach richten und eventuell erforderliche Anpassun-
gen (z.B. durch die Verwendung unterschiedlicher Programmiersprachen bedingt) innerhalb der Subsystemtypen selbst vornehmen.

Welches sind die vorgegebenen Parametertypen? Nach obiger
Erörterung ist es sinnvoll, sich an der Implementierungssprache
des Kerns – hier LIS – zu orientieren. [GOT 82] (dort finden
sich auch entsprechende Beispiele) diskutiert die Möglichkeiten
und kommt zu folgender Entscheidung:

- Es werden die Typen BOOLEAN, CHARACTER, INTEGER und REAL wie
  in LIS (bzw. für REAL in Erweiterung dazu) definiert und wie
  für die Zielmaschine implementiert angeboten.
- Will man zusammengesetzte Typen schützen, müssen sie hierzu
  in ihre Komponenten zerlegt werden.

Damit die möglichen Schnittstellen von Subsystemoperatoren
durch diese Festlegungen nicht über Gebühr eingeschränkt
werden, sieht man folgende "Auffangregelung" vor:

- Der Kern stellt einen weiteren Typ UNDEFINED zur Verfügung.
  Parameter von diesem Typ werden keinen Prüfungen unterworfen
  und in Rechten weggelassen. Sie können dazu verwendet werden,
  in den Subsystemen auftretende Typen zu behandeln, die nicht
  an die vom Kern sonst angebotenen angepaßt und/oder nicht von
  Überprüfungen betroffen sein sollen. Typisches Beispiel ist
  eine als Puffer verwendete Reihung.

Weiter ist zu entscheiden, wie in m-Rechten $(s, op, m_1, \ldots, m_n)$
auftretende Parametermengen $m_i \subseteq M(p_i)$ definiert werden können
($i = 1, \ldots, n$, $M(p_i)$ Wertemenge des jeweiligen Parameters, festgelegt durch dessen Typ). Alternativen sind insbesondere

(1) Intervalle (Ausschnitte) des "Grundtyps" $M(p_i)$,
(2) Aufzählungen von Werten aus $M(p_i)$,
(3) beliebige prädikative Beschreibung

sowie Kombinationen dieser Möglichkeiten. Prädikate bieten zwar die größte Freiheit zur Festlegung von Mengen, wären aber durch Prüfprozeduren o.ä. zu implementieren, womit wie oben "unsicherer" Code in den Kern gelangen kann (abgesehen von Schwierigkeiten bei Veränderungen der Mengen bei Weitergabe etc.). Parametermengen von m-Rechten werden daher als Vereinigungen von Intervallen und/oder aufgezählten Einzelwerten des Grundtyps (als Punktmengen betrachtet) angegeben.

Damit kann die Struktur von Rechtemengen festgelegt werden, wobei die geforderte schnelle Zugreifbarkeit zu berücksichtigen ist. Da Überprüfungen stets in der Reihenfolge Subsystem – Operator – Parameter vorzunehmen sind, liegt eine stufenweise Organisation der einzelnen Rechtemengen nahe. Alle Rechte an

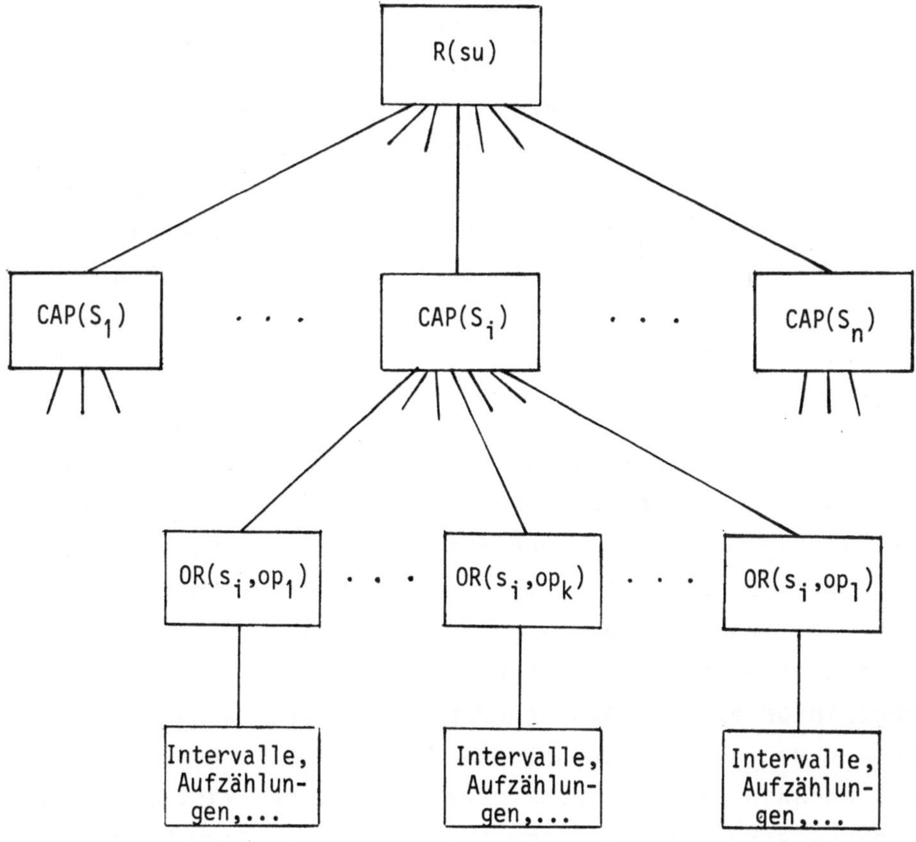

Abb. 6-3: Strukturierung von Rechtemengen

einem Operator op eines Subsystems s werden in einer Rechtemenge
R(su) zum Operatorrecht $OR_{su}(s,op)$ zusammengefaßt, alle zum
selben Subsystem s gehörigen $OR_{su}(s,op_i)$ ergeben zusammen die
Befähigung $CAP_{su}(s)$. Es entsteht eine baumartige Struktur einer
Rechtemenge (Abb. 6-3).

Befähigungen werden innerhalb einer Rechtemenge nach den
Subsystembezeichnern, Operatormengen innerhalb einer Befähigung
nach den Operatorbezeichnern geordnet. Für die Intervalle
(dargestellt durch Unter-/Obergrenze; abgeschlossene Intervalle
reichen wegen der ausschließlich vorkommenden diskreten Werte-
mengen aus) und Aufzählungen definiert man ebenfalls eine
Ordnungsrelation, so daß die Suche eines vorhandenen Rechts
bestmöglich unterstützt wird. Bei der Implementierung von
Rechtemengen durch Listenstrukturen läßt sich durch Einbringen
geringfügiger Redundanz erreichen, daß man bereits auf der
Ebene der Befähigungen feststellen kann, ob ein bestimmter
Operator mit beliebigen Werten für alle seine Parameter aufgerufen werden darf. Eine Stufe tiefer geht man analog vor, um für
einen bestimmten Parameter entscheiden zu können, ob für ihn
alle Werte seines Typs erlaubt sind. Schließlich lohnt eine
Verzeigerung zwischen Befähigungen $CAP_{su1}(s)$ und $CAP_{su2}(s)$ -
gleiches Subsystem, verschiedene Rechtemengenzugehörigkeit - ,
um beim Löschen des betreffenden Subsystems nicht alle Rechtemengen durchsuchen zu müssen.

Weiter ist zu beachten, daß der OSKAR-Kern keinesfalls in der
Lage ist, die in erheblichem Umfang anfallende Schutzinformation
vollständig selbst aufzunehmen - wiewohl er die einzige Instanz
ist, die diese Daten benötigt und direkt manipulieren darf.
Auch bei anderer Organisationsform als für den OSKAR-Kern
gewählt bleibt das Problem, daß für die Unterbringung der
Schutzinformation Hintergrundspeicherplatz herangezogen werden
muß, schon allein aus Gründen der Verlustsicherung. Der Einsatz
des ohnehin im Betriebssystem verwendeten virtuellen Speicher-
prinzips scheidet aus: einmal wird es erst "oberhalb" des Kerns
realisiert, zum anderen zöge die maximale Größe eines virtuellen
Adreßraumes immer noch eine zu enge Grenze für die maximal
unterbringbaren Rechte.

Ein weiterer Vorschlag lautet, dem Kern eigenen, nur ihm
zugänglichen Hintergrundspeicherplatz zuzuteilen, der dann
nicht über die üblichen Mechanismen (LDD etc.) verwaltet werden
dürfte. Dies ist aus verschiedenen Gründen wenig empfehlenswert:

- Dem Kern müßten aus technischen Gründen (Zugriffssynchronisa-
  tion!) permanent n Plattenlaufwerke exklusiv zugeteilt
  werden. Diese Zuordnung hat ein für alle Mal fest zu erfolgen
  und den maximalen Platzbedarf zu berücksichtigen, unabhängig
  vom jeweils aktuellen Rechteaufkommen (stellt also Fixkosten
  des Schutzsystems dar).
- Der Kern müßte auch die Programme für die Ein-/Ausgabe auf
  die betreffenden Platten enthalten. Dies wäre nicht nur eine
  Doppelimplementierung (PDD enthält ebenfalls solche Teile),
  der Kern würde dadurch auch abhängig von der jeweils verwendeten Plattentechnologie.

Eine vertretbare Lösung lautet, dem Kern auf gleichen Wegen wie
sonst Subsystemen (siehe 6.2) Hintergrundspeicher zu verschaf-
fen. Wir tun dies über ein spezielles Subsystem PDM ("Schutzda-
tenverwaltung"), dem die langfristige Aufbewahrung aller Schutzinformationen obliegt. Es kann sich hierzu wie andere Subsysteme
des logischen Plattengeräts LDD bedienen und wird seinerseits
vom Kern durch Kern-Subsystem-Aufrufe (siehe 5.1.1.3) eingesetzt. Durch entsprechende Rechtevergabe an R(*,Kern) erreicht
man, daß nur aus dem Kern heraus PDM-Aufrufe erfolgen können.

Die Vorgehensweise ist nun wie folgt: Innerhalb des Kerns steht
ein fester Anteil Speicherplatz für die Unterbringung von
Schutzinformation zur Verfügung. Eine Reihe von Rechten, u.a.
diejenigen des Kerns an PDM, müssen dort stets präsent sein.
Andere Rechte können bei Bedarf nach PDM aus- und von dort
wieder eingelagert werden. Die Abwicklung ähnelt dabei dem
Betrieb eines virtuellen Speichers. Erste Auslagerungskandidaten
sind solche Rechtemengen R(u,s), für die u nicht "aktiv" (dem
Kern momentan nicht durch ein specify__subject oder check
bekannt gemacht) oder das Subsystem s augenblicklich geschlossen
und damit dem Kern ebenfalls unbekannt ist. Eine Detaillierung
dieser Strategie bis hin zur Auslagerung von **Teilen** von Rechtemengen ist in [GOT 82] angegeben.

7 Beurteilung und Perspektiven

Zum Abschluß wollen wir erörtern, inwieweit UPC den Anforderungen an ein Schutzkonzept gerecht wird. Leitlinie ist dabei zunächst der in Kapitel 3 zusammengestellte Vorgabenkatalog. Die dort genannten Punkte 1 bis 8 sind vorwiegend funktionaler Art und wurden in Kapitel 3 in den Entwurf einbezogen; sie sind also per Konstruktion erfüllt. Hingegen werden wir eine Einschätzung der erzielten Universalität (9), Flexibilität (10) und Einheitlichkeit (11) vornehmen. Außerdem ist - wie für andere Systeme auch - die Wirtschaftlichkeit ein wesentliches Beurteilungskriterium. Zudem werden wir nochmals auf die Sicherheit (in einem weiteren, pragmatischeren Sinn als in 4.2) zu sprechen kommen, die unser Schutzkonzept bieten kann. Zur Abrundung des Kapitels machen wir uns Gedanken, wie man die UPC-Schutzmechanismen auch zur Lösung einiger schutzfremder Probleme heranziehen könnte, wie man sie durch geeignete Hardware unterstützen könnte und welche Erweiterungsmöglichkeiten für das Grundkonzept denkbar sind.

7.1 Universalität

Unter der Universalität eines Schutzkonzepts verstehen wir, daß es nicht auf ein bestimmtes Zielsystem oder eine bestimmte Art von Zielsystem zugeschnitten ist, sondern potentiell in den verschiedensten Rechensystemen oder Teilen davon verwendet werden kann. Nach den Erörterungen in Kapitel 5 genügt UPC diesen Kriterien. Der Grund liegt darin, daß es auf dem Schutz der einzelnen Operationen basiert und nicht auf dem pauschalen Schutz von Operatoren oder Datenobjekten. UPC ist daher grundsätzlich zum Einsatz in den verschiedensten Arten von Rechensystemen geeignet, sei es direkt oder als Grundlage für andere, dedizierte Konzepte. Neben den Beispielen aus Kapitel 5 bietet sich seine Verwendung in den unterschiedlichsten Benutzersyste-

men an. Interessante Bereiche hierfür, bei denen gerade Schutz-
fragen zukünftig verstärkt zu beachten sein werden, sind etwa
moderne Kommunikationssysteme (z.B. Bildschirmtext mit aktivem
Benutzerzugang etc.; [RIH 81]) oder elektronische Briefkastensy-
steme (electronic mail) für die Büroautomatisierung ([JN 81]).

7.2 Flexibilität

Mit Flexibilität bezeichnen wir die Eigenschaft eines Schutzsystems, seinen Benutzern möglichst viele Freiheiten bei der
Ausgestaltung der zu überwachenden Schutzregelungen einzuräumen.
Die Schutzformen können dann je nach Bedarf problemangepaßt
gewählt werden. UPC bietet solche Flexibilität dadurch, daß

(1) die Granularität der Privilegierungseinheiten zwischen
    Rechten für eine einzelne Operation und Rechten für die (im
    Rahmen der Schnittstelle) beliebige Verwendung eines ganzen
    Subsystems gewählt werden kann,
(2) bei der Vergabe von Privilegien variiert werden kann: von
    Autorisierung einzelner bis zu Autorisierung aller Subjekte
    stehen vier abgestufte Möglichkeiten zur Verfügung,
(3) die Operationen zur Autorisierung selbst wieder auf die
    gleiche Weise wie Subsystemoperationen geschützt werden und
    daher (1) und (2) erneut zutreffen.

Über das Schutzsystem hinaus liegt ein weiterer Flexibilitäts-
grad darin, daß Freiheit bei der Gestaltung der Subsysteme
besteht (ein oder mehrere funktionale(r) Modul(n)/spezielle
Zugriffsoperatoren zur Aufspaltung/Aufnahme weiterer, selbst
implementierter Schutzmaßnahmen in die Subsysteme).

Insgesamt erlaubt der UPC-Mechanismus bei voller Anwendung eine
Strategie, die recht wenig an Struktur enthält und nahezu alle
Entscheidungen im Ermessen der Benutzer beläßt. Der Vorteil
dieser Breite des Grundangebots liegt darin, daß durch verschiedene Verwendungsweisen des Schutzsystems verschiedene Schutzstrategien erzielt werden können (siehe 4.3).

7.3 Einheitlichkeit

Ein einheitliches System zeichnet sich dadurch aus, daß es zur Lösung der von ihm durchzuführenden Aufgaben eine möglichst geringe Anzahl unterschiedlicher Teilkonzepte verwendet. Die Vorteile von auf wenigen, einheitlichen Konzepten beruhenden Systemen liegen unter anderem darin, daß

- sie leichter verständlich sind,
- sie mit geringerem Aufwand entwickelt werden können,
- die Aufeinanderabstimmung verschiedener Konzepte zur Lösung zusammenhängender Aufgaben (meist schwierig und fehlerträchtig, was gerade im Hinblick auf ein Schutzsystem zu potentiellen Schwachstellen führen kann) entfällt.

UPC bietet Einheitlichkeit in vielerlei Punkten und unterscheidet sich dabei zumeist von anderen Vorschlägen:

(1) Alle Arten von Objekten werden hinsichtlich Schutz gleich betrachtet. Insbesondere entfällt die häufig übliche Unterscheidung zwischen Programmen und Dateien.

(2) Der auf Entwicklungen der modernen Softwaretechnik beruhende Subsystemansatz (das gesamte Rechensystem muß zwangsläufig in Subsysteme strukturiert werden) erzwingt geradezu Einheitlichkeit im Zielsystem: es muß als eine sogenannte objektorientierte Architektur ([JON 78]) aufgebaut werden.

(3) Der Schutz des Autorisierungssystems wird auf die gleiche Weise wie der Schutz von Subsystemen betrieben.

(4) Der gewählte Subjektbegriff ermöglicht eine einheitliche Rechtezuordnung. Sonst anzutreffende unterschiedliche Zuordnungsweisen (teils zu Benutzern, teils zu Subsystemen) werden als Spezialfälle mit erfaßt, zusätzliche Konzepte wie etwa Rechteerweiterung werden nicht benötigt.

(5) Schutz innerhalb und Schutz mithilfe des jeweiligen Rechensystems sind mit den gleichen Mitteln durchführbar.

7.4 Wirtschaftlichkeit

Von jedem industriellen Produkt erwartet man, daß es seine
Leistung unter möglichst minimalem Einsatz von Ressourcen
erbringt und die dabei entstehenden Kosten in einem akzeptablen
Verhältnis zum erzielbaren Nutzen stehen. Dies gilt selbstverständlich auch für Rechensysteme.

Da der Nutzen von Schutzmaßnahmen ohne Kenntnis bestimmter
Bedrohungen schwer quantifizierbar ist, beschränken wir unsere
Wirtschaftlichkeitsbetrachtungen auf den Gesichtspunkt Kosten.
Hierbei ist zu unterscheiden zwischen

- Kosten für die Erstellung des Produkts (einmalige Kosten),
- Kosten für den Betrieb des Produkts (laufende Kosten), wobei
  insbesondere die benötigte Rechenzeit und der erforderliche
  Speicherbedarf interessieren.

Wie schneidet UPC unter diesem Blickwinkel betrachtet ab?
Zunächst ist es klar, daß ein Rechensystem **mit** Schutzmaßnahmen
sowohl in der Herstellung als auch im Betrieb höhere Kosten
verursachen wird als ein sonst gleich leistungsfähiges Rechensystem **ohne** Schutzmaßnahmen. Die höhere Qualität des Produkts in
Form von Schutz kostet ihren Preis; Ziel muß es sein, ihn so
gering wie möglich zu halten.

Bei den Herstellungskosten ist der Aufwand für die Entwicklung
von UPC zu veranschlagen, hinzu kommt ein Beitrag für die
Kopplung mit dem Zielsystem. Die einzige halbwegs gefahrlos
mögliche Aussage lautet, daß die Erstellungskosten bei inte-
griertem Entwurf zusammen mit dem Zielsystem niedriger liegen
werden als bei getrennter Entwicklung. Der Kostenanteil des
Schutzsystems läßt sich im ersteren Fall aus dem Anteil am
Programmumfang schätzen. Aus den im Laufe der Durchführung
vorliegender Arbeit und im OSKAR-Projekt (das im Augenblick der
Drucklegung noch nicht abgeschlossen ist) gemachten Erfahrungen
lassen sich mit aller Vorsicht bezüglich ihrer Aussagekraft
(viel hängt davon ab, was alles gezählt wird) folgende Größen
als Anhaltspunkte nennen (MJ: Mitarbeiterjahre):

- Entwicklung des vollständigen UPC-Konzepts: 1.5 MJ
- Detailentwurf für Einsatz in OSKAR: 2   MJ

Insgesamt ergeben sich damit Kosten von wenigen hunderttausend Mark. Dabei ist noch zu bedenken, daß der UPC-Entwicklungsaufwand einmalig zu leisten war und ein Produkt wie etwa ein Betriebssystem in mehreren Exemplaren verkauft wird. Im Vergleich zu den Gesamtkosten bleibt der Anteil für das Schutzsystem damit in erträglichem Rahmen.

Die Betriebskosten eines Schutzsystems hängen nicht nur von der speziellen Implementierung und der Leistungsfähigkeit der jeweiligen Hardware ab, sondern auch vom Benutzungsprofil (notwendige Überprüfungen je Auftrag, Anzahl existierender Subsysteme, Rechte usw.). Zu einer Beurteilung von UPC sind daher folgende qualitativen Abschätzungen eher geeignet.

Hinsichtlich des Laufzeitaufwandes ist zu unterscheiden, ob er bei Autorisierungen oder bei Überprüfungen anfällt. Wegen der unterschiedlichen Häufigkeiten, mit denen beide Aktivitäten in aller Regel auftreten, muß eine Implementierung gewährleisten, daß Überprüfungen zu Lasten von Autorisierungen besonders schnell erfolgen. Hierfür ist wenn nötig auch ein Speichermehraufwand in Kauf zu nehmen (vgl. etwa 6.3/6.4).

Alle weiteren Aussagen lassen sich wie folgt zusammenfassen:

- je feiner eine Unterteilung eines Zielsystems in Subsysteme vorgenommen wird,
- je feiner die Granularität der Privilegierungseinheiten gewählt wird,
- je differenzierter die Privilegierungseinheiten Subjekten zugeordnet werden,

▶ desto höher steigen die Kosten für Schutzprüfungen und Speicherplatz für die Unterbringung der Schutzinformation.

Die beiden Extremfälle sind:

(a) "Ungeschütztes" Subsystem (es ist immer noch von anderen isoliert, kann nur über seine Schnittstelle betreten werden!): m-Recht (s,□) befindet sich in R(*,*). Der Speicherplatzbedarf ist gering (ein einziges, einfach zu repräsentierendes Recht in einer einzigen Rechtemenge), Überprüfungen gehen schnell (nur Subsystemname muß geprüft werden, entsprechende Anzeige wie in 6.4 erlaubt sofortige Beendigung der Prüfung; schnelles Aufsuchen des Rechts, wenn wie in 6.3 zuerst R(*,*) inspiziert wird).

(b) Feinstmögliche Privilegierung: a-Rechte in einer oder mehreren Rechtemenge(n) R(u,s). Der Speicherplatzbedarf ist hoch, da ja alle erlaubten Operandenwerte geführt werden müssen. Es ist eine Suche bis innerhalb R(u,s) erforderlich, die Prüfung muß sämtliche Parameter der Operation umfassen.

Fall (a) zeigt die "Grundkosten" für UPC. Sie entstehen bei Verwendung dieses Konzepts immer, beinhalten aber bereits besseren Schutz als in vielen heutigen Systemen üblich. Als Anhaltspunkt mag interessieren, daß für die Unterbringung der Schutzinformation in diesem Fall für OSKAR (Implementierung nach Kapitel 6) bei 200 Benutzern mit jeweils 40 Subsystemen etwa 140 KB benötigt werden.

Hinsichtlich der Einzelleistungen von UPC schlägt der Aufwand für die Vorkehrungen zum Rechterückruf wesentlich höher zu Buche als der für die anderen Leistungen. Weglassen von _revoke right_ bringt also eine erhebliche Kostenreduzierung, schränkt aber auch die Autorisierungsflexibilität beträchtlich ein.

Der große Vorteil von UPC, der es vor anderen vorgeschlagenen Konzepten auszeichnet, liegt an folgendem: es kann einerseits außerordentlich differenzierter Schutz betrieben werden, andererseits aber abgestuft bis zu dem in (a) beschriebenen Fall auf Schutzmöglichkeiten verzichtet werden. Von den Grundkosten abgesehen hängt der Laufzeit- und Speicherplatzaufwand in etwa linear von der Ausnutzung der gebotenen Möglichkeiten ab. Man wird also bei Schutzverzicht nicht damit bestraft, für die im System existierenden, leistungsfähigen Mechanismen stets einen erheblichen Anteil mitbezahlen zu müssen (man beachte

übrigens, daß der Benutzer eines Subsystems im Hinblick auf
Laufzeiten für die Schutzwünsche desjenigen zu bezahlen hat,
der ihm die Benutzung erlaubt).

Die Konsequenz daraus lautet:

- Wird Schutz nicht für erforderlich gehalten, sollte sich der
  Betreiber für ein Rechensystem ohne UPC entscheiden, da für
  ihn auch geringe Schutzgrundkosten zu teuer sind.

- Andernfalls ermöglicht ihm UPC eine kostengünstige Lösung
  seiner Schutzprobleme, wenn er Autorisierungen gerade so
  detailliert und differenziert durchführt, wie es von seiner
  Aufgabenstellung her unumgänglich ist.

Schließlich sei noch an einem (repräsentativen) Beispiel ein
Vergleich hinsichtlich des Speicherplatzbedarfs für die Schutzinformation mit dem HYDRA-System ([CJ 75]) angestellt. Damit
soll gezeigt werden, daß UPC trotz breiteren Leistungsspektrums
in vergleichbaren Fällen kostenmäßig nicht schlechter als
"Konkurrenzkonzepte" abschneidet.

Wir benutzen wieder die Situation aus Abschnitt 5.2.1, wo einem
Benutzer u_1 zwar das direkte Lesen aus einer Datei d verboten
sein soll, er aber eine Durchschnittsbildung über Werte der
Datei mittels Ausführung eines Statistikprogrammes SSS durchführen darf. Das Statistikprogramm muß zu diesem Zweck natürlich
die Einzelwerte von der Datei lesen können (Abb. 7-1).

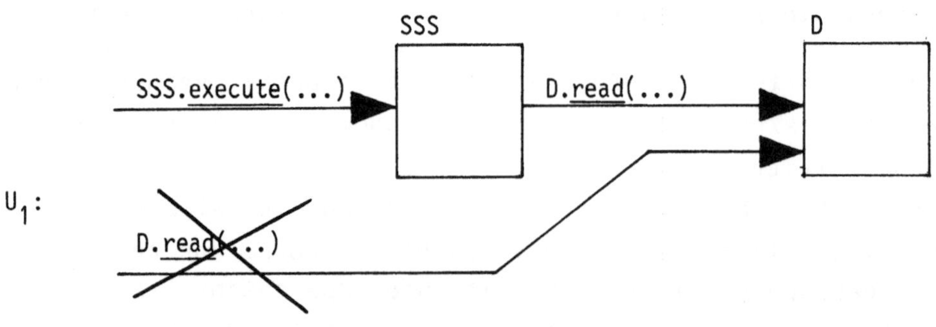

Abb. 7-1: Beispiel indirekte Dateiverwendung

Die zur Modellierung dieses Beispiels benötigte Schutzinformation ergibt sich für HYDRA und UPC wie folgt, wobei um überhaupt vergleichen zu können auch in UPC nur Operator- (und nicht Operations-)schutz betrieben wird. Für den Benutzer u_1 ist es uns jeweils gleichgültig, welchem konkreten Subjekt die für ihn notwendige Schutzinformation zum Aufruf von SSS zugeordnet wird.

HYDRA:

u_1 benötigt 1 Capability zum SSS-Aufruf (execute-Recht)
           1 Capability für d (ohne read-Recht)

SSS enthält 1 Schablone (Capability-Muster) zur Rechteerweiterung (Hinzunahme des read-Rechts zu einer beim execute-Aufruf mitgelieferten Capability für d). Diese Schablone wird unabhängig von der Anzahl potentieller Aufrufer und der Anzahl von Objekten gleichen Typs wie d, die irgendwann zu bearbeiten sind, ein einziges Mal benötigt).

UPC:

in $R(u_1,$?) : 1 Recht (SSS, execute,□)
in $R(u_1,$ SSS): 1 Recht (d,read,□)

Geht man davon aus, daß bei Beschränkung auf Operatorschutz in UPC eine Befähigung für ein Subsystem mit etwa dem gleichen Speicherplatzbedarf wie eine HYDRA-Capability implementiert wird, dann ist in UPC trotz Vermeidung der Rechteerweiterung ungefähr der gleiche Aufwand für Schutzinformation erforderlich.

Sehr pauschal betrachtet erscheint alles in allem ein qualitativer (für die Geradensteigung ebenso wie für Achsenmaßstäbe/-einheiten) Kostenvergleich mit anderen Schutzkonzepten wie in Abb. 7-2 gerechtfertigt. Während andere Schutzkonzepte üblicherweise unabhängig von der gewählten Differenzierung der Schutzregelungen die gleichen Kosten verursachen, ist in UPC eine pauschale Privilegierung weit billiger als eine differenzierte (siehe oben in diesem Abschnitt). Die Differenzierungsmöglichkeiten von UPC reichen beträchtlich weiter als bei anderen Konzepten. Daß die Kosten bei ihrer Anwendung wachsen, ist nicht erstaunlich. Jedoch muß eben Aufwand nur getragen werden, wenn auch der entsprechende Nutzen geboten wird. Wegen des auch bei Schutzverzicht etwas aufwendigeren Prüfalgorithmus von UPC liegt der Schnittpunkt beider Kurven geringfügig vor max_S.

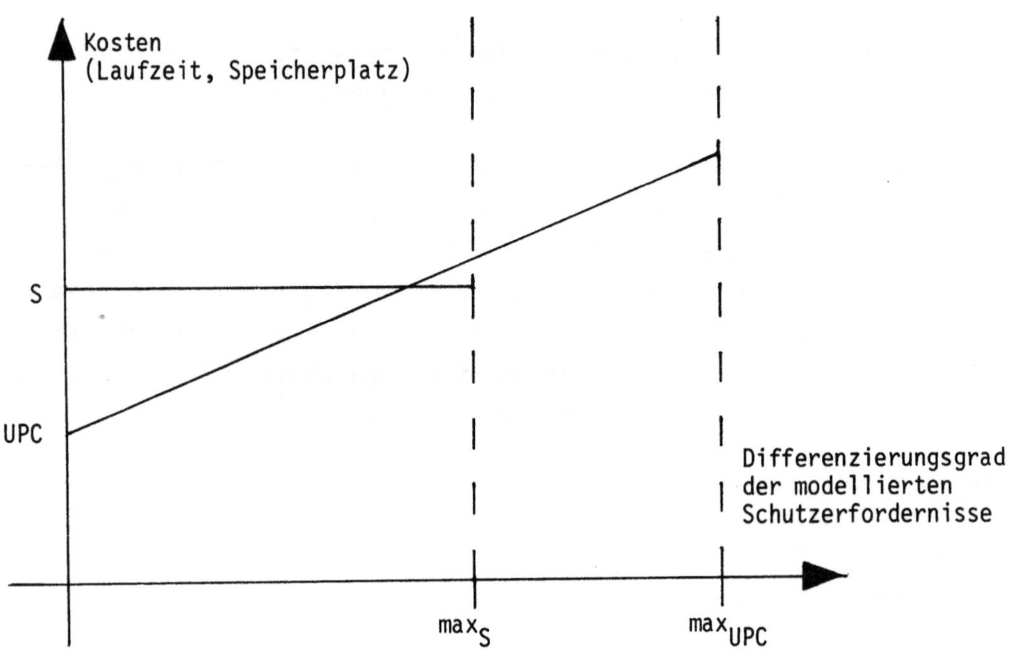

max_S: von anderen Vorschlägen maximal erreichbarer
            Differenzierungsgrad (z.B. Operatorschutz)

max_{UPC}: von UPC maximal erreichbarer Differenzierungsgrad
            (Operationsschutz)

Abb. 7-2: qualitativer Kostenvergleich UPC - andere Schutzkonzepte

7.5   Sicherheit

Bereits im Abschnitt 4.2 wurden Sicherheitseigenschaften von UPC formuliert und ihre Richtigkeit plausibel gemacht. Wir wollen hier noch einmal einige teilweise bereits angeklungene Tatsachen zusammenstellen, die man üblicherweise dem Begriff "Sicherheit" zuordnet. Begründungen finden sich zumeist in den vorausgehenden Kapiteln.

(1)   Die korrekte Implementierung von UPC ist Voraussetzung für den autorisierungsgerechten Schutz der Subsysteme und des Autorisierungssystems selbst.

(2)   Die korrekte Realisierung der Kopplung von Zielsystem und UPC gemäß 4.1 ist ebenfalls Voraussetzung für sicheren Betrieb. Hingegen kann (auch wenn dies zunächst ein schwacher Trost ist; siehe jedoch (6)) eine inkorrekte Kopplung die UPC-Realisierung **selbst** nicht beeinträchtigen, da diese über eine operationale Schnittstelle verfügt und nur darüber zugänglich ist.

(3)   Für alle nicht an der Kopplung beteiligten Subsysteme gilt: fehlerhafte Implementierung kann im Hinblick auf Sicherheit weder andere Subsysteme noch UPC und die Kopplung beeinträchtigen (selbstverständlich können aber Aufträge zu fehlerhaften Ergebnissen führen und das System somit seine Aufgabe nicht korrekt erfüllen).

(4)   Für die Tätigkeit des Systemprogrammierers gilt damit:
(a) Arbeiten an UPC-Implementierung/Kern beeinträchtigen potentiell die Systemsicherheit.
(b) Ansonsten unterscheidet sich die potentielle Schnittstelle für den Systemprogrammierer nicht von der des Anwendungsprogrammierers: beide bestehen aus den Operatoren von UPC/Kern und von bereits existierenden Subsystemen. Die aktuellen Schnittstellen werden einschränkend durch Autorisierung festgelegt.
(c) Arbeiten an schutzkritischen Subsystemen können ebenfalls die Systemsicherheit gefährden.

(d) Die Verwendung von (nichtprivilegierten) Maschinenbefehlen kann für alle Subsysteme gestattet werden,
ohne daß dadurch Sicherheitsprobleme entstehen.

(e) Bei Arbeiten außerhalb von (a) und (c) etwa im
Rahmen des Übersetzerbaus ist keinerlei Gefährdung
der Systemsicherheit möglich.

(5) Der schutzgerechte Betrieb des Gesamtsystems gemäß den
Wünschen und Vorstellungen der Systembetreiber und
-benutzer hängt ab von

(a) der initialen Rechteausstattung bei Beginn des
Systembetriebs,

(b) den im Laufe des Betriebs durchgeführten Autorisierungen.

(6) Die gegenseitige Isolation von Subsystemen führt zu
einem hohen Maß von Zuverlässigkeit im Gesamtsystem, das
sich insbesondere auch während der Tests von Systemteilen
sehr positiv bemerkbar macht. So lehrt die Erfahrung der
OSKAR-Implementierung, daß durch die Isolation gerade
komplizierte Implementierungsfehler (z.B. Adressierungs-
fehler wegen eines unzuverlässigen Sprachübersetzers)
frühzeitig entdeckt und hinsichtlich ihrer Auswirkungen
begrenzt werden konnten.

7.6   Mögliche Folgeuntersuchungen

Der in dieser Arbeit beschriebene Entwurf eines Schutzkonzepts
und die Diskussion einiger Einsatzmöglichkeiten werfen eine
Reihe weiterführender Fragen auf. Zum einen kann man überlegen,
ob die Anwendung eines solchen Konzepts auf Schutzprobleme im
engeren Sinn beschränkt bleiben muß. Zum anderen ist es interessant, ob sich bei Abkehr von konventioneller Hardware Verbesserungen für die Implementierung ergeben. Schließlich gibt es
eine Reihe von Richtungen, in die UPC selbst noch erweitert
werden könnte. Wir werden nachfolgend jeden dieser Punkte kurz

andiskutieren, wobei dieser Abschnitt in erster Linie als Wegweiser für zukünftige Untersuchungen auf diesem Gebiet zu verstehen ist.

7.6.1 Verwendung_von_Schutzmechanismen_zur_Lösung__schutzfremder_Probleme

Ein Schutzkonzept wie UPC könnte auch dazu verwendet werden, nicht im Zusammenhang mit Schutz im engeren Sinne stehende Probleme in Rechensystemen anzugehen. Gelegentlich finden sich Hinweise in der Literatur, die es als erfolgversprechend erscheinen lassen, ein ohnehin vorhandenes Schutzsystem auch für die nunmehr aufzuzählenden Zwecke einzusetzen oder doch zumindest ähnlich gelagerte Sachverhalte mit dem gleichen Konzept zu erfassen.

Synchronisation_und_Sperrung

Schutz bedeutet, vereinfacht formuliert, bestimmten Subjekten dauerhaft (bis zu einer Änderung der Autorisierung) bestimmte Aktivitäten zu verbieten. Bei Synchronisation und Sperrung geht es darum, Subjekte **obwohl dafür autorisiert** zeitweise an der Ausübung bestimmter Aktivitäten zu hindern, weil diese in Konflikt mit Aktivitäten anderer Subjekte stünden. Gemeinsam ist beiden Zielsetzungen, daß bestimmte Aktivitäten des Rechensystems undurchführbar sein sollen ([LS 78]).

Ein Lösungsansatz könnte auf der Basis von Subsystemen wie folgt aussehen. Eine Operation, deren Ausführung die Synchronisation mit anderen Operationen bzw. die Sperrung von (Subsystem-) Datenobjekten erfordert, entzieht vor Ausführung der eigentlichen Aktivitäten alle im System vorhandenen Rechte für im Konflikt stehende Operationen. Am Ende der Operation werden alle entzogenen Rechte wieder an die ursprünglichen Inhaber zurückgegeben. Die Programmierung betroffener Operatoren ist – eventuell auf der Grundlage vorzugebender Primitive des Schutzsystems - entsprechend vorzunehmen. Bei einer Präzisierung dieses Vorgehens ist folgendes zu bedenken:

- Wegen der detaillierten Gestaltungsmöglichkeiten von Privilegien kann auf Wunsch auch sehr detailliert synchronisiert und gesperrt werden.
- Die Entzugsphase ist atomar zu gestalten.
- Entzogene Rechte müssen bis zu ihrer Rückgabe in Rechtemengen aufbewahrt werden, wo man keinen Gebrauch von ihnen machen kann (beispielsweise in R(u,s), u wie beim eigentlichen Inhabersubjekt, s ein fiktives Subsystem, das nur als Bezeichner, nicht aber als Objekt existiert).
- Während der Entzugsphase dürfen keine Autorisierungen stattfinden, an denen die entzogenen Rechte beteiligt wären.
- Für die Auswirkungen eines nicht vorhandenen Rechts muß differenziert werden: ist es überhaupt nicht vorhanden (--> Reaktion "unzulässige Operation") oder nur vorübergehend entzogen (--> Warten oder entsprechende Mitteilung an Aufrufer)?

Konsistenzprüfung

Durch die Prüfung von Operationen an Stelle von Operatoren können einfache Konsistenzprüfungen vom Schutzsystem automatisch miterledigt werden. Dies gilt insbesondere für Plausibilitätsprüfungen von Operatoreingabeparametern.

Beispiele:

a) Ist ein Mitarbeiter für die Erfassung der Personaldaten der Abteilung A1 zuständig, so erhält er für den Operator

   store1(pers#: ..., abt#: ..., ...)

   das Recht (..., store1, *, 'A1', ...). Versehentliche Eingabe anderer Abteilungsbezeichnungen führen zu einer Schutzverletzung und werden erkannt.

b) Plausibilitätsprüfung für Zusammenhänge zwischen Gehalt und Beruf:

Operator: $\underline{store2}$(pers#: ..., beruf: ..., gehalt: ..., ...)
Rechte: (...,$\underline{store2}$,*,'Programmierer',[2000...3000],...)
            (...,$\underline{store2}$,*,'Sekretärin',[1800...2500],...)
            (...,$\underline{store2}$,*,'Professor',[8000...12000],...)

c) Läßt man in m-Rechten $(s,op,m_1,...,m_n)$ für die Spezifikation der Parametermengen m_i auch Variablen für andere Parameter derselben Operation zu, so können auf einfache Weise funktionale Zusammenhänge zwischen Parametern erfaßt werden:

Operator: op(x: INTEGER, y: INTEGER)
Rechte: (...,op,v:[10..20],2*v)
            := {(...,op,a,b)|a∊[10..20],b=2*a}

Kontingentierung

Schließlich ist es überlegenswert, auch Festlegungen über die Häufigkeit, mit der Operationen von bestimmten Subjekten durchgeführt werden dürfen, in das Schutzkonzept einzubeziehen ([TS] 75]). Dies kann dadurch erfolgen, daß Rechte sich bei Benutzung in einer (erfolgreichen) Prüfung verbrauchen. Autorisierung bedeutet dann nicht nur die Vergabe eines Rechts, sondern eines Rechts **in einer bestimmten Quantität**. Damit läßt sich etwa die Einrichtung von Teilkontingenten aus einem Gesamtkontingent etc. auf Autorisierungsvorgänge zurückführen. Selbstverständlich muß es auch "unendlich" häufig vorhandene Rechte geben, um unbeschränkt häufig erlaubte Operationen erfassen zu können. Für die Realisierung wird man Rechte in der benötigten Anzahl führen (Abkehr von der Mengenauffassung; Spezialfall unendliche Häufigkeit) oder besser jedes Recht um einen Zähler erweitern, der das vorhandene Quantum repräsentiert und bei Benutzung um 1 reduziert wird.

7.6.2 Mögliche Hardwareunterstützung

Eine Senkung der Kosten bei festen Schutzanforderungen scheint durch eine Beschleunigung der Laufzeiten, insbesondere für Prüfungen, möglich. Außer "schnellerer" konventioneller Hardware (die allerdings selbst wieder höhere Anschaffungs-/Unterhaltskosten verursacht) kommen hierfür neuere Konzepte im Bereich der Hardware, Firmware und Maschinenarchitektur in Frage. Wir zeigen einige Zielrichtungen auf, die jede für sich oder in Kombinationen weitere Untersuchungen lohnend erscheinen lassen.

① Parallelisierung, Spezialprozessoren

Eine Verbesserung der Ausführungszeiten kann erreicht werden, wenn die bei Mehrbenutzerbetrieb ohnehin parallel zur Erledigung einkommenden Aufträge (zumindest teilweise) echt parallel abgearbeitet werden. Dies erfordert eine Mehrprozessorarchitektur. In unserem Zusammenhang bietet sich insbesondere an, für die Aktivitäten des Schutzsystems einen eigenen Prozessor einzusetzen, der den "eigentlichen" Arbeitsprozessor entlastet. Während der Prüfungen für einen Prozeß können andere Prozesse Subsystemoperationen durchführen.

Ansätze dieser Art finden sich etwa im Bereich der Datenbankrechner und -maschinen ([FRS 81], [BBH 78], [HAR 81]). Im letzteren Fall erzielt man weitere Verbesserungen, indem statt Allzweckprozessoren speziell auf das verwendete Schutzkonzept zugeschnittene Spezialprozessoren verwendet werden ("Schutzprozessoren", "Schutzfilter"). Dies wäre auch für UPC möglich und könnte bei weiteren Fortschritten der VLSI-Technologie ([RIC 80]) zu kostengünstigen Lösungen führen. Versieht man einen solchen Schutzprozessor mit ausreichend eigenem Speicher für die Schutzinformation, erhält man zusätzlich eine natürliche Isolation von Schutz- und Zielsystem bereits auf Hardwareebene.

⑦ Objektorientierte Hardwarearchitektur

Die Implementierung eines mit UPC ausgestatteten Rechensystems vereinfacht sich erheblich, wenn durch die zugrundeliegende Hardware ein mit dem Subsystemkonzept verträgliches Objektkonzept angeboten wird. In der Folge ist auch mit verbesserten Ausführungszeiten zu rechnen.

Über Arbeiten in dieser Richtung wurde in jüngster Zeit etwa in [GG 81] ("Datentyparchitektur") und [KAH 81] (kommerziell erhältliches, objektorientiertes System iAPX 432 der Firma Intel) berichtet. Für den iAPX wurde ein Betriebssystem iMAX entwickelt, bei dem die vorteilhaften Auswirkungen dieser Hardware auf die Softwareentwicklung klar zutage treten. Beide Architekturen sind nicht direkt auf umfassenden, differenzierten Schutz ausgerichtet, unterstützen aber Zugriffsüberwachung (Capability-Adressierung) immerhin bis zur Operatorebene. Eine Realisierung von UPC mithilfe dieser Hardware wäre sicherlich ein interessantes Projekt.

③ Vertikale Verlagerung

Häufig benötigte, zeitkritische Elementarfunktionen können von der Software in die Firmware verlagert werden. Gerade Funktionen zur Unterstützung von Schutzmechanismen werden für eine solche Behandlung vorgeschlagen ([RJ 80]). In UPC bietet sich hierzu besonders die Steuerung des Subsystemwechsels, das Suchen eines Rechts in einer Rechtemenge oder (bei Implementierung à la 6.4) die Steuerung der Ein-/Auslagerung von Rechten an.

④ Neuere Speichertechnologie

Da Unterbringung von und Zugriff auf Schutzinformationen wesentliche Elemente von UPC sind, könnten weitere Leistungsverbesserungen erzielt werden, wenn neuere Speichertechnologien preisgünstig zur Verfügung stehen.

<u>Beispiele:</u>

- Eigener Schnellspeicher (Cache) für Schutzinformation.
- Assoziativspeicher zur schnellen Suche von Rechten; als Suchkriterium wäre etwa (innerhalb einer Rechtemenge) an das Tupel <Subsystembezeichner, Operatorbezeichner> zu denken, da diese Bestandteile für alle Subsysteme unabhängig von der jeweiligen Schnittstelle (Parameterzahl etc.) auftreten.
- Verwendung "intelligenter" Plattensteuerungen für die gezielte Einlagerung von Schutzinformation ([HKM 78]).
- Schließlich bliebe zu untersuchen, ob und inwieweit CCD-, Magnetblasen- oder andere Speicher Vorteile bei der Unterbringung ausgelagerter Schutzinformation bieten.

⑤ <u>Datenflußsysteme</u>

Datenflußarchitekturen kommen, obwohl vom Prinzip her schon länger bekannt, seit kurzem verstärkt als Alternativen zum traditionellen von Neumann-Rechner ins Gespräch ([AA 82]). Sie gestatten u.a. eine optimale Nutzung implizit vorhandener "innerer" Parallelität von Funktionen, die explizit (durch entsprechende Programmierung) nicht bekannt ist.

Schutzprüfungen gemäß UPC könnten in einer Datenflußarchitektur nach einem Schema gemäß Abb. 7-3 durchgeführt werden. Das Funktionsprinzip lautet grob, daß eine Operation dann ausgeführt wird, wenn alle Eingabedaten vorliegen. Wird etwa die Funktion "ausführen" so gestaltet, daß sie außer den üblichen <u>call</u>-Parametern noch eine positive Entscheidung der Prüffunktion erwartet, wird die Einschaltung der Prüfinstanz auf einfache Art erzwungen: ohne ihre Zustimmung kann keine der Prüfung unterliegende Operation zur Ausführung gelangen.

7.6.3 <u>Erweiterungsmöglichkeiten</u>

UPC wurde als ein **Grund**konzept entwickelt, das auf möglichst einfache Weise eine Reihe von Leistungen erbringt. Deshalb wurde bewußt darauf verzichtet, weitere denkbare Schutzmöglich-

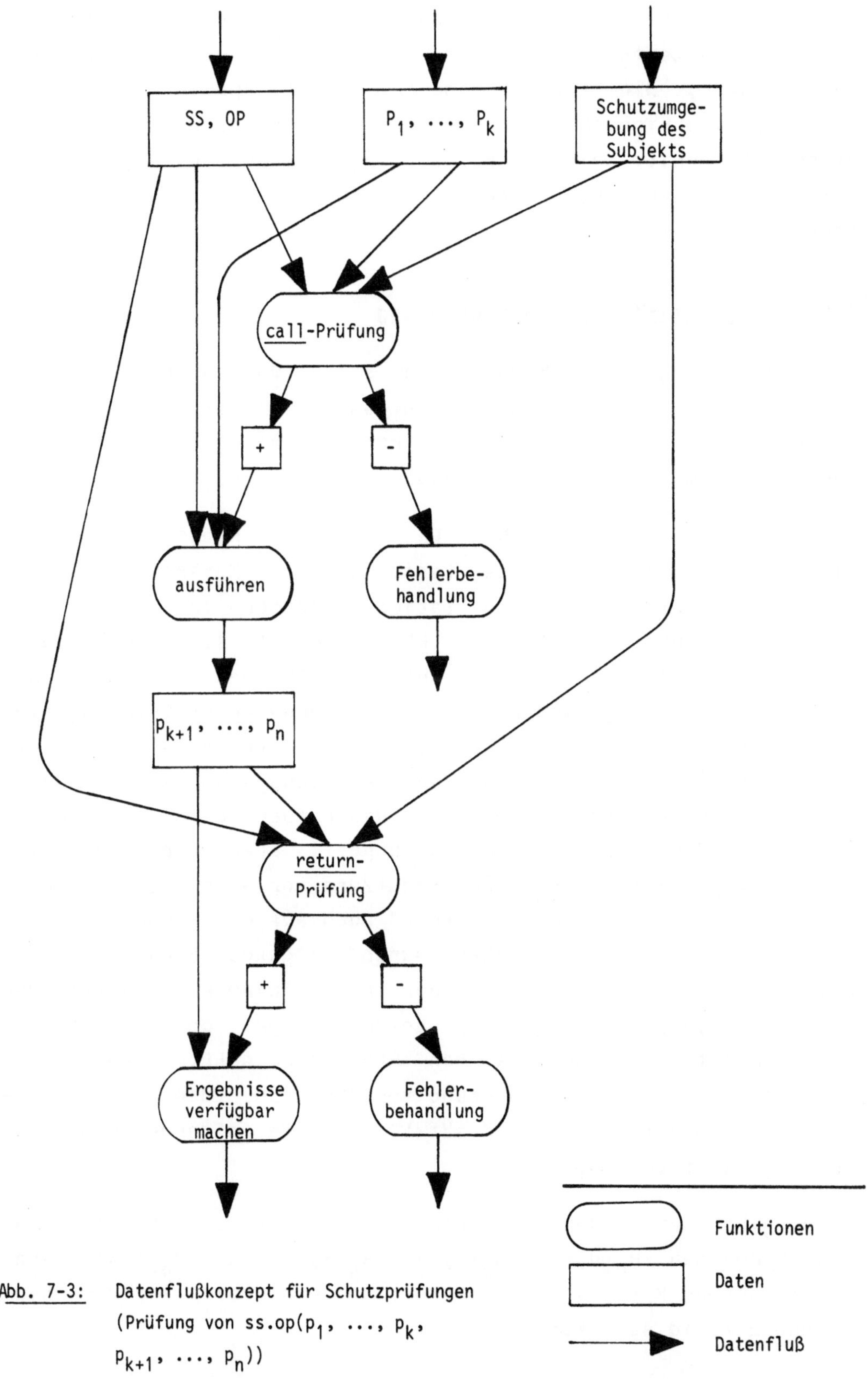

Abb. 7-3: Datenflußkonzept für Schutzprüfungen
(Prüfung von ss.op($p_1, \ldots, p_k$,
$p_{k+1}, \ldots, p_n$))

keiten einzubeziehen. Andererseits ist es nach Fertigstellung des Grundkonzepts interessant, über Erweiterungsmöglichkeiten nachzudenken, die für die eine oder andere spezielle Anwendung von UPC seine Eignung weiter verbessern könnten. Wir werden in diesem Abschnitt einige solche Erweiterungen sowie Ergänzungen zum Einsatz von UPC als Anregungen für weiterführende Untersuchungen "andenken".

(1) Prozeßspezifische Privilegierung

Bei der Festlegung der Subjekte in 3.2.2 wurden Prozesse mit Absicht nicht herangezogen. In folgender Situation könnte es gleichwohl sinnvoll sein, die Privilegierung außer benutzer- und subsystem- auch noch prozeßspezifisch zu gestalten.

Die in einer Schutzumgebung $PF := R(u,s) \cup R(u,*) \cup R(*,s) \cup R(*,*)$ befindlichen Rechte lassen sich als Maximalausstattung auffassen, über die für u tätige Prozesse in Subsystem s verfügen können. Subjekt (u,s) könnte damit alle Operationen durchführen, für die PF Rechte enthält. Für das Ausprüfen des Subsystems s oder anderer, s aufrufende Subsysteme mag dies "mehr" sein, als dem Benutzer u lieb ist. Er kann zu diesem Zeitpunkt nicht ausschließen, daß s ein Subsystem mit verändernder Wirkung aufruft, für das zwar die notwendige Privilegierung vorliegt, der Aufruf aber fehlerhaft, also nicht von ihm beabsichtigt ist ("Schutz des Benutzers vor sich selbst"). Will man also das Prinzip "need to know" auch auf der Ebene verschiedener Prozesse mit gleichen zugrundeliegenden Subjekten (u,s) ermöglichen, so muß man in der Tat zu feineren Subjekten der Bauart (u,s,p), p ein Prozeß, kommen. Wegen der bereits in 3.2.2 erläuterten Anonymität von Prozessen sollte jedoch die allgemeine Art der Autorisierung von UPC (d.h. die auf (u,s)-Basis) beibehalten werden. Zusätzlich könnte folgende Vorgehensweise gewählt werden:

- Es gibt neben den bekannten zusätzliche, prozeßspezifische Rechtemengen $R_p(u,s)$, $R_p(u,*)$, $R_p(*,s)$ und $R_p(*,*)$. Auch $R_p(*,s)$ und $R_p(*,*)$ sind sinnvoll, da ein Prozeß für verschiedene u tätig sein kann.

- Es gibt einen zweiten Satz von prozeßspezifisch wirkenden R-Operatoren. Sie leisten dasselbe wie diejenigen aus 3.2.5, jedoch arbeiten sie nur mit den R_p-Mengen. Außerdem können sie zu Weitergaben aus R-Mengen in R_p-Mengen verwendet werden.
- Die R_p-Mengen sind bei Prozeßbeginn leer und verschwinden mit Prozeßende.
- Sei PF_p analog zu PF als temporäre, prozeßspezifische Schutzumgebung definiert. Für Überprüfungen wird nun nicht mehr PF, sondern PF_p herangezogen. PF_p wird aus PF durch auswählen der für p gewünschten Rechte gespeist ($PE_p \subseteq PE$!). Die Festlegung von PF_p könnte im Zuge der Auftragsbeschreibung, durch einen speziellen Parameterübergabemechanismus (Rechteparameter) oder sukzessive durch die angesprochenen R_p-Operatoren erfolgen. Ein einfaches Mittel zur Festlegung $PF_p = PE$ (jedoch nicht eine solche Default-Regelung!) sollte existieren. Übrigens läge mit RF_p eine gute Entscheidungsgrundlage für das Schutzsystem vor, um zumindest teilweise eine Art vorgeplante Beschaffung ausgelagerter Rechte zu veranlassen.

② Zusätzliche Schutzsystemoperatoren

Der Umgang mit dem Schutzsystem kann erleichtert werden, indem es einige weitere Operatoren zusätzlich anbietet. Prinzipiell können die meisten dieser Leistungen auch durch Einschalten von Zwischeninstanzen wie in 4.3 erbracht werden. Jedoch wird damit eine bestimmte Richtung der Verwendung von UPC präjudiziert. Das "Herunterziehen" in das Schutzsystem selbst – bei gleichzeitiger Absicherung der neuen Operatoren auf die bekannte Weise – erhält ein Maximum an Flexibilität. Beispiele für Erweiterungen dieser Art lauten etwa wie folgt:

a) **Auskunftsoperator(en):** Ermittlung der in einer bestimmten Rechtemenge augenblicklich vorliegenden Rechte oder bestimmter Teilmengen davon. Ein solcher Operator eignet sich beispielsweise zur programmierten Realisierung von Autorisierungsstrategien, da nun in Abhängigkeit des Inspektionsergebnisses für einzelne Rechtemengen weitere Autorisierungen durchgeführt werden können. Er kann auf einfache Weise auf **check** aufbauend realisiert werden.

b) <u>Neuautorisierung bei Ersatz von Subsystemen</u>: Häufig muß ein Subsystem durch ein anderes (verbessertes, leistungsfähigeres) mit gleicher oder erweiterter Schnittstelle ausgetauscht werden. Hinsichtlich Autorisierung besteht hierbei oft der Wunsch, auch die Privilegierung der Subjekte auf das neue Subsystem umzustellen:

$$- \forall u \in U: \; R(u, s_{neu}) := R(u, s_{alt})$$
$$R(*, s_{neu}) := R(*, s_{alt})$$
$$- \forall su \in SU, \; \forall r = (s_{alt}, \dots) \in R(su): \; R(su) := R(su) \cup \{(s_{neu}, \dots)\}$$

Dies ließe sich in einem einzigen Schutzsystemoperator zusammenfassen, der falls erforderlich (wenn nämlich s_{alt} nicht ohnehin vernichtet wird) auch:

$$- \forall u \in U: \; R(u, s_{alt}) := \emptyset$$
$$R(*, s_{alt}) := \emptyset$$
$$- \forall su \in SU, \; \forall r = (s_{alt}, \dots) \in R(su): \; R(su) := R(su) - \{(s_{alt}, \dots)\}$$

erledigen könnte. Mit Autorisierungen für diesen neuen Operator sollte sehr vorsichtig umgegangen werden.

c) <u>Umautorisierung von Benutzern</u>: Soll etwa ein Sachbearbeiter die Tätigkeiten eines anderen übernehmen, so sind Umautorisierungen der Form

$$- \forall s \in S : \; R(u_{neu}, s) := R(u_{alt}, s)$$
$$R(u_{neu}, *) := R(u_{alt}, *)$$

und womöglich zusätzlich

$$- \forall s \in S : \; R(u_{alt}, s) := \emptyset$$
$$R(u_{alt}, *) := \emptyset$$

vorzunehmen. Auch hierfür könnte ein eigener Operator geschaffen werden.

d) <u>Gruppenbildung</u>: Für die bisher unstrukturiert betrachteten Mengen U und S könnten Substrukturen definiert werden, insbesondere also Benutzergruppen. Im Gegensatz zu 3.2.2

geht es hier um eine im System **bekannte** Gruppenbildung, die
Zugehörigkeit ist explizit zu definieren. Davon ausgehend
kann zwischen Individualautorisierung (R(u,s) oder R(u,*))
und Globalautorisierung (R(*,s) oder R(*,*)) noch die
Autorisierung bestimmter u-Gruppen vorgenommen werden. Jedes
individuelle u kann keiner, einer oder mehreren Gruppe(n)
angehören und verfügt sowohl über seine Individualrechte wie
auch über die Rechte aller Gruppen, denen es angehört. Die
Gruppenzugehörigkeit muß änderbar gestaltet werden, was zu
zusätzlichen Schutzsystemoperatoren führt. Für den Datenbankbereich beschreibt [WL 81] ein Konzept wie hier angedeutet.

③ Zusätzliche_Privilegierungskriterien

Ob eine Operation durchgeführt werden darf oder nicht hängt in
UPC von folgenden Kriterien ab:

● von der Operation selbst (---> Rechte),
● vom Benutzer, der die Operation veranlaßt (---> Subjekte),
● vom Subsystem, aus dem heraus die Operation verlangt wird
  (---> Subjekte).

Damit ist man in den allermeisten Fällen in der Lage, durchzu-
setzende Schutzregelungen der Umwelt adäquat im Rechensystem
widerzuspiegeln (die meisten sonst vorgeschlagenen Konzepte
bieten wesentlich weniger). Dies schließt nicht aus, daß man
für bestimmte Anwendungen mit speziellen, weitergehenden
Sicherheitsanforderungen zusätzliche Privilegierungskriterien
wünscht. Wie oben kann dies durch Einfügen von Zwischeninstanzen, d.h. durch bestimmte Systemkonstruktion, oder mit dem Ziel
höchster Flexibilität durch Erweiterung des Schutzsystems
bewerkstelligt werden. Neben prozeßspezifischer Privilegierung
und Gruppenbildung kann man zum Beispiel an die folgenden
weiteren Kriterien denken (siehe etwa [HH 76], [MIN 81]):

- Uhrzeit ("Zugriff nur zwischen 8.00 und 16.00 Uhr"; hierzu
           könnten Rechte um eine Gültigkeitskomponente erwei-
           tert werden, das Überwachungssystem wäre entsprechend
           abzuändern),

- Terminal ("Transaktionen der Art X dürfen nicht von Terminals
      im Kundenraum gestartet werden"; Lösung durch
      Erweiterung des Subjektbegriffs),

- Mehrfachzustimmung (vergleichbar dem Prinzip im Bankenbereich,
      Sparbuchänderungen etc. von zwei Ange-
      stellten quittieren lassen; hierzu wäre
      u.a. das Überwachungssystem abzuändern),

- Historie ("Operation nur erlaubt, wenn vorher bestimmte
      andere Operation durchgeführt wurde"; man braucht
      dazu wesentlich erweiterte Autorisierungsmöglichkei-
      ten, deren Semantik wohl jeweils nur für Spezialfäl-
      le einfach und verständlich definiert werden kann:
      was heißt "vorher"?, sind alle Subjekte zu betrach-
      ten oder nur das die aktuelle Operation anfordernde?
      usw. ; außerdem muß u.a. das Überwachungssystem
      eine stark erweiterte Buchführung betreiben),

- Systemzustand (Zugriff von beliebigen Bedingungen über im
      System bekannte Sachverhalte abhängig, z.B.
      Privilegierungen anderer Subjekte, Aktivitäten
      anderer Subjekte usw.; hierzu müßte die
      Erfüllung beliebig formulierbarer Prädikate
      vom Überwachungssystem festgestellt werden).

(4) Prüffilter

Der größte Fortschritt und damit das größte Potential für
zukünftige Forschungsarbeiten läge darin, beliebige Bedingungen
über dem System bekannte Sachverhalte zur Überprüfung einer
Operation auf Zulässigkeit heranziehen zu können. Die standardi-
sierten Prüfmechanismen von UPC (existiert ein Recht oder
nicht?) reichen hierzu nicht aus. Zusätzlich braucht man die
Möglichkeit, Prüfbedingungen (letztlich als Programme mit
booleschem Ergebnis) zu formulieren und in das Schutzsystem zu
integrieren. Wir nennen solche Programme Prüffilter. Der
Einheitlichkeit halber könnten auf diese Weise natürlich auch
die UPC-Standardprüfungen Prüffilter realisiert werden.

Die Probleme mit allgemeinen von Benutzern angelieferten
Prüffiltern sind struktureller Art. Wie in 6.4 in anderem
Zusammenhang erwähnt, sollten in ein fertiggestelltes Schutzsystem keinesfalls neue Programmteile dynamisch eingebracht
werden können: sie gefährden, da fehlerhaftes Verhalten nicht
ausgeschlossen werden kann, auch die Funktionstüchtigkeit der
bisher korrekt arbeitenden Teile. Prüffilter dürfen also nicht
in eine UPC-Realisierung eingebaut, sondern müssen getrennt
organisiert werden. Damit könnte man aber UPC und n Prüffilter
auch als n+1 voneinander unabhängige Schutzsysteme (ein vom
Systemkonstrukteur geliefertes, n benutzereigene, für deren
Korrektheit sie auch selbst die Verantwortung übernehmen
müssen) auffassen. Der Kopplung mit dem Zielsystem obläge die
Entscheidung darüber, welches davon für die Prüfung einer
bestimmten Operation heranzuziehen ist (Abb. 7-4).

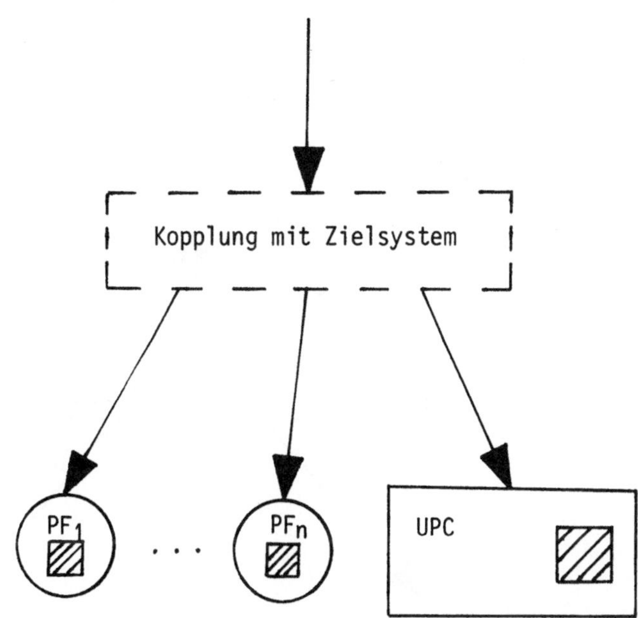

Abb. 7-4: Aufrufbeziehungen bei Gleichberechtigung von
UPC und Prüffiltern PF_1, ..., PF_n
Schutzinformation

Nachteil dabei ist, daß jedes der Teilsysteme selbst die von ihm benötigte Schutzinformation führen und damit ein eigenes Autorisierungssystem besitzen muß. Die Richtung für eine geeignetere Vorgehensweise könnte wie folgt lauten (Abb. 7-5):

- UPC behält seine alleinige Zuständigkeit für Autorisierung und Verwaltung der Schutzinformation.
- UPC und die Prüffilter sind gegenseitig zu isolieren.
- Soll eine Prüfung mittels eines Prüffilters erfolgen, wird dieser von UPC aufgerufen und mit den erforderlichen Parametern versorgt. UPC nimmt auch das Ergebnis der Prüfung zur Kenntnis und gründet darauf seine eigene Entscheidung.

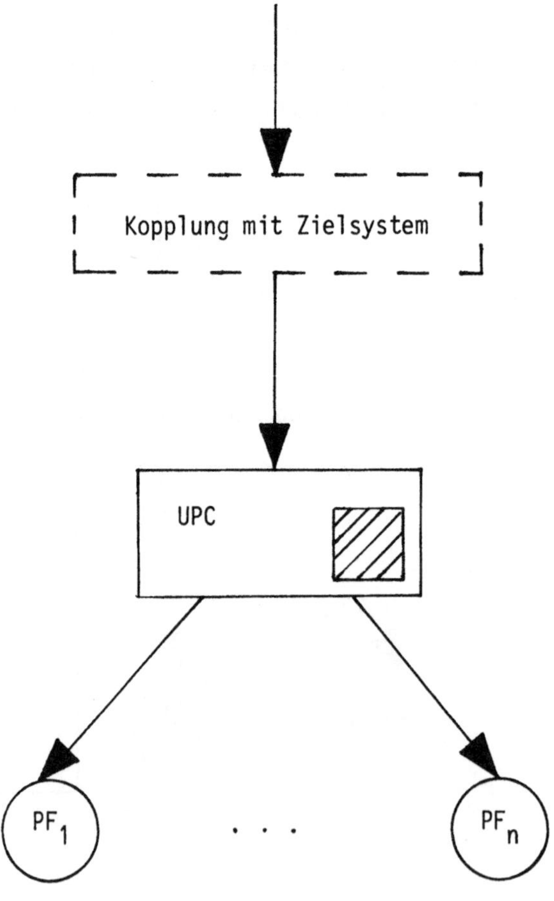

Abb. 7-5: Aufrufbeziehungen bei Steuerung des Prüffiltereinsatzes durch UPC

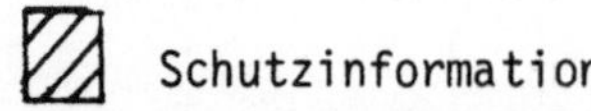 Schutzinformation

- Für die korrekte Funktion der Prüffilter übernimmt das Schutzsystem keine Verantwortung. Es ist dafür zu sorgen, daß z.B. bei Fehlern in Prüffiltern, die ein definiertes Ende bei ihrem Ablauf verhindern, eine Prüfung seitens UPC stets zu einem ablehnenden Ergebnis führt (und keinesfalls in einer solchen Situation Löcher in die Sicherheit des Gesamtsystems gerissen werden oder der Betrieb zusammenbricht).
- Prüffilter, die zugehörige Autorisierung (erweiterter Rechtebegriff) und Überprüfungen damit können etwa wie im folgenden Beispiel gestaltet werden:

- Subsystem s mit Operator op(<u>in</u> a,b: INTEGER, <u>out</u> c: INTEGER)
- Aufruf soll zugelassen werden, wenn a+b $\leq$ 5000 gilt
- Definiere Prüffilter (er möge per Vereinbarung stets nur Eingabeparameter und TRUE oder FALSE als Ergebnis haben):

  <u>filter</u> P(z: INTEGER) := <u>if</u> $PAR_1 + PAR_2 \leq z$ <u>then</u> TRUE <u>else</u> FALSE

- Erweiterte Rechte: $(s, op, p_1, \ldots, p_n, PF, pf_1, \ldots, pf_k)$
  mit   PF   Bezeichnung des Prüffilters
  pf_i Parameter für Prüffilter

  <u>Bedeutung</u>: $s.op(p_1, \ldots, p_n)$ erlaubt, falls $PF(pf_1, \ldots, pf_k)$ als Ergebnis TRUE liefert.

  Mit diesem Rechtebegriff (für den Anteil vor PF können auch wieder m-Rechte wie früher verwendet werden) kann sowohl wie bisher als auch **zusätzlich** (beides muß erfüllt sein) mit Prüffiltern überwacht werden.

- Autorisierung: $(s, op, \square, P, 5000)$, d.h. op ist mit allen Parametern aufrufbar, die die Grenzbedingung erfüllen.

- Ablauf bei Aufruf von s.op(100,200,w):
  a) Recht für Subsystem, Operator vorhanden?
  b) "konventionelle" Parameterprüfung: Recht für Eingabeparameter 100, 200 vorhanden?
  c) Aufruf P(5000), dabei Übergabe der Aufrufparameter von s.op(100,200,w) von UPC an P
  d) ...

● beachte:

   -- in Prüffiltern kann auf alle Parameter des zugehörigen
     Subsystemaufrufs unter Angabe der Position $(PAR_1,...)$
     lesend zugegriffen werden,

   -- natürlich besteht für Prüffilter keine Verpflichtung,
     von diesen Parametern Gebrauch zu machen,

   -- die in der Schnittstelle von Prüffiltern auftretenden
     Parameter dienen zur Steuerung der Prüfung,

   -- außerdem können in Prüffiltern (je nach Berechtigung)
     beliebige sonstige Systemzustände abgefragt werden.

- Bei der Detailentwicklung und der Implementierung des Prüffil-
  terkonzepts sind weitere offene Fragen zu klären, z.B.

  ● Weitergabe erweiterter Rechte (Prädikat ---> Teilprädikat)?

  ● Wer darf wann Prüffilter einbringen (z.B. Subsystem(typ)-
    erzeuger? gemeinsam mit Subsystem(typ)?)?

  ● Kann man Prüffilter vor Einbringung syntaktisch/zumindest
    teilweise semantisch auf Einhaltung getroffener Konventionen
    prüfen?

  ● Prüfung von Rechten auf Wohlformung, wenn Prüffilter ins
    Spiel kommen?

  ● Können Prüffilter wieder als Subsysteme realisiert werden?

⑤   <u>Aufsetzen anderer Schutzformen</u>

UPC läßt sich, in Verallgemeinerung bereits angesprochener
Punkte, als Basisschicht umfassenderer Schutzsysteme auffassen,
die an ihrer Schnittstelle zusätzlich oder an Stelle der
Zugriffsüberwachung weitere Schutzformen anbieten. Auch hier
sollen einige Beispiele den Bereich der Möglichkeiten abstecken.

- <u>Informationsflußkontrolle</u>: Das Prinzip hierbei lautet,
  bestimmte Folgen von Einzeloperationen zu erlauben oder zu
  verbieten, so daß Informationen insgesamt nur über bestimmte
  "Kanäle" fließen können. Die gewählte Informationsflußstrate-
  gie bedingt, daß nur ein Teil aller möglichen UPC-Schutzzu-
  stände auftreten darf. Die auf UPC aufzusetzenden Mechanismen
  haben gerade dies zu gewährleisten. Mehr oder minder ein
  Spezialfall davon ist die sogenannte

- <u>Multi-Level-Security</u> (MLS; siehe u.a. [LIP 82]), wo Objekten und Subjekten jeweils Klassen zugeordnet werden und nur zwischen bestimmten Klassen Informationen fließen dürfen. Aufsetzend auf UPC wäre hier die Klassenzuordnung zu erledigen, die wiederum (anhand der fest definierten Flußrelation) festlegt, welche Zugriffsprivilegien simultan bei welchen Subjekten existieren können.

- <u>Negatives Schutzsystem</u>: Bisweilen mag es trotz aller in Kapitel 3 geäußerten Bedenken sinnvoll sein, die verbotenen statt die erlaubten Operationen festzulegen. Zur Verwendung von UPC müssen dann aus der Beschreibung der verbotenen die erlaubten Operationen ermittelt werden. Dies funktioniert wegen der Endlichkeit aller auftretenden Mengen. Übrigens kann es besonders bequem für den Benutzer sein, mit dem gleichen Schutzsystem im Einzelfall zwischen positiver und negativer Autorisierung wählen zu können.

⑥ <u>Schutzspezifikation</u>

Die Schutzeigenschaften eines Systems oder Systemteils bilden ein wesentliches Charakteristikum seiner Schnittstelle und müssen aus diesem Grund in Spezifikationen aufgenommen werden. Wie dies erfolgt, hängt sowohl von der gewählten Spezifikationsmethode als auch vom jeweiligen Schutzkonzept ab. Außer der Anerkenntnis der Notwendigkeit finden sich hierfür bisher kaum Lösungsvorschläge. Im Zusammenhang mit UPC, aber auch für andere ähnliche Konzepte, scheinen Untersuchungen zu folgenden Teilproblemen vordringlich und erfolgversprechend:

- Das Programm eines Subsystemtyps enthält in der Regel Aufrufe anderer Subsysteme. Werden Subsysteme s_i von diesem Typ erzeugt, so benötigt man zur sinnvollen Anwendung bestimmte Rechte im jeweiligen $R(u,s_i)$, $R(u,*)$, $R(*,s_i)$ oder $R(*,*)$. Die Spezifikation des Subsystems muß Angaben über die erforderlichen Rechte enthalten. Wie kann dies präzise und in Übereinstimmung mit gängigen, insbesondere formalen Spezifikationstechniken erfolgen?

- Durch Aufrufe von R-Operatoren oder durch die Erzeugung/Vernichtung von Subsystemen im Zuge der Ausführung eines Subsystemoperators verändert sich der Schutzzustand. Auch darüber
muß die Subsystemspezifikation präzise Auskunft geben.
- Besonders interessant ist die Frage, wie man Schutzstrategien
formal spezifizieren und die dafür notwendigen Privilegierungen **automatisch** erzeugen kann. Der Benutzer könnte dann auf
höherem Niveau seine Schutzwünsche formulieren, die im Detail
erforderliche Autorisierung müßte er nicht kennen.

8 Zusammenfassung und Ausblick

Der umfassende Einsatz automatisierter Datenverarbeitung
brachte und bringt unbestreitbare Vorteile für Wirtschaft,
Staat und einzelnen Bürger. Es wäre jedoch kurzsichtig und
blinder Fortschrittsglaube, ginge man über Gefahren mißbräuchlicher Datenverarbeitung hinweg, die durch moderne Rechensysteme
verschärft worden oder gar neu entstanden sind. Diesen Gefahren
muß man und kann man begegnen. Wenngleich die Frage, welche Art
der Verwendung von Rechensystemen erlaubt und welche verboten
sein soll, durch politische Willensbildung entschieden werden
muß, so ist es doch die Aufgabe der Informatik, durch Bereit-
stellen entsprechender Verfahren und Mechanismen die technische
Durchsetzbarkeit extern getroffener Regelungen soweit möglich
zu unterstützen. Indem man den Rechner selbst dazu einsetzt,
manchen der durch ihn verursachten oder verstärkten Gefahren
beizukommen, bieten leistungsfähige Konzepte sogar die Chance,
bei manueller Datenverarbeitung nicht lösbare Probleme in den
Griff zu bekommen.

Wir haben in dieser Arbeit ein Konzept zum Informationsschutz
entwickelt, das in besonders hohem Maße und mehr als bisherige
Vorschläge in der Lage ist, sehr detaillierte Schutzregelungen
für die Aktivitäten eines Rechensystems (und nur durch diese
wird auch als Daten abgespeicherte Information zugänglich)
festzulegen und durchzusetzen. Der besondere Vorteil des
Konzepts liegt aber darin, daß der unvermeidbare Laufzeit- und
Speicherplatzaufwand für detaillierten Schutz nur dann bezahlt
werden muß, wenn die gebotenen Möglichkeiten voll ausgenutzt
werden. Ist dies nicht erforderlich, so können mit dem gleichen
Konzept in fein abgestufter Weise gröbere Regelungen definiert
werden, die entsprechend reduzierten Aufwand verursachen.
Darüberhinaus paßt unser Vorschlag durch seinen objektorientier-
ten Ansatz zu den sonstigen Vorgehensweisen moderner Softwaretechnik, ist zumindest als Grundlage für weitergehende Maßnahmen
für eine breite Palette von Rechensystemen geeignet und zeichnet
sich durch Einheitlichkeit in vielerlei Hinsicht aus. Die

genannte Flexibilität läßt es zudem zu, auch zwischen einzelnen Komponenten des jeweiligen Rechensystems selbst einzuhaltende Regelungen durchzusetzen und damit in der Tat Schutz **mit** und Schutz **in** Rechensystemen zu betreiben.

Für eine Reihe von Problemkreisen konnten nur sehr vage Andeutungen gemacht werden; ihre genauere Untersuchung muß künftigen Forschungsarbeiten vorbehalten bleiben. Mag die Frage der Verwendbarkeit von Schutzmechanismen für andere Probleme (etwa für Synchronisation) im Augenblick auch nur von akademischem Interesse sein, so ist andererseits die Entwicklung adäquater Hardwareunterstützung für Schutzkonzepte von höchst praktischer Bedeutung, da hiervon eine entscheidende Verbesserung der wirtschaftlichen Verwendung von Schutzmaßnahmen zu erwarten ist. Notwendige konzeptuelle Erweiterungen hängen vom jeweils vorgesehenen Einsatz ab, scheinen aber wegen der Reichhaltigkeit des vorgeschlagenen Grundkonzepts nur in Spezialfällen erforderlich zu sein. Dringend benötigt werden Fortschritte zur formalen Behandlung von Sicherheitsfragen in Systemen realistischer Komplexität und damit verbunden auf dem Gebiet der Programmverifikation. Schließlich ist, wieder bezogen auf unseren Vorschlag, die Handhabbarkeit der gebotenen Mechanismen durch Systembenutzer in größerem Stil zu erproben, woraus durchaus Detailverbesserungen resultieren können.

Die Fortentwicklung der Informationstechnologie — Bildschirmtext, Büroautomatisierung, verteilte Systeme usw. sind gute Beispiele — wird zwangsläufig in naher Zukunft den Ruf nach verbesserten Schutzmöglichkeiten laut werden lassen. Mit dieser Arbeit sollte ein Schritt in Richtung Erfüllung dieser berechtigten Anforderungen gegangen werden. Weitere Schritte müssen folgen.

Anhang A: Zusammenstellung der wichtigsten Begriffe für UPC
(allgemeine Grundbegriffe siehe Kapitel 1)

Zielsystem

Rechensystem (oder Teile davon), für das (den durch UPC Sicherheit gewährleistet werden soll

Autorisierungssystem

UPC-Komponente zur Festlegung der zu überwachenden Schutzregelungen

Überwachungssystem

UPC-Komponente zur Überwachung des Betriebs des Zielsystems auf Konformität mit den festgelegten Schutzregelungen

Schutzinformation

Gesamtheit der UPC jeweils bekannten Schutzregelungen; legt <u>Schutzzustand</u> fest

Subjekt

Aktiver Systembestandteil; für UPC ein Paar (Benutzer, Subsystem)

(Schutz-)Objekt

zu schützender Systembestandteil; für UPC ein Subsystem

Operator

Bezeichner für eine (parametrisierbare) Rechenvorschrift; gemeint ist damit aber oft auch die Rechenvorschrift selbst

Operation

die tatsächliche Ausführung eines Operators mit bestimmten Parametern; veranlaßt durch den <u>Aufruf</u> des Operators (der Operator kann auch als <u>Typ</u> der Operation aufgefaßt werden)

Subsystem

schützbarer Grundbaustein des Zielsystems; besteht aus einer Menge von Datenobjekten und einer Reihe von Operatoren; Schnittstelle erlaubt nur Aufruf der Operatoren

Subsystemtyp

Muster für die Erzeugung von Subsystemen (enthält Programme für die Operatoren, Vereinbarungen für ihre Datenobjekte)

Recht

systeminterne Repräsentation der Erlaubnis, eine bestimmte Operation durchführen zu dürfen.

<u>Anhang_B</u>: Zusammenstellung der wichtigsten Bezeichnungen und Schreibweisen für UPC

T Menge aller (möglichen, denkbaren) Subsystemtypen (bezogen auf das jeweils interessierende Rechensystem)

$T \subseteq T$ Menge aller (zu einem bestimmten Zeitpunkt) aus Sicht des Schutzsystems **existierenden** Subsystemtypen

$t \in T$ Subsystemtyp

$N(t)$ Name des Subsystemtyps t (eindeutig; ein Typ kann daher durch seinen Namen repräsentiert werden)

$I(t)$ Schnittstelle des Subsystemtyps t
[beachte: Für $t1 \neq t2$, $t1$, $t2 \in T$ darf $I(t1) = I(t2)$ gelten. Allerdings gibt es in solchen Fällen in UPC keine Möglichkeit, von einer (intuitiv zu vermutenden) "Gleichheit" von $t1$ und $t2$ zu sprechen.]

$O(t) := \{op \mid op$ Operator von t, kommt also in $I(t)$ vor$\}$

$P_i(op) := \{p_k \mid p_k$ ist <u>in</u>-Parameter von $op\}$

$P_o(op) := \{p_k \mid p_k$ ist <u>out</u>-Parameter von $op\}$

$P(op) := P_i(op) \cup P_o(op)$

$$P_i(t) := \bigcup_{op \in O(t)} P_i(op)$$

$$P_o(t) := \bigcup_{op \in O(t)} P_o(op)$$

$P(t) := P_i(t) \cup P_o(t)$

<u>Hinweise:</u>
- unter "Parameter" können hier nur die Bezeichner der vereinbarten Parameterobjekte verstanden werden
- o.B.d.A. wird gefordert: $P_i(op) \cap P_o(op) = \emptyset$

$\mathbf{M}$ Menge aller Datenobjekttypen, die bei einer konkreten Implementierung des Schutzkonzepts zugelassen werden

$M(p) \in \mathbf{M}$ Typ des Parameters p

$$M_i(op) := \{m_k \mid m_k = M(p_k) \wedge p_k \in P_i(op)\}$$

$$M_o(op) := \{m_k \mid m_k = M(p_k) \wedge p_k \in P_o(op)\}$$

$$M(op) := M_i(op) \cup M_o(op)$$

$$M_i(t) := \bigcup_{op \in O(t)} M_i(op)$$

$$M_o(t) := \bigcup_{op \in O(t)} M_o(op)$$

$$M(t) := M_i(t) \cup M_o(t) \qquad [M_i(op) \cap M_o(op) \neq \emptyset \text{ zulässig!}]$$

DSDO(t)   Vereinbarung der Subsystemdatenobjekte des Subsystemtyps t (von Möglichkeiten der konkreten Implementierung abhängig)

DLDO(op)   Vereinbarung der lokalen Datenobjekte des Operators op (wiederum von konkreter Implementierung abhängig)

$$DLDO(t) := \bigcup_{op \in O(t)} \{DLDO(op)\}$$

PROG(op)   Programm (Befehlsfolge) zur Realisierung von op (implementierungsabhängig; formulierbar in Maschinensprache, höherer Programmiersprache)

$$IMP(op) := [DLDO(op); PROG(op)]$$
Implementierung eines Operators

$$IMP(t) := [DSDO(t); \bigcup_{op \in O(t)} \{IMP(op)\}]$$

Implementierung eines Subsystemtyps

Damit gilt für einen Subsystemtyp $t \in T$:

$t = [N(t); I(t); IMP(t)]$

Analog für Subsysteme:

> **S**   Menge aller (möglichen, denkbaren) Subsysteme (durch **T** strukturell bereits festgelegt; wieder bezogen auf das jeweils interessierende Rechensystem)

> $S \subseteq S$ Menge aller (zu einem bestimmten Zeitpunkt) aus Sicht des Schutzsystems **existierenden** Subsysteme (durch zugehöriges T strukturell festgelegt)

> $s \in S$ Subsystem

> $N(s)$ Name des Subsystems s (eindeutig, ein Subsystem kann daher durch seinen Namen repräsentiert werden)

> $TYPE(s)$ Typ des Subsystems s

Mithin gilt für $s \in S$:

. $s = [N(s), TYPE(s)]$,

. sei $TYPE(s) = t$, dann kann t durch $N(t)$ repräsentiert werden,

. ist größere Detaillierung von Interesse, dann schreiben wir

$s = [N(s), I(s), IMP(s)]$

mit: $I(s) := I(TYPE(s))$

$$IMP(s) := [SDO(s); \bigcup_{op \in O(TYPE(s))} \{[MP(op)]\}]$$

SDO(s): Subsystemdatenobjekte von s gemäß
der Vereinbarung DSDO(TYPE(s))

Ganz analog lassen sich $O(s)$, $P_i(s)$, $P_o(s)$, $P(s)$, $M_i(s)$, $M_o(s)$, $M(s)$, LDO(op) [aus DLDO(op)] und LDO(s) definieren. Schließlich werden manchmal die **aktuellen** Parameter eines Operatoraufrufs von Interesse sein; wir verwenden hierzu die Definitionen wie bei den formalen Parametern, jedoch (falls nicht aus dem Zusammenhang ohnehin klar) mit oberem Index a (also etwa $P^a(op)$: aktuelle Parameter eines Aufrufes von op). Typverträglichkeit zwischen formalen und aktuellen Parametern setzen wir stets als gegeben voraus: $M(p) = M(p^a)$.

U   Menge der (möglichen, denkbaren) internen Benutzer (abhängig von den bei konkreter Implementierung vorgesehenen Benutzerkennungen)

$U \subseteq$ **U**   Menge der zu einem bestimmten Zeitpunkt dem Schutzsystem bekannten internen Benutzer

$SU = U \times S \subseteq$ **U** $\times$ **S** $=$ **SU**   Menge der Subjekte
Interpretation von $(u,s) \in SU$: ein Benutzer u bei Ausführung eines PROG(op) mit op $\in O(s)$

R   Menge der (möglichen) a-Rechte
$R \subseteq$ **R**   Menge der zu einem Zeitpunkt existierenden a-Rechte

<u>Rechte:</u>

$(s, op, p_1{}^a, \ldots, p_k{}^a, p_{k-1}{}^a, \ldots, p_n{}^a)$ $p_i{}^a \in M(p_i)$ <u>a-Recht</u>

mit: s.op: $M(p_1) \times \ldots \times M(p_k) \longrightarrow M(p_{k+1}) \times \ldots \times M(p_n)$
       Subsystemoperator

. oberer Index a für aktuelle Parameter kann weggelassen werden
. fehlt Angabe des Subsystembezeichners, handelt es sich um Rechte für UPC-Operatoren

Rechtemengen:

R(u,s)   enthält Rechte, die dem Subjekt (u,s) zugeordnet sind

R(u,*)   enthält Rechte, die allen jeweils existierenden Subjeken zugeordnet sind, bei denen u als erste Komponente auftritt

R(*,s)   enthält Rechte, die allen jeweils existierenden Subjekten zugeordnet sind, bei denen s als zweite Komponente autritt

R(*,*)   enthält Rechte, die allen jeweils existierenden Subjekten zugeordnet sind

Mehrfachrechte

$$(s,op,m_1,\ldots,\ldots,m_n) \qquad\qquad m_i \subseteq M(p_i)$$
$$:= \{(s,op,m_1,\ldots,m_n) \mid p_i \in m_i,\ i=1,\ldots,n\} \qquad \underline{\text{m-Recht}}$$

$$(s,op,m_1,\ldots,m_{l-1},^*,m_{l+1},\ldots,m_n)$$
$$:= (s,op,m_1,\ldots,m_{l-1},M(p_l),m_{l+1},\ldots,m_n)$$

$$(s,op,\square) := (s,op,*,\ldots,*)$$

$$(s,\square) := \bigcup_{op \in O(TYPE(s))} (s,op,\square)$$

Teilrechtemengen

$$OR_{su}(s,op) := \{(s,op,op_1,\ldots,p_n) \mid (s,op,p_1,\ldots,p_n) \in R(su)\}$$
$$\underline{\text{Operatorrechte}}$$

$$CAP_{su}(s) := \bigcup_{op \in O(TYPE(s))} OR_{su}(s,op)$$
$$\underline{\text{Befähigung}}$$

Literatur

Proc.   Proceedings

VLDB   Conference on Very Large Databases

NCC   National Computer Conference

SOSP   Symposium on Operating System Principles

CACM   Communications of the ACM

TODS   ACM Transactions on Database Systems

CS   ACM Computing Surveys

LNCS   Lecture Notes in Computer Science, Springer-Verlag

IFB   Informatik-Fachberichte, Springer-Verlag

[AA 82]   Agerwala, T.; Arvind, (edts): Data flow systems. Computer 15(1982)2, 10ff

[ADA 80]   Reference manual for the ADA programming language. US Department of Defense, Proposed Standard Document, July 1980

[BBH 78]   Banerjee, J.; Baum, R.I.; Hsiao, D.K.: Concepts and capabilities of a database computer. TODS 3(1978)4, 347-384

[BCT 72]   Bensoussan, A.; Clingen, C.T.; Daley, R.C.: The Multics virtual memory: concepts and design. CACM 15(1972)5, 308-318

[BEL 73]   Bell, D.E. et al.: Secure computer systems. NTIS AD 770 768, 771 543, 780 528, 1973/74

[BET 82]   Beth, T.: Kryptographie als Instrument des Datenschutzes. Informatik-Spektrum 5(1982)2, 82-96

[BRÜ 80]   v.d. Brück, H.: Die grundlegenden Eigenschaften sicherer DV-Systeme. In: Gliss. H.; Hentschel, B. (Hrsg.): Referate und Ergebnisse 4. DAFTA. Datakontext-Verlag, 1980

[BRÜ 80A]   v.d. Brück, H,: Einfluß der Sicherheitskernarchitektur auf die Strukturierung von Betriebssystemen. Elektronische Rechenanlagen 22(1980)4, 173-179

[CGT 75]   Chamberlin, D.D.; Gray, J.N.; Traiger, I.L.: Views, authorization, and locking in a relational data base system. Proc. NCC 1975, 425-430

[CHA 80]   Champine, G.A.: Distributed computer systems. North-Hol-
            land, 1980

[CHA 81A]   Chamberlin, D.D. et al.: Support for repetitive
            transactions and ad hoc queries in System R. TODS
            6(1981)1, 70-94

[CHA 81B]   Chamberlin, D.D. et al.: A history and evaluation of
            System R. CACM 24(1981)10, 632-646

[CHE 81]   Cheheyl, M.H. et al.: Verifying security. CS 13(1981)3,
            279-339

[CJ 75]   Cohen, E.; Jefferson, D.: Protection in the HYDRA
            operating system. Proc. SOSP 5, 1975, 141-159

[DAT 81]   Date, C.J.: An Introduction to database systems.
            Addison-Wesley, 1981

[DD 79]   Denning, D.E.; Denning, P.J.: Data Security. CS 11(1979)3,
            227-249

[DEN 76]   Denning, D.E.: A lattice model of secure information flow.
            CACM 19(1976)5, 236-243

[DH 76]   Diffie, W.; Hellman, M.E.: New directions in cryptography.
            IEEE Transactions on Information Theory IT-22 (1976)6,
            644-654

[DIT 81]   Dittrich, K.: Schutz in und mit Datenverarbeitungssystmen:
            was die Informatik darunter versteht. Datenschutz &
            Datensicherung (1981)4, 253-259

[DIT 82]   Dittrich, K. et al.: Protection in the OSKAR operating
            system: goals, concepts, consequences. Proc. IEEE
            Symposium on Security and Privacy, 1982, 46-56

[DM 75]   Donovan, J.J.; Madnick, S.E.: Hierarchical approach to
            computer system integrity. IBM Systems Journal 14(1975)2,
            188-202

[EHR 81]   Ehrig, H.: Algebraic theory of parameterized specification
            with requirements. Proc. CAAP, Genova, 1981

[ELE 81]   NN: Pentagon legt Sicherheitsanforderungen für Computer
            fest. Notiz in Elektronik 30(1981)14, 12

[ERS 81]   Eberhard, L.; Riechmann, C.; Schütt, A.: Datenbankmaschinen
            - Überblick über den derzeitigen Stand der Entwicklung.
            Informatik-Spektrum 4(1981), 31-39

[FAG 78]   Fagin, R.: On an authorization mechanism. TODS 3(1978)3,
            310-319

FEU 73] Feustel, F.A.: On the advantage of tagged architecture.
IEEE C-22(1973)7, 644-656

FSW 81] Fernandez, F.B.; Summers, R.c.; Wood, C.: Database
security and integrity. Addison Wesley, 1981

FW 77] Fernandez, F.B.; Wood, C.: The relationship between
operating system and database system security: a survey.
Proc. COMPSAC 1977, 453-462

GD 72] Graham, G.S.; Denning, P.J.: Protection - principles and
practice. Proc. Spring Joint Computer Conference, 1972,
417-429

GG 77] Gries, D.; Gehani, N.: Some ideas on data types in
high-level languages. CACM 20(1977)6, 414-420

GG 81] Giloi, W.K.; Güth, R.: The realization of a data type
architecture. LNCS 123, 1981, 292-305

GK 78] Goos, G.; Kastens, U.: Programming languages and the
design of modular programs. In: Hibbard, P.G.; Schuman,
S.A. (eds.): Constructing quality software. North-Holland,
1978, 153-186

GM 82] Goguen, J.A.; Messeguer, I.: Security policies and
security models. Proc. IEEE Symposium on Security and
Privacy, 1982, 11-20

GOO 75] Goodenough, J.B.: Exception handling: issues and a
proposed notation. CACM 18(1975)12, 683-696

GOT 82] Gotthard, W.: Verwaltung von Schutzinformation im
Betriebssystem OSKAR. Diplomarbeit, Universität Karlsruhe,
Fakultät für Informatik, 1982

GUT 77] Guttag, J.V.: Abstract data types and the development of
data structures. CACM 20(1977)6, 396-404

GW 76] Griffiths, P.P.; Wade, B.W.: An authorization mechanism
for a relational database system. TODS 1(1976)3, 242-255

HAB 76] Habermann, A.N.: Introduction to operating system design.
SRA, 1976

HÄR 83] Härder, T.: Realisierung von operationalen Schnittstellen.
In: Lockemann, P.C.; Schmidt, J.(Hrsg.): Datenbankhandbuch.
Springer, in Vorbereitung

HAR 75] Hartson, H.R.: Languages for specifying protection
requirements in data base systems - a semantic model.
OSU-CISRC-TR-75-6, 1975

HAR 81] Hartson, H.R.: Database security - system architectures.
Information Systems 6(1981),1-22

[HAS 79]   Hascall, P.A.: Security and privacy. In: Jensen, R.W.;
            Tonies, C.C.: Software Engineering. Prentice-Hall, 1979

[HH 76]   Hartson, H.R.; Hsiao, D.K.: a semantic model for database
            protection languages. Proc. VLDB 2, 1976, 27-42

[HKM 78]   Hsiao, D.K.; Kerr, D.S.; Madnick, S.E.: Computer security:
            problems and solutions. Academic Press, 1978

[HL 78]   Hüber, R.; Lockemann, P.C.: Information protection by
            method base systems. Proc. VLDB 4, 1978, 420-426

[HOF 77]   Hoffman, L.J.: Modern methods for computer security and
            privacy. Prentice-Hall, 1977

[HRU 76]   Harrison, M.A.; Ruzzo, W.L.; Ullman, J.D.: Protection in
            operating systems. CACM 19(1976)8, 461-471

[IBM 78]   IBM   GC28-0722-4:   OS/VS2 MVS Resource Access Control
            Facility (RACF). General Information Manual, 1978

[IRA 77]   Einführung in das System Siemens 7.755. Universität
            Karlsruhe, Informatik-Rechnerabteilung, 1977

[JL 76]   Jones, A.K.; Liskov, B.H.: A language extension for
            controlling access to shared data. IEEE SE-2(1976)4,
            277-285

[JL 78]   Jones, A.K.; Liskov, B.H.: A language extension for
            expressing constraints on data access. CACM 21(1978)5,
            358-367

[JN 81]   Jones, A.K.; Nelson, B.J.: Cerro - a secure mail system.
            Research Report CMU-CS-81-120, Carnegie-Mellon University,
            1981

[JON 78]   Jones, A.K.: The object model: a conceptual tool for
            structuring software. In: LNCS 60, 1978, 8-16

[JS 77]   Jammel, A.J.; Stiegler, H.G.: Managers versus monitors.
            In: Gilchrist, B.(ed.): Information Processing 77,
            IFIP/North-Holland, 1977, 827-830

[KAH 81]   Kahn, K.C. et al.: iMAX: A multiprocessor operating system
            for an object-based computer. Proc SOSP 8, 1981, 127-136

[KIM 79]   Kimm, R. et al.: Einführung in Software Engineering. de
            Gruyter, 1979

[LAM 71]   Lampson, B.W.: Protection. Proc. Fifth Princeton Symposium
            on Information Sciences and Systems, Princeton University,
            1971, 437-443; nachgedruckt in Operating Systems Review
            8(1974)1, 18-24

[LEV 75]   Levin, R. et al.: Policy/mechanism separation in HYDRA.
           Proc. SOSP 5, 1975, 132-140

[LIP 82]   Lipner, S.B.: Non-discretionary controls for commercial
           applications. Proc. IEEE Symposium on Security and
           Privacy, 1982, 2-10

[LS 76]   Lampson, B.W.; Sturgis, H.E.: Reflections on an operating
           system design. CACM 19(1976)5, 251-265

[LS 78]   Lipton, R.J.; Snyder, L.: On synchronization and security.
           In: Demillo, R.A. et al.(eds.): Foundations of secure
           computation. Academic Press, 1978

[LÜK 82]   Lüke, H.: Abbildung von Sicherheitsanforderungen auf ein
           Zugriffskontrollmodell. Diplomarbeit, Universität
           Karlsruhe, Fakultät für Informatik, 1982

[MAR 79]   Martin, J.: Security, accuracy and privacy in computer
           systems. Prentice-Hall, 1973

[MB 80]   Myers, G.J.; Buckingham, B.R.S.: A hardware implementation
           of capability-based addressing. Operating Systems Review
           14(1980)4, 13-25

[MER 82]   Merbeth, G.: Datenschutz in der Projektbibliothek PAPICS.
           Vortrag beim GI-Arbeitstreffen "Schutz in und mit
           Rechensystemen", Bad Honnef, 1982

[MIN 81]   Minsky, N.: Synergistic authorization in database systems.
           Proc VLDB 7, 1981, 543-552

[NW 77]   Needham, R.W.; Walker, R.D.H.: The Cambridge CAP computer
           and its protection system. Operating Systems Review
           11(1977)5, 1-10

[OLL 78]   Olle, T.W.: The CODASYL approach to database management.
           Wiley, 1978

[PAR 72]   Parnas, D.L.: On the criteria to be used in decomposing
           systems into modules. CACM 15(1972)12, 1053-1058

[PK 78]   Popek, G.J.; Kline, C.S.: Issues in kernel design. In:
           LNCS 60, 1978, 210-227

[REU 81]   Reuter, A.: Fehlerbehandlung in Datenbanksystemen. Hanser,
           1981

[RI 80]   Richter, L.: Vertikale Migration - Anwendungen, Methoden
           und Erfahrungen. In: Hauer, K.-H.; Seeger, C.: Hardware
           für Software. Teubner, 1980, 9-28

[RIC 80]   Rice, R.: VLSI - the coming revolution in applications and
           design. IEEE Tutorial 288, 1980

[RIH 81]   Rihaczek, K.: Datenschutz und Kommunikationssysteme. Vieweg, 1981

[SAL 74]   Saltzer, J.H.: Protection and the control of information sharing in Multics. CACM 17(1974)7, 388-402

[SCH 81]   Schilling, A.: Der Einsatz von Betriebssystem-Mechanismen zum Schutz in Datenbanksystemen. Diplomarbeit, Universität Karlsruhe, Fakultät für Informatik, 1981

[SIE 78]   Siemens AG: LIS Reference Manual, 1978

[SIE 79A]   Siemens AG: Specification of common functional characteristics of the processors of the Siemens system 7000 (CFCS), 1979

[SIE 79B]   Siemens AG: Betriebssystem BS 7000 Datenverwaltungssystem (DVS) Beschreibung, 1979

[SNY 81]   Snyder, L.: Formal models of capability-based protection systems. IEEE C-30(1981)3, 172-181

[SS 72]   Schroeder, M.D.; Saltzer, J.H.: A hardware architecture for implementing protection rings. CACM 15(1972)3, 157-170

[SS 75]   Saltzer, J.H.; Schroeder, M.D.: The protection of information in computer systems. Proc. IEEE 63(1975)9, 1278-1308

[SW 74]   Stonebraker, M.; Wong, E.: Access control in a relational data base management system by query modification. Proc. ACM Annual Conf. 1974, 180-186

[TS 75]   Tsichritzis, D.: Reliability. In: LNCS 30, 1975

[WET 78]   Wettstein, H.: Aufbau und Struktur von Betriebssystemen. Hanser, 1978

[WFS 80]   Wood, C.; Fernandez, E.B.; Summers, R.C.: Database security: requirements, policies, and models. IBM Systems Journal 19(1980)2, 229-252

[WL 81]   Wilms, P.F.; Lindsay, B.G.: A database authorization mechanism supporting individual and group authorization. IBM Research Report RJ3137, San Jose, 1981

Interne OSKAR-Dokumente:

[HM 81]   Hug, K.; Mau, H.: OSKAR Subsystemtyp-Programmierung und
           -Erzeugung. Internes Projektpapier, 1981

           Dittrich, K; Hug, K.; Kammerer, P.; Lienert, D.; Mau, H.;
           Wachsmuth, K.:

[O-1]   Das Betriebssystem OSKAR - Ziele und Struktur

[O-2]   Schutzmechanismen im Betriebssystem OSKAR

[O-3]   Das Betriebssystem OSKAR - Subsystem- und Datenverwaltung

[O-4]   Der Einsatz der Siemens 7.000-Hardware für das Betriebssy-
           stem OSKAR

[O-5]   Das   Betriebssystem   OSKAR   -   Entwurfskonzepte   und
           Hilfsmittel für Erstellung und Test von Programmen

           Interne Berichte 33-37, Universität Karlsruhe, Fakultät
           für Informatik, 1980

Band 44: Organisation informationstechnik-gestützter öffentlicher Verwaltungen. Fachtagung, Speyer, Oktober 1980. Herausgegeben von H. Reinermann, H. Fiedler, K. Grimmer und K. Lenk. 1981.

Band 45: R. Marty, PISA – A Programming System for Interactive Production of Application Software. VII, 297 Seiten. 1981.

Band 46: F. Wolf, Organisation und Betrieb von Rechenzentren. Fachgespräch der GI, Erlangen, März 1981. VII, 244 Seiten. 1981.

Band 47: GWAI – 81 German Workshop on Artificial Intelligence. Bad Honnef, January 1981. Herausgegeben von J. H. Siekmann. XII, 317 Seiten. 1981.

Band 48: W. Wahlster, Natürlichsprachliche Argumentation in Dialogsystemen. KI-Verfahren zur Rekonstruktion und Erklärung approximativer Inferenzprozesse. XI, 194 Seiten. 1981.

Band 49: Modelle und Strukturen. DAG 11 Symposium, Hamburg, Oktober 1981. Herausgegeben von B. Radig. XII, 404 Seiten. 1981.

Band 50: GI – 11. Jahrestagung. Herausgegeben von W. Brauer. XIV, 617 Seiten. 1981.

Band 51: G. Pfeiffer, Erzeugung interaktiver Bildverarbeitungssysteme im Dialog. X, 154 Seiten. 1982.

Band 52: Application and Theory of Petri Nets. Proceedings, Strasbourg 1980, Bad Honnef 1981. Edited by C. Girault and W. Reisig. X, 337 pages. 1982.

Band 53: Programmiersprachen und Programmentwicklung. Fachtagung der GI, München, März 1982. Herausgegeben von H. Wössner. VIII, 237 Seiten. 1982.

Band 54: Fehlertolerierende Rechnersysteme. GI-Fachtagung, München, März 1982. Herausgegeben von E. Nett und H. Schwärtzel. VII, 322 Seiten. 1982.

Band 55: W. Kowalk, Verkehrsanalyse in endlichen Zeiträumen. VI, 181 Seiten. 1982.

Band 56: Simulationstechnik. Proceedings, 1982. Herausgegeben von M. Goller. VIII, 544 Seiten. 1982.

Band 57: GI – 12. Jahrestagung. Proceedings, 1982. Herausgegeben von J. Nehmer. IX, 732 Seiten. 1982.

Band 58: GWAI-82. 6th German Workshop on Artificial Intelligence. Bad Honnef, September 1982. Edited by W. Wahlster. VI, 246 pages. 1982.

Band 59: Künstliche Intelligenz. Frühjahrsschule Teisendorf, März 1982. Herausgegeben von W. Bibel und J. H. Siekmann. XIII, 383 Seiten. 1982.

Band 60: Kommunikation in Verteilten Systemen. Anwendungen und Betrieb. Proceedings, 1983. Herausgegeben von Sigram Schindler und Otto Spaniol. IX, 738 Seiten. 1983.

Band 61: Messung, Modellierung und Bewertung von Rechensystemen. 2. GI/NTG-Fachtagung, Stuttgart, Februar 1983. Herausgegeben von P. J. Kühn und K. M. Schulz. VII, 421 Seiten. 1983.

Band 62: Ein inhaltsadressierbares Speichersystem zur Unterstützung zeitkritischer Prozesse der Informationswiedergewinnung in Datenbanksystemen. Michael Malms. XII, 228 Seiten. 1983.

Band 63: H. Bender, Korrekte Zugriffe zu Verteilten Daten. VIII, 203 Seiten. 1983.

Band 64: F. Hoßfeld, Parallele Algorithmen. VIII, 232 Seiten. 1983.

Band 65: Geometrisches Modellieren. Proceedings, 1982. Herausgegeben von H. Nowacki und R. Gnatz. VII, 399 Seiten. 1983.

Band 66: Applications and Theory of Petri Nets. Proceedings, 1982. Edited by G. Rozenberg. VI, 315 pages. 1983.

Band 67: Data Networks with Satellites. GI/NTG Working Conference, Cologne, September 1982. Edited by J. Majus and O. Spaniol. VI, 251 pages. 1983.

Band 68: B. Kutzler, F. Lichtenberger, Bibliography on Abstract Data Types. V, 194 Seiten. 1983.

Band 69: Betrieb von DN-Systemen in der Zukunft. GI-Fachgespräch, Tübingen, März 1983. Herausgegeben von M. A. Graef. VIII, 343 Seiten. 1983.

Band 70: W. E. Fischer, Datenbanksystem für CAD-Arbeitsplätze. VII, 222 Seiten. 1983.

Band 71: First European Simulation Congress ESC 83. Proceedings, 1983. Edited by W. Ameling. XII, 653 pages. 1983.

Band 72: Sprachen für Datenbanken. GI-Jahrestagung, Hamburg, Oktober 1983. Herausgegeben von J. W. Schmidt. VII, 237 Seiten. 1983.

Band 73: GI - 13. Jahrestagung. Hamburg, Oktober 1983. Proceedings. Herausgegeben von I. Kupka. VIII, 502 Seiten. 1983.

Band 74: Requirements Engineering. Arbeitstagung der GI, 1983. Herausgegeben von G. Hommel und D. Krönig. VIII, 247 Seiten. 1983.

Band 75: K. R. Dittrich, Ein universelles Konzept zum flexiblen Informationsschutz in und mit Rechensystemen. VIII, 246 Seiten. 1983.